信息系统开发
实验实训指导书

主编　钟金宏　倪　辉

合肥工业大学出版社

图书在版编目(CIP)数据

信息系统开发实验实训指导书/钟金宏,倪辉主编. --合肥:合肥工业大学出版社,2024
ISBN 978 - 7 - 5650 - 6779 - 2

Ⅰ.①信… Ⅱ.①钟… ②倪… Ⅲ.①信息系统-系统开发-高等学校-教材
Ⅳ.①G202

中国国家版本馆 CIP 数据核字(2024)第 099452 号

信息系统开发实验实训指导书

钟金宏 倪 辉 主编		责任编辑 许璘琳
出　版	合肥工业大学出版社	版　次	2024 年 11 月第 1 版
地　址	合肥市屯溪路 193 号	印　次	2024 年 11 月第 1 次印刷
邮　编	230009	开　本	787 毫米×1092 毫米　1/16
电　话	基础与职业教育出版中心:0551 - 62903120	印　张	13.25
	营销与储运管理中心:0551 - 62903198	字　数	323 千字
网　址	press.hfut.edu.cn	印　刷	安徽联众印刷有限公司
E-mail	hfutpress@163.com	发　行	全国新华书店

ISBN 978 - 7 - 5650 - 6779 - 2　　　　　　　　　　定价: 38.00 元

如果有影响阅读的印装质量问题,请联系出版社营销与储运管理中心调换。

前　言

信息系统开发能力是管理科学与工程类、工商管理类、公共管理类、图书情报与档案管理类等相关专业毕业生的基本技能之一。该能力主要通过信息系统分析与设计、数据库原理、信息系统架构设计、页面设计、编程语言(Java)等系统开发类课程及相应的课程实验、课程设计来培养。在这些课程的教学过程中发现，学生学习比较盲目，不知道学习这些课程要干什么，有什么具体用处；也就是说，学生的学习缺乏目的性。另外，学生对信息系统及其开发仅有概念上的理解，缺乏感性认识和实际体验。为此，从2013年开始，在大二学习结束后或大二下学期，安排"信息系统开发入门训练"实践环节，此时，学生仅有Java语言基础。设立宗旨：增强学生对信息系统软件开发的感性认知和实际体验，使他们能带着问题深入学习。

基于此实践环节的定位和宗旨，本书侧重基础和底层知识，不追求高级技术。采用B/S架构，基于Servlet开发服务器端应用，应用JavaScript开发客户端程序，用HTML＋CSS＋div等开发JSP页面，不允许整体使用第三方框架。强调使用基础和底层技术，让学生理解代码原理，为后续高级平台的学习奠定基础，防止他们的学习如空中楼阁，只知用框架、控件，不知原理，缺乏后劲。

本书采用案例式讲解，全流程学习、实操。本书针对仅有Java语言基础的初学者，他们尚未学习信息系统及其开发方面的知识，因此，使用本书时可采用案例式教学，师生共同完成一个案例，从实验环境搭建、Web应用创建，到数据层、业务层、控制层、显示层代码开发与调试，以及最后的项目部署、运行与测试，走完一个Web应用开发的整个流程，使学习者得到锻炼，真实体验全过程。

本书源白实践环节的讲义，这次新增了部分内容，对整体内容作了更新。第1章为基础知识准备，简介与本实践环节紧密相关的概念、技术、方法，包括信息系统、信息系统开发、数据库原理、常用SQL语句、服务器端Servlet开发、客户端的JSP和JS代码开发等。第2章为数据库环境搭建，包括MySQL安装、客户端工具SQLyog与Navicat的安装、基于客户端工具的建库创表等。第3章为开发与运行环境搭建，提供两种版本的Java开发工具包(JDK)的安装与配置教程，供学生选择；提供两种流行的集成开发环境MyEclipse、IDEA的安装与配置教程，供学生选择。第4章为演示案例描述，如开发Web应用，对图书信息表进行新增、删除、修改、查询等操作，给出了详细的业务流程，以及整体解决方案。第5章基于MyEclipse的系统实现演示，从Web项目创建、代码开发与调试，到部署、运行测试、项目导入导出，一步步完整讲解、演示Web应用开发。第6章基于IDEA的系统实现演示，采用

IDEA 软件,一步步讲解、演示图书信息维护系统的开发。第 7 章为实训任务安排,简介了实践任务、实施与考核方案,给出了候选任务列表,以及实践报告要求。

本书由合肥工业大学钟金宏、倪辉任主编。各章的编写分工如下:第 1 章由余本功、倪辉编写,第 2 章~第 3 章由倪辉编写,第 4 章由余本功、程周编写,第 5 章由钟金宏、宣占祥编写,第 6 章由靳鹏、宣占祥编写,第 7 章由钟金宏、王康编写。钟金宏副教授负责全书的策划和大纲的拟定,倪辉老师负责全书的统篆工作。

本书采用案例式讲解、演示,强调实战,注重基础和底层技术,主要面向信息系统开发初学者,可作为信息系统开发入门训练配套教材,本书适用于管理科学与工程类、工商管理类、公共管理类、图书情报与档案管理类和 IT 类等相关专业的学生。以及对信息系统开发感兴趣的社会人士。

在本书编写过程中,我们参考了国内外有关研究成果,在此对所涉及的专家、学者、组织表示衷心的感谢。另外,信息管理与信息系统研究所毕业研究生郑贵、宋常华、蒋瑞轩、王勇等参与了本书中实践环节早期讲义的编写工作,李兴国老师、聂会星老师、郭亚光老师曾给予指导,在这里向他们表示衷心感谢! 本书受到"智能决策与信息系统技术"教育部工程中心、"智能决策与信息系统技术"国家地方联合工程研究中心、安徽省信息处理技术与信息系统工程研究中心的资助和支持,在此表示感谢。

由于编者水平和时间的限制,书中难免有疏漏或不妥之处,恳请读者不吝赐教,以便我们今后对本书修订时进行完善。

编 者

2023 年 4 月

目　录

第1章　基础知识准备

1.1　信息系统开发简介

1.1.1　信息系统概述

信息系统(Information System, IS)由硬件、软件、数据资源、人和规章制度组成,能及时和正确地收集、加工、存储、传递和提供信息,辅助实现组织中各项活动的管理、调节和控制,以及信息资源的开发与利用。

信息系统中的硬件是指计算机硬件、网络和通信设备、智能互联设备(机床)等;软件是指计算机软件、网络软件、终端或设备软件等;数据资源是以数据记录的资源,可能是数据、信息、知识等;人是指信息系统的用户;规章制度涵盖了信息政策与法规、本地的规定。

信息系统有输入、存储、处理、输出和控制5项基本功能,同时也是以处理信息流为目的的人机一体化系统。

(1)信息系统的发展历程

自电子计算机问世以来,信息系统的发展经历了以下几个阶段:

在电子数据处理系统阶段(Electronic Data Processing System, EDPS),信息系统代替人工进行事务性数据处理,是 IS 的最初级形式,存在高度结构化问题。

在综合信息处理阶段,出现了 MIS、DSS、ES、OAS、EIS、SIS 等,还有社会技术系统、信息资源管理、企业的"控—管—营"一体化等发展。

在集成智能信息处理阶段,信息系统跨越企业边界,完成了供应链支持、数据赋能及信息资源的开发利用。除此之外,ERP 整合了 SCM/CRM、信息物理系统 CPS、物联网和大数据平台。

(2)信息系统的特点

信息系统的三大构成要素,即系统的观点、数学的方法和计算机的应用,它们反映了企业在管理思想、管理方法和管理手段方面的先进性,因此信息系统是管理现代化的重要标志。信息系统既是人机系统,也是一体化的集成系统,包括了数据库的应用和数学模型的应用。

(3)信息系统与环境

信息系统所处的环境是有关组织内部和外部各种因素的综合。其工作过程特征的不同导致管理思想和方法存在差异,从而使得信息系统内外部环境不尽相同。组织规模的不同使得信息系统的目标和规模不同。除此之外,管理的规范化程度、组织的系统性、人机分工及组织文化都属于影响信息系统的环境因素。

（4）信息系统与管理的关系

管理工作的成败取决于能否作出有效的决策，决策的正确程度取决于信息的质、量及时效。信息系统与管理的关系如图 1-1 所示。

信息系统对计划职能的支持具体表现在支持计划编制中的反复试算、模拟和对计划数据的快速、准确存取，以及支持编制计划的基础（预测）和对计划的优化；对组织职能和领导职能的支持包括缩减管理层次、支持非专业化分工和益于内外交流，以及指导、引导、影响个人和组织按照计划去实现目标；对控制职能的支持则是指动态实时监测和调控组织行为（人、财、物）。

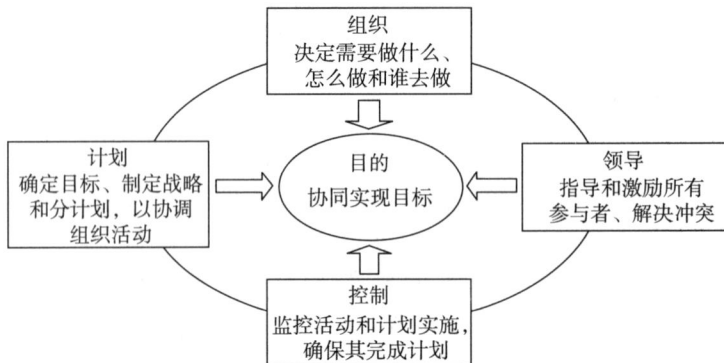

图 1-1 信息系统与管理的关系

1.1.2 信息系统的结构

（1）信息系统的层次结构

管理任务具有层次结构。管理信息系统可以按照管理任务的层次进行分层。管理任务的层次见表 1-1 所列。

表 1-1 管理任务的层次

层次	内容
战略管理	长远计划、中长期事件，规定企业的目标、政策和总方针；确定企业的组织层次；决定企业的任务
管理控制/战术管理	中期计划，包括资源的获得与组织、人员的招聘与训练、资金监控等
作业管理/运行控制	短期计划，有效地利用现有设备和资源，在预算限制内活动，如作业计划与调度
业务处理	企业的最基本活动，记录企业的每一项生产经营和管理活动

不同管理层次之间是有差别的，在实际的工作中，有时同一问题可以属于不同的管理层次，只是每个层次考虑问题的角度不同。例如，对于库存控制问题，运行控制层关心的是日常业务处理能否准确无误；管理控制层考虑的是如何根据运行控制数据，确定安全库存量和订货次数；战略管理层关心的是如何根据运行控制和管理控制的结果及战略目标、竞争者行为等因素，做出正确的库存战略决策。

同时，不同的管理层次对信息的需求不同，战略管理层与运行控制层所需信息的特性有

很大差别,而管理控制层所需信息则介于二者之间。不同管理层次的信息特性见表 1-2
所列。

表 1-2　不同管理层次的信息特性

信息特征	运行控制	管理控制	战略管理
来源	系统内部	内部	外部
范围	确定	有一定确定性	很宽
概括性	详细	较概括	概括
时间性	历史	综合	未来
流通性	经常变化	定期变化	相对稳定
精确性要求	高	较高	低
使用频率	高	较高	低

从信息处理的工作量来看,信息处理所需资源的数量随管理任务的层次变化而变化。
从信息量来看,在系统结构中所处层次越高,所需信息处理量越小。从整体上看,信息系统
呈金字塔结构如图 1-2 所示。从结构化程度来看,所处层次越高,结构化程度越低。图
1-2 中的金字塔底部表示结构化的管理过程和决策,顶部表示非结构化的管理过程和决策,
中间表示介于结构化和非结构化之间的半结构化问题。

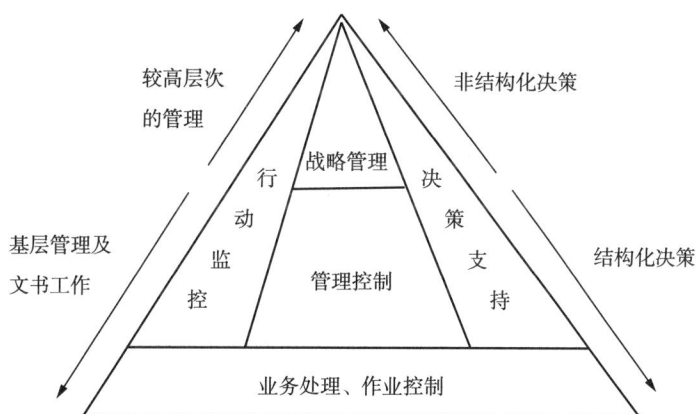

图 1-2　信息系统的金字塔结构

安东尼等通过对欧美制造企业的长期研究提出了管理信息系统的金字塔形系统结构——
安东尼金字塔模型(Anthony's Pyramid),如图 1-3 所示。其特点包括以下几个方面:

第一,考察了企业内部的业务流程和信息系统的基本结构。

第二,把企业放在整个经营环境中考察,把企业内外部环境结合起来,系统地描述了企
业内外部信息流、资金流、物流的传递和接收过程,反映了包含整个供应链信息管理的全景。

第三,描述了物流、资金流和信息流的双向流动及其基本规律。

物流的流程体现在从采购部件到产品销售出去的整个过程之中,自上游向下游方向流

动。先从供应商流到企业,再到批发商、零售商和消费者,即企业需要执行零部件采购、调拨、生产加工、发送、销售等业务流程。

资金流的流程与物流相反,从下游向上游方向流动,即从消费者流经零售商及批发商,然后到企业(或直接到企业),再到供应商。

信息流的流程比物流、资金流复杂得多。企业信息主要包括订货信息、发货信息、收支信息等。信息流在与物流、资金流互补的同时,又起着管理企业整体活动的作用。

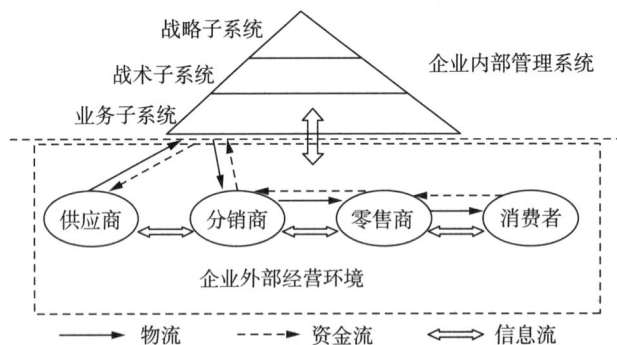

图 1-3　安东尼金字塔模型

(2)信息系统的职能结构

信息系统的结构可以按照使用信息的组织职能加以描述。系统所涉及的各职能部门都有自己特殊的信息需求,需要专门设计相应的功能子系统,以支持其管理决策活动。各职能部门之间的信息交互,使各个功能子系统构成一个有机结合的整体。管理信息系统是完成信息处理的各功能子系统的综合。

管理活动是按职能划分的。按信息系统承担的职能不同,企业信息系统可分为不同的职能系统。企业信息系统功能子系统和管理活动矩阵如图 1-4 所示。

图 1-4　企业信息系统功能子系统和管理活动矩阵

信息系统中管理层次与企业内外部信息的交互结构如图 1-5 所示。

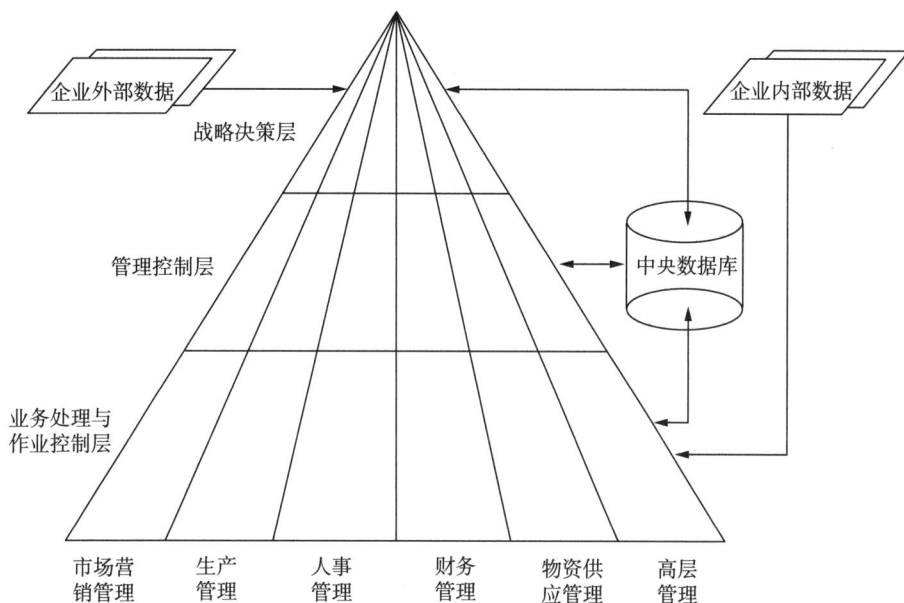

图 1-5　信息系统中管理层次与企业内外部信息的交互结构

1.1.3　信息系统建设过程

生命周期法是根据信息系统生命周期的概念,严格地按照管理信息系统生命周期的各个过程和步骤去开发信息系统的一种方法。由于新情况、新问题的出现,人们对系统提出了新的目标和要求,从而要求设计更新的系统。这种周而复始、循环不息的过程叫做信息系统的生命周期,信息系统的生命周期如图 1-6 所示。

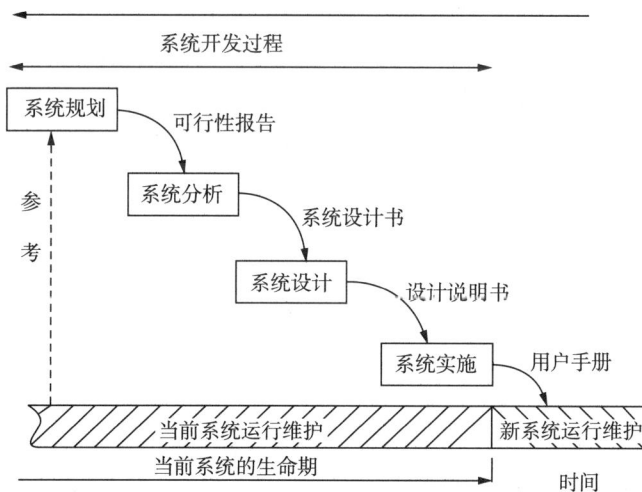

图 1-6　信息系统的生命周期

企业一般根据资源情况选择适合的信息系统开发方式。常用的开发方式有自行开发、委托开发、联合开发、购买现成软件产品及租赁(SaaS/PaaS/云计算)。

信息系统的生命周期包含系统规划、系统分析、系统设计、系统实施、系统运行维护和评价。信息系统建设过程如图 1-7 所示。

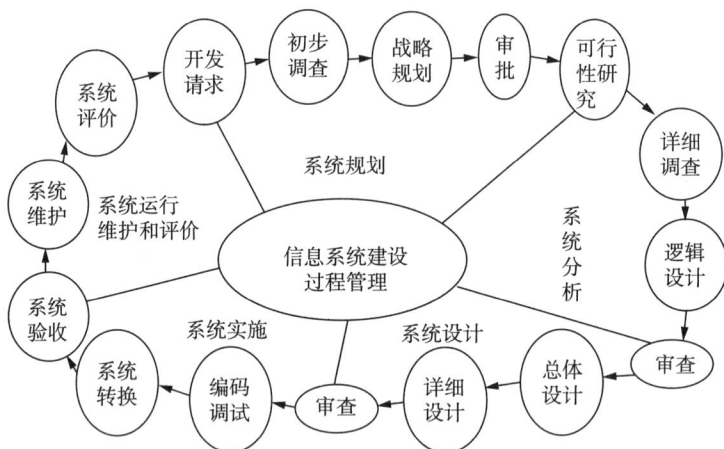

图 1-7　信息系统建设过程

系统规划是指对企业的环境、战略、目标、现行系统的状况进行初步调查,确定信息系统的发展战略;对建设新系统的需求作出分析和预测,确定信息系统的总体结构;考虑建设新系统所受的各种约束,研究建设新系统的必要性和可能性;根据需要与可能,给出拟建系统的顺序安排及备选方案,对方案进行可行性分析,写出可行性分析报告;可行性分析报告审议通过后,将新系统建设方案及其实施计划编写成系统开发计划书。

系统分析是根据系统设计任务书所确定的范围,对现行系统进行详细调查,描述现行系统的业务流程,指出现行系统的局限性和不足之处,确定新系统的基本目标和逻辑功能要求,即提出新系统的逻辑模型。该阶段的工作成果是系统分析说明书。

系统设计则是根据系统说明书中规定的功能要求,考虑实际条件,具体设计实现逻辑模型的技术方案,即设计新系统的物理模型。该阶段的工作成果是系统设计说明书。

系统实施则是指计算机等设备的购置、安装和调试;编写、调试和测试程序;人员培训;数据准备或转换;系统调试与转换。

系统运行维护和评价阶段主要是记录系统运行的情况,根据一定的规格,对系统进行必要的修改,评价系统的工作质量和经济效益,对不能修改或难以修改的问题记录在案,定期整理成新需求建议书,为下一周期的系统规划做好准备。

1.1.4　信息系统开发策略与方法

(1)信息系统开发策略

"自下而上"的开发策略是指从现行系统的业务状况出发,先实现一个个具体的功能,逐步地由低级到高级建立信息系统。自下而上的思路是从作业管理到管理层,通常用于小型系统的设计,适用于对开发工作缺乏经验的情况。这种策略可在短时间内见效,但缺点是整体性不足。一些组织在各种条件(设备、资金、人力)尚不完备的初装和蔓延阶段常常采用这种开发策略。这种方法可以避免大规模系统可能出现运行不协调的危险,但很难保证系统完全周密,因为缺乏从整个系统的角度出发考虑问题,随着系统的发展,要作许多重大修改,甚至重新规划、设计。

"自上而下"的开发策略是从整体上协调和规划,由全面到局部,由长远到近期,从探索合理的信息流出发来设计信息系统。其逻辑性强,是一种重要的开发策略,适用范围是大型系统,缺点是难度大,开发周期长;优点是整体性强,系统对组织的贡献大。

信息系统开发策略选择的原则为"总体规划,分期实施,逐步投资,逐步见效"。两种策略相结合是信息系统开发的成功之路。"自上而下"的策略适合对系统进行规划、分析、设计;"自下而上"策略适合系统的实施。

(2)信息系统开发方法

① 生命周期法(Life Circle Approach,LCA)

信息系统的生命周期法是 E. W. Dijikstra 在 1965 年提出的。该方法的提出是软件发展中一个重要的里程碑。其主要观点是采用自顶向下、逐步求精的程序设计方法;使用 3 种基本控制结构构造程序,任何程序都可由顺序、选择、循环 3 种基本控制结构构造。以模块化设计为中心,将待开发的软件系统划分为若干个相互独立的模块,这样使完成每一个模块的工作变得单纯而明确,为设计较大的软件打下了良好的基础。

在 20 世纪 60 年代,结构化生命周期法的前身为结构化程序设计 SP;在 20 世纪 70 年代,E. Your-don、L. L. Constantine、T. Demarco 提出结构化分析 SA、结构化设计 SD。其基本思想是任何一个系统都有其生存期;任意一个信息系统的生命周期都可以大致分为系统规划、系统分析、系统设计、系统实施、系统运行维护和评价 5 个阶段。

生命周期法(LCA)的基本原则包括自顶向下的分析、设计与自底向上的系统实施相结合;建立面向用户的观点,根据用户需求来设计系统,用户参与;严格按照阶段进行,前一阶段是后一阶段的工作依据,每个阶段有其明确的目标和任务,以及详细的工作和步骤;工作文档标准化和规范化;运用系统的分解和综合技术,使复杂的系统结构化、模块化。

该方法的优点是易于将信息系统实现。"自上而下"的开发策略注重整体性和全局性,特别适合开发大型信息系统,并且有利于系统总体结构的优化;实现的系统可维护性较好;文档较为齐全,利于系统建设过程中及后期的管理和控制,对管理的贡献度大;注重系统整体设计和流程优化,以系统的观点对信息系统业务流程进行梳理和优化整合。该方法的缺点是开发周期长。

② 面向对象方法(Object Oriented Method,OOM)

面向对象方法产生于 20 世纪 60 年代。随着应用系统日趋复杂、庞大,该方法以其直观、方便的优点获得广泛应用。

面向对象方法的特点是抽象性、封装性、继承性和动态链接性。抽象性表现在从具有相同性质的实体中抽象出"类";封装性是指对象作为一个实体,其操作由方法提供,其状态由对象的"属性"来描述;继承性是指对象继承其类的属性和方法,子类继承父类的属性和方法;动态链接性是指对象间的联系是通过对象间的消息传递动态建立的。

面向对象方法的基本思想是需求分析。在系统分析中 OOM 对应的是面向对象分析 OOA,在系统设计中对应面向对象设计 OOD,在系统实施中则对应面向对象程序设计 OOP。

③ 计算机辅助软件工程(Computer Aided Software Engineering,CASE)

信息系统开发工具是指在系统开发生命周期的各个阶段,帮助开发者提高工作质量和效率的一类软件。

CASE 是一种自动化/半自动化的开发方法,它能支持除了"系统调查"之外的所有开发步骤。它的应用模式是 CASE 工具加某种开发方法,CASE 工具将手工完成的开发过程转变为以自动化工具和支撑环境支持的自动化过程。也就是说,CASE 的应用必须结合具体的开发方法。

信息系统分析与设计工具统称为建模工具,如 IBM Rational Rose、Power-Designer、Visio 等;集成开发环境(Integrated Development Environment,IDE)是目前程序员最常用的编程工具,如 Visual Studio、MyEclipse、Python 等;测试工具包括测试用例的选择、测试程序与测试数据的生成、测试的执行及测试结果的评价,如 Rational Purify 分析工具;运维工具有 ITIL/ITSM;项目管理工具有 PERT 图工具、Project 软件等。

CASE 的特点是解决了从客观对象到软件系统的映射问题,支持系统开发的全过程计算机化;提高了软件质量和软件重用性;加快了软件开发速度;简化了软件开发的管理和维护;自动生成开发过程中的各种软件文档。

④ 原型法(Prototyping)

原型法是 20 世纪 80 年代中期为了快速开发系统而推出的一种开发模式,旨在改进生命周期法存在的不足,缩短开发周期,减少开发风险。其基本思想是开发者在短时期内定义用户的基本需求,利用高级软件工具可视化的开发环境,快速建立一个初步满足用户需求的目标系统原型。用户和开发人员在试用原型的过程中,不断对原型进行修改和评价,逐步确定各种需求的细节,适应需求变化,最终提高新系统的质量。原型法如图 1-8 所示。

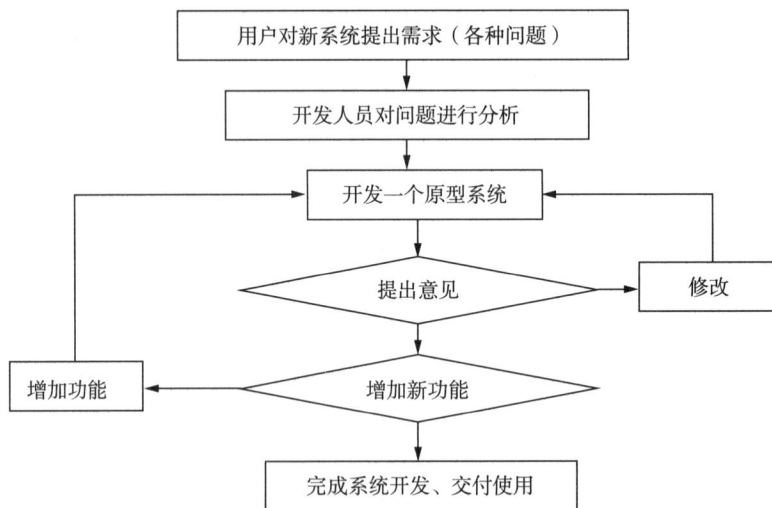

图 1-8 原型法

原型法属于"自下而上"的开发策略,没有严密的阶段性;符合人们认识事物的规律,易被用户接受;能及早暴露系统实施后潜在的一些问题;能调动用户参与的积极性;短期获得测试版本,开发效率高,降低风险。但其缺点是缺乏整体性、全局性,开发反复性大,投资大,易造成双方矛盾;对原企业基础管理工作要求较高,否则容易走上机械模拟原手工系统的轨道。

原型法适合需求含糊,用户不能标识出详细的输入、处理和输出需求;设计方案不明确,开发人员不能确定算法的有效性、操作系统的适应性或人机交互的有效性；比较适合小型、简单系统。该方法不适合大型系统的开发、存在大量运算及逻辑性强的模块、批处理系统。

1.2 数据库基础知识与常用 SQL 语句

1.2.1 数据库系统的构成

数据是数据库中存储的基本对象。描述事物的符号记录称为数据。数据可以是数字，也可以是文字、图形、图像、音频、视频等。数据有多种表现形式，它们都可以经过数字化后存入计算机。

数据库，顾名思义是存放数据的仓库。严格来讲，数据库是长期储存在计算机内、有组织的、可共享的大量数据的集合。数据库中的数据按一定的数据模型组织、描述和储存，具有较小的冗余度、较高的数据独立性和易扩展性，并可为各种用户共享。概括地讲，数据库数据具有永久存储、有组织和可共享 3 个基本特点。

数据库系统(Database System,DBS)是由计算机系统、数据库、数据库管理系统和有关人员组成的具有高度组织的总体。数据库系统包括以下几个主要组成部分：

(1)计算机系统

计算机系统指用于数据库管理的计算机硬软件及网络系统。数据库系统需要大容量的主存以存放和运行操作系统、数据库管理系统程序、应用程序以及数据库、目录、系统缓冲区等，而辅存则需要大容量的直接存取设备。此外，系统应具有较强的网络功能。

(2)数据库

数据是描述事物的符号记录，是数据库中存储的基本对象。数据库是长期储存在计算机内的、有组织的、可共享的数据集合，既包括存放实际数据的物理数据库，也包括存放数据逻辑结果的描述数据库。

(3)数据库管理系统(Database Management System,DBMS)

数据库管理系统是一组对数据库进行管理的软件，通常包括数据定义语言及其编译程序、数据操纵语言及其编译程序和数据管理例行程序。

(4)人员

① 数据库管理员

为了保证数据库的完整性、明确性和安全性，必须有人对数据库进行有效地控制。行使这种控制权的人叫数据库管理员。他们负责建立和维护模式，提供数据的保护措施和编写数据库文件。所谓模式，指的是对数据库总的逻辑描述。

② 系统程序员

指设计数据库管理系统的人员。系统程序员必须关心硬件特性及存储设备的物理细节，实现数据组织与存取的各种功能，实现逻辑结构到物理结构的映射等。

③ 用户

应用程序员：负责编制和维护应用程序，如工资核算系统等。

专门用户：指通过交互方式进行信息检索和补充信息的用户。

参数用户：指那些与数据库的交互作用是固定的、有规则的人，如售货员。

1.2.2 数据库管理系统(DBMS)的功能

数据库管理系统是位于用户与操作系统之间的一层数据管理软件。数据库管理系统和操作系统一样是计算机的基础软件,也是一个大型复杂的软件系统。它的主要功能包括以下几个方面:

(1)数据定义功能

提供数据定义语言(Data Definition Language,DDL)方便用户定义数据库中的数据对象。这些定义存储在数据字典(亦称"系统目录")中,是数据库管理系统运行的基本依据。

(2)数据操纵功能

提供数据操纵语言(Data Manipulation Language,DML),通过它实现对数据库的基本操作,如录入、修改、删除等。一个好的关系数据库管理系统应该提供功能强大且易学易用的数据操纵语言、方便的操作方式和较高的数据存取效率。

(3)数据库的运行管理和事务管理

数据库在建立、运用和维护时由数据库管理系统统一管理、控制,以保证数据的安全性、完整性、多用户对数据的并发使用及发生故障后的系统恢复。

(4)数据库的建立和维护功能

初始数据的录入、转换功能,数据库的转储、恢复功能,数据库的重组织功能和性能监视、分析功能等,通常是由一些实用程序完成的。

(5)数据组织、存储和管理

分类组织、存储和管理各种数据,包括数据字典、用户数据、数据的存取路径等。数据组织和存储的基本目标是提高存储空间利用率和方便存取,提供多种存取方法(如索引查找)以提高存取效率。

(6)其他功能

数据库管理系统还包括与网络中其他软件系统的通信功能;一个数据库管理系统与另一个数据库管理系统或文件系统的数据转换功能;异构数据库之间的互访和互操作功能等。

1.2.3 关系型数据库

数据库领域中常提到用的数据库类型有层次型数据库、网状数据库、关系数据库、面向对象数据库等。其中,最常用的是关系数据库,它采用关系模型作为数据的组织方式。

(1)关系模型的数据结构

关系:一个关系对应一张二维表,关系名则为这张表的名称,例如,如图 1-9 所示的关系示例图,它是一张学生人事记录表。

元组:表中的一行即一个元组。

属性:表中的一列即一个属性,给每一个属性起一个名称即属性名。如图 1-9 所示的表有 5 列,对应 5 个属性(学号、姓名、性别、年龄、籍贯)。

码:也称码键。表中的某个属性组,它可以唯一确定一个元组,如图 1-9 中的学号可以唯一确定一个学生,也就成为本关系的码。

域:域是一组具有相同数据类型的值的集合。属性的取值范围来自某个域。如人的年龄一般在 1~120 岁,大学生年龄属性的域是(15~45 岁),性别的域是(男,女)。

分量:元组中的一个属性值。

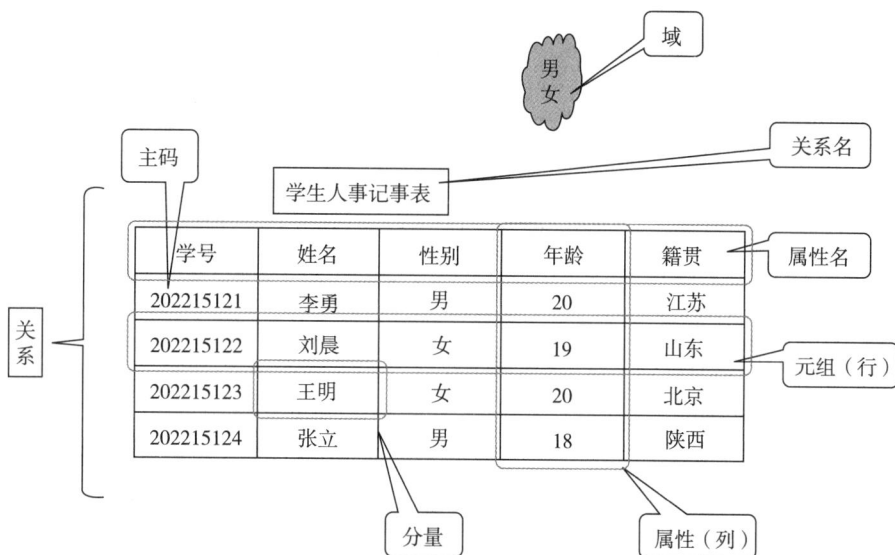

图 1-9　关系示例图

（2）关系模型的优缺点

关系模型具有下列优点：

关系模型与格式化模型不同，它建立在严格的数学概念基础上。

关系模型的概念单一。无论实体还是实体之间的联系都用关系来表示。对数据的检索和更新结果也是关系（即表）。因此，其数据结构简单、清晰，用户易懂易用。

关系模型的存取路径对用户透明，从而具有更高的数据独立性、更好的安全保密性，也简化了程序员和数据库开发建立的工作。

所以关系模型自现世以后发展迅速，深受用户的喜爱。

当然，关系模型也有缺点，例如，由于存取路径对用户是隐蔽的，查询效率往往不如格式化数据模型。为了提高性能，数据库管理系统必须对用户的查询请求进行优化，因此增加了开发数据库管理系统的难度。不过，用户不必考虑这些系统内部的优化技术细节。

（3）常用关系数据库

常见的关系数据库有 MySQL、SQL Server、Oracle、Sybase、DB2 等。

MySQL：免费产品，中小企业使用广泛。

SQL Server：微软的商业化产品，SQL 语句兼容性好，商业化成熟度高。

Oracle：在数据库领域一直处于领先地位，由于有先进技术的不断更新，成为了世界上使用较广泛的关系数据系统之一。

Sybase：美国 Sybase 公司产品。

DB2：是美国 IBM 公司开发的产品，主要应用于大型应用系统，具有较好的可伸缩性。

1.2.4　SQL 语言

（1）SQL 语言介绍

SQL（Structured Query Language）语言是 1974 年由 Boyce 和 Chamberlin 提出的。

IBM 公司在关系数据库系统原型 System R 上实现了这种语言,其已发展为关系数据库的标准语言。

　　SQL 集数据定义语言、数据操纵语言、数据控制语言的功能于一体。SQL 的动词见表 1-3 所列,语言风格统一,可以独立完成数据库生命周期中的全部活动,包括以下 5 点操作要求:

　　一是建立数据库,定义、删除关系模式,定义和删除视图,插入数据。

　　二是对数据库中的数据进行查询和更新。

　　三是数据库重构和维护。

　　四是数据库安全性、完整性控制及事务控制。

　　五是嵌入式 SQL 和动态 SQL 定义。

表 1-3　SQL 的动词

SQL 功能	动词
数据查询	Select
数据定义	Create,Drop,Alter
数据操纵	Insert,Update,Delete
数据控制	Grant,Revoke

　　(2)基本表操作

　　① 建立

　　建立基本表的语句格式:

```
CREATE TABLE <表名>(列名 1 类型[,列名 2 类型……])
```

　　常用的类型有 CHAR(字符型),INT(整型),NUNERIC(数值型),DATETIME(日期时间型),BIT(逻辑型),VARCHAR(变长字符型)等。

　　【例】　建立一个"学生"表 Student,它由学号(sno)、姓名(sname)、性别(gender)、所在系别(department)、年龄(age)5 个属性组成,其中学号为主码。建立该表的语句如下:

```
CREATE TABLE Student
(Sno CHAR(9)PRIMARY KEY,
Sname CHAR(20),
Gender CHAR(2),
department CHAR(20),
age SMALLINT);
```

　　其中,Sname CHAR(20)表示属性姓名是字符型数据,最多由 20 位字符组成。

【例】　建立一个"课程"表 Course。

```
CREATE TABLE Course
(Cno CHAR(4)PRIMARY KEY,
Cname CHAR(40)NOT NULL,
Cpno CHAR(4),
Ccredit SMALLINT,
FOREIGN KEY(Cpno)REFERENCES Course(Cno)
);
```

② 修改

修改基本表定义的语句格式：

```
ALTER TABLE<表名>ADD 列名 类型
```

【例】　向 Student 表增加"入学时间"列，其数据类型为日期型。

```
ALTER TABLE Student ADD S_entrance DATE;
```

③ 删除

删除基本表的语句格式：

```
DROP   TABLE <表名>
```

【例】　删除 Student 表。

```
DROP TABLE Student;
```

（3）数据查询

SQL 的核心语句是数据库查询语句。其一般格式：

```
SELECT <目标列>[,<目标列>]…FROM  <表名>[,<表名>]…  [WHERE  <条件表达
式>]  [GROUP BY <列名 1>]  [ORDER BY <列名 2>[ASC|DESC]];
```

语句含义：根据 WHERE 子句中的条件表达式，从指定表中找出满足条件的元组（如二维表中的记录），按目标列选出元组分量形成结果表。ORDER 子句确定结果表按指定的列名 2 按升序（ACS）或降序（DESC）排序。GROUP 子句将结果按列名 1 分组，每个组（所有

列名 1 值相同的为一组)产生结果表中一个元组。

选择表中的若干列：

【例】 查询全体学生的学号与姓名。

```
SELECT Sno,Sname
FROM Student;
```

选择表中的若干元组：

【例】 查询所有年龄在 20 岁以下的学生姓名及其年龄。

```
SELECT Sname,Sage
FROM Student
WHERE Sage<20;
GROUP BY 子句
```

GROUP BY 子句将查询结果按某一列或多列的值分组,值相等的为一组。对查询结果分组的目的是细化聚集函数的作用对象。如果未对查询结果分组,聚集函数将作用于整个查询结果。分组后聚集函数将作用于每一个组,即每一个组都有一个函数值。

【例】 查询平均成绩大于含等于 90 分的学生学号和平均成绩。

下面的语句是不对的：

```
SELECT Sno,AVG(Grade)
FROM SC
WHERE AVG(Grade)> = 90
GROUP BY Sno;
```

因为 WHERE 子句中不能用聚集函数作为条件表达式,正确的查询语句：

```
SELECT Sno,AVG(Grade)
FROM SC
GROUP BY Sno
HAVING AVG(Grade)> = 90;
```

WHERE 子句与 HAVING 短语的区别在于作用对象。WHERE 子句作用于基本表或视图,从中选择满足条件的元组。HAVING 短语作用于组,从中选择满足条件的组。

① 连接查询

等值与非等值连接查询：

连接查询的 WHERE 子句中用来连接 2 个表的条件称为连接条件或连接谓词,其一般格式:

> [<表名 1>. <列名 1><比较运算符>[<表名 2>. <列名 2>

其中,比较运算符主要有"＝""＞""＞＝""＜＝""！＝"(或"＜")等。

此外,连接谓词还可以使用如下形式:

> [<表名 1>.]<列名 1>BETWEEN[<表名 2>.]<列名 2>AND[<表名 2>.]<列名 3>

当连接运算符为"＝"时,称为等值连接。使用其他运算符称为非等值连接。

连接谓词中的列名称为连接字段。连接条件中的各连接字段类型必须是可比的,但名字不必相同。

【例】　查询每个学生及其选修课程的情况。

学生情况存放在 Student 表中,学生选课情况存放在 SC 表中,所以本查询实际上涉及 Student 与 SC 两个表。这两个表之间的联系是通过公共属性 Sno 实现的。

```
SELECT Student. * ,SC. *
FROM Student,SC
WHERE Student. Sno = SC. Sno;
```

Student 表、SC 表数据查询的执行结果见表 1 - 4 所列。

表 1 - 4　Student 表、SC 表数据查询的执行结果

Student. Sno	Sname	Ssex	Sage	Sdept	SC. Sno	Cno	Grade
202215121	李勇	男	20	CS	202215121	1	92
202215121	李勇	男	20	CS	202215121	2	85
202215122	刘晨	女	19	CS	202215122	2	90
202215122	刘晨	女	19	CS	202215122	3	80

【例】　查询选修 2 号课程且成绩在 90 分以上的所有学生的学号和姓名。

```
SELECT Student. Sno,Sname
FROM Student,SC
WHERE Student. Sno = SC. Sno AND
    SC. Cno ='2'AND SC. Grade>90;
```

该查询的一种优化(高效)的执行过程是先从 SC 中挑选出 Cno='2'并且 Grade>90 的元组形成一个中间关系,再和 Student 中满足连接条件的元组进行连接得到最终的结果关系。

多表连接:连接操作除了可以是两表连接、一个表与其自身连接外,还可以是 2 个以上的表进行连接,后者通常称为多表连接。

【例】 查询每个学生的学号、姓名、选修的课程名及成绩。

本查询涉及 3 个表,完成该查询的 SQL 语句如下:

```
SELECT Student. Sno,Sname,Cname,Grade
FROM Student,SC,Course
WHERE Student. Sno = SC. Sno AND SC. Cno = Course. Cno;
```

关系数据库管理系统在执行多表连接时,通常是先进行 2 个表的连接操作,再将其连接结果与第 3 个表进行连接。本例的一种可能的执行方式是,先将 Student 表与 SC 表进行连接,得到每个学生的学号、姓名、所选课程号和相应的成绩,然后再将其与 Course 表进行连接,得到最终结果。

② 嵌套查询

在 SQL 语言中,一个 SELECT-FROM-WHERE 语句称为一个查询块。将一个查询块嵌套在另一个查询块的 WHERE 子句或 HAVING 短语的条件中的查询称为嵌套查询(Nested Query)。例如:

```
SELECT Sname
FROM Student
WHERE Sno IN
(SELECT Sno
FROM SC
WHERE Cno='2');
```

本例中,下层查询块 SELECT Sno FROM SC WHERE Cno='2'是嵌套在上层查询块 SELECT Sname FROM Student WHERE Sno IN 的 WHERE 条件中的。上层的查询块称为外层查询或父查询,下层查询块称为内层查询或子查询。

SQL 语言允许多层嵌套查询,即一个子查询中还可以嵌套其他子查询。需要特别指出的是,子查询的 SELECT 语句中不能使用 ORDER BY 子句,ORDER BY 子句只能对最终查询结果排序。

嵌套查询使用户可以用多个简单查询构成复杂的查询,从而增强 SQL 的查询能力。以层层嵌套的方式来构造程序正是 SQL 中"结构化"的含义所在。

(4)数据更新

SQL 的数据更新语句包括数据插入、修改和删除 3 种操作。

① 数据插入（INSERT）

INSERT 语句的一般格式：

> INSERT INTO ＜表名＞ [(＜属性列 1＞[,＜属性列 2＞…)] VALUES(＜常量 1＞[,＜常量
> 2＞]…)功能：向指定表中插入一个元组且使得列名 1 的值为常量 1,列名 2 的值为常量 2…

如果某些属性列在 INTO 子句中未出现,则新记录在这些列上将取空值。

【例】　插入学号为"202215125",姓名为"陈冬",性别为"男",系列为"IS",年龄为"18"
的学生记录。

> Insert Into Student Values('202215125','陈冬','男','IS',18);

② 数据修改（UPDATE）

UPDATE 语句的一般格式：

> UPDATE ＜表名＞ SET ＜列名＞ = ＜表达式＞[,＜列名＞ = ＜表达式＞]…　[WHERE ＜条
> 件＞];

功能：修改指定表中满足条件的元组,将指定的列名 1 的值用表达式 1 的值替换,将指
定的列名 2 的值用表达式 2 的值替换……

【例】　将所有学生的年龄增加 1 岁。

> UPDATE Student　SET Sage = Sage + 1;

③ 数据删除（DELETE）

DELETE 语句的一般格式：

> DELETE　FROM ＜表名＞　[WHERE ＜条件＞];

功能：删除指定表中满足条件的元组。

如果省略 WHERE 子句,表示删除表中全部元组。

【例】　删除学号为"202215125"的学生记录。

> DELETE　FROM Student WHERE Sno = '202215125';

1.3 Servlet 基础知识

1.3.1 Servlet 简介

Servlet(Server Applet)是 Java Servlet 的简称,它是运行在 Web 服务器(如 Tomcat)或应用服务器上的程序,具有独立于平台和协议的特性,主要功能在于交互式地浏览和生成数据,最终生成动态 Web 内容。通常作为来自 Web 浏览器或其他 HTTP 客户端的请求和 HTTP 服务器上的数据库或应用程序之间的中间层。

Servlet 通常情况下与使用 CGI(Common Gateway Interface,公共网关接口)实现的程序可以达到异曲同工的效果。相比于 CGI,Java Servlet 具有更高的效率,更容易使用,功能更强大,具有更好的可移植性,更节省投资。

Java Servlet 的执行流程如图 1-10 所示。浏览器根据用户的反馈向服务器发出 http://localhost:8080/web-demo/demo1 请求,从请求中我们可以解析出三部分内容,分别是 localhost:8080、web-demo、demo1。

根据 localhost:8080 可以找到要访问的 Tomcat Web 服务器;根据 web-demo 可以找到部署在 Tomcat 服务器上的 web-demo 项目;根据 demo1 可以找到要访问的是项目中的哪个 Servlet 类。找到这个 Servlet 类后,Tomcat Web 服务器就会为这个类创建一个对象,然后调用对象中的 service 方法。service 方法中的 Servlet Request 和 Servlet Response 分别封装了请求数据和响应数据,通过 service 方法,我们可以实现前后端的数据交互。

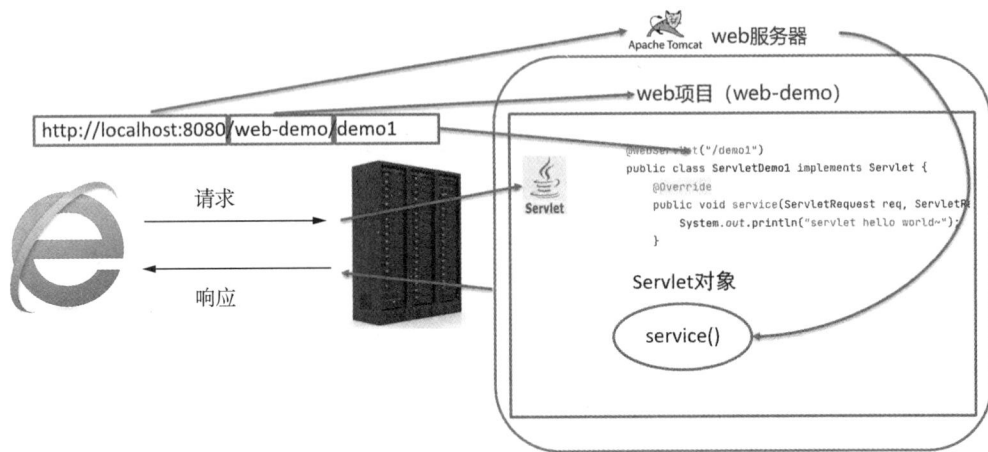

图 1-10 Servlet 执行流程图

1.3.2 Servlet 生命周期

Servlet 运行在 Servlet 容器(Web 服务器)中,其生命周期由容器来管理,大致分为加载和实例化、初始化、处理请求、销毁 4 个阶段,如图 1-11 所示。

(1)加载和实例化

默认情况下,当 Servlet 第一次被访问时,由容器(Web 服务器)创建 Servlet 对象。但是如果创建 Servlet 比较耗时,那么第一个访问的人等待的时间就会较长,用户的体验感就较

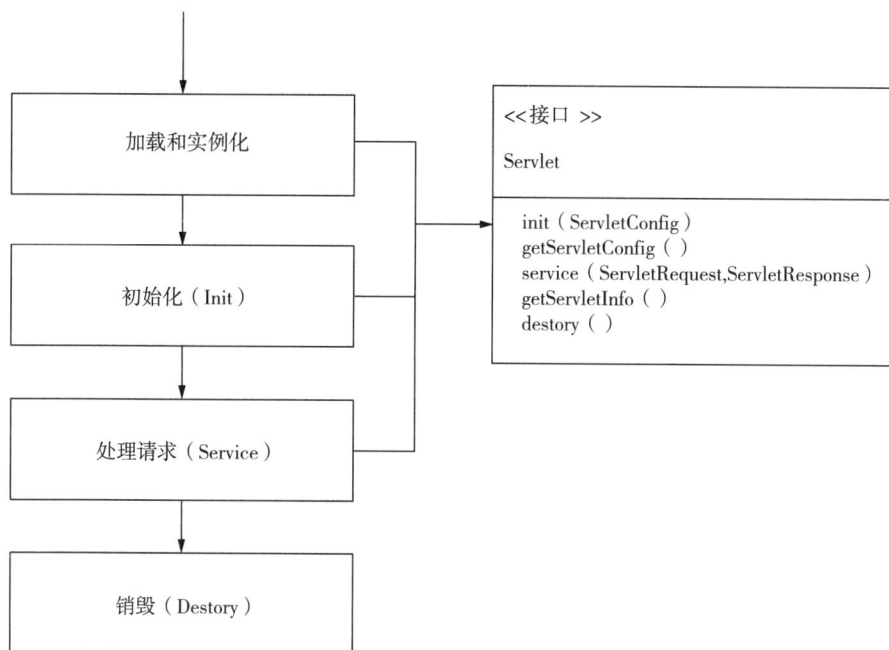

图 1-11　Servlet 的生命周期

差。因此,Servlet 也允许在服务器启动时被创建。可以通过 load-on-startup 选择创建的方式。当 load-on-startup 为正整数时,表示在服务器启动时创建,且数字越小代表优先级越高;若为负数,只有当该 Servlet 第一次被访问时才会被创建。

(2)初始化

在 Servlet 实例化后,容器将调用 Servlet 的 init()方法初始化这个对象,完成一些如加载配置文件、创建连接等初始化的工作。该方法只会被调用 1 次。

(3)处理请求

每次请求 Servlet 时,Servlet 容器都会调用 Servlet 的 service()方法对请求进行处理,并给出相应的响应。

(4)销毁

当需要释放内存或者容器关闭时,容器就会调用 Servlet 实例的 destroy()方法完成资源的释放。在 destroy()方法调用之后,容器会释放这个 Servlet 实例,该实例随后会被Java 的垃圾收集器所回收。

1.3.3　Servlet 体系结构

Servlet 的体系结构如图 1-12 所示,主要包括 Servlet 接口,GenericServlet 抽象类,HttpServlet 抽象类和自定义的 Servlet 普通类。在使用这些类之前我们需要先了解它们之间的关系和适用范围。

(1)Servlet

Servlet 接口是所有 Servlet 的基类,主要有 6 个抽象方法,分别是 init(ServletConfig)初始化 Serlvet,getServletConfig()获取 ServletConfig 对象,service(Servlet Request,Servlet Response)提供服务,处理请求,getServletInfo()获取服务信息,destory()销毁。其中只

有 service 方法会被频繁使用。为了简化开发,Java 提供了一系列的 servlet 类实现 Servlet 接口。

（2）GenericServlet

GenericServlet 抽象类实现了 Servlet 接口的部分抽象方法,如 init（）,destroy（）,GetServletConfig（）,getServletInfo（）,将 service（）方法继续作为抽象方法供子类去实现,也就意味着我们不用花费精力去管这些不常用的方法,简化了开发的流程。

（3）HttpServlet

HttpServlet 作为 GenericServlet 的子类,是在 GenericServlet 的基础上对 service 方法做了增强。为了更好地匹配不同的 HTTP 请求,HttpServlet 新增了若干方法专门处理对应的请求。HTTP 的请求方式包括 DELETE,GET,OPTIONS,POST,PUT 和 TRACE,在 HttpServlet 类中分别提供了相应的服务方法,它们是 doDelete（）,doGet（）,doOptions（）,doPost（）,doPut（）和 doTrace（）。这些方法中只有 doGet（）和 doPost（）常用。

图 1-12 Servlet 的体系结构

（4）自定义 Servlet

在程序的开发中,一般会根据自己的业务需求自定义符合当前业务场景的 Servlet,想要实现自定义 Servlet 就必须实现 Servlet 接口。当自定义的 Servlet 类不用关心 Servlet 创建、Servlet 配置信息、Servlet 销毁时,我们就可以直接继承 HttpServlet 类,将主要精力放在处理请求上,根据业务选择不同的请求并重写对应的请求方法。在日常的业务中,get 和 post 请求使用频繁,通常默认重写 HttpServlet 中的 doGet（）和 doPost（）方法来完成前后端的数据交互。

1.3.4 Servlet 配置

Servlet 类编写好后,要想被访问到,就需要配置其访问路径。常用的配置方式有两种,分别是基于注解配置和基于 xml 文件配置。

（1）基于@WebServlet 注解配置 Servlet

@WebServlet 注解用于将一个类声明为 Servlet,该注解将会在部署时被容器处理,容器根据具体的属性配置将相应的类部署为 Servlet。@WebServlet 字段属性见表 1-5 所列,其中所有属性均为可选属性,但 vlaue 或者 urlPatterns 通常是必需的,且二者不能共存,如果同时指定,通常是忽略 value 的取值。

表 1-5 @WebServlet 字段属性

属性名	类型	描述
name	String	指定 Servlet 的 name 属性,如果没有显式指定,该 Servlet 的取值即为类的全限定名
value	String[]	该属性等价于 urlPatterns 属性,两个属性不能同时使用

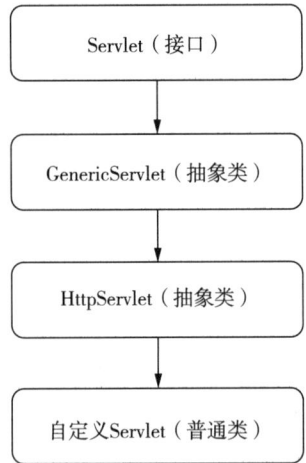

（续表）

属性名	类型	描述
urlPatterns	String[]	指定一组 Servlet 的 URL 匹配模式
loadOnStartup	Int	指定 Servlet 的加载顺序
initParams	WebInitParam[]	指定一组 Servlet 初始化参数
asyncSupported	Boolean	声明 Servlet 是否支持异步操作模式
description	String	Servlet 的描述信息
displayName	String	Servlet 的显示名

一般在开发中需要配置的只有 urlPatterns，其余的都有默认值。具体的示例见 6.2.2 中的第五节基于注解配置 Servlet。

（2）基于 xml 文件配置 Servlet

web. xml 文件中也可以配置 Servlet 类。在配置 Servlet 的时候，需要使用到 <servlet> 和 <servlset-Mapping> 标签，前者配置 servlet 自身信息，后者配置 servlet 映射信息。在 <servlet> 标签中，需要对 servlet 的名称 <servlet-name> 和 <servlet-class> 信息进行配置。<servlet-name> 一般为自定义 servlet 类的类名，<servlet-class> 是类的全路径，即 package＋calssname；在 <servlet-Mapping> 标签中，需要对 <servlet-name> 和 <url-pattern> 信息进行配置。其中，<servlet-name> 与 <servlet> 中的 <servlet-name> 一致，<url-pattern> 则是它的访问路径，即/demo1。具体示例见 5.1.6 主页和配置文件。

1.4 网页开发技术

1.4.1 Web 工作原理

1969 年，美国国防部国防高级研究计划署资助建立了一个名为 ARPANET 的网络；1990 年，Tim Berners-Lee 在 CERN 工作的时候写了第一个 WWW 客户程序和第一个服务器程序，并且制定了一些标准，如 URL、HTML 和 HTTP。如今，互联网在人们的日常生活工作中扮演着越来越重要的角色，已成为生活中不可或缺的一部分。了解网页的工作原理也成了进行 Web 开发的基础所在。

网页工作原理如图 1-13 所示。

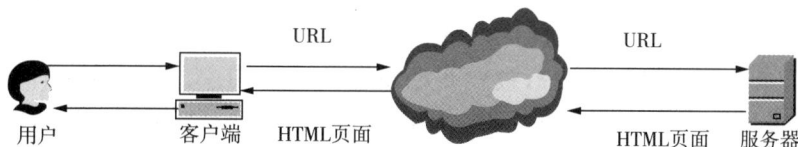

图 1-13 网页工作原理

URL：统一资源定位器（Uniform Resource Locator），用来定义网页的地址。在网络上，每个网页都有自己唯一的标识，即 URL 地址，如果说 IP 地址是坐标的话，那么 URL 则是门牌号。

服务器:网站存放的位置,类似于我们日常用的 PC 机,由相关的硬件及软件构成。

客户端:在互联网中指浏览器,如常见的 IE、Fire Fox、Chrome。浏览器是用户浏览网页的工具,它通过客户端/服务器方式与服务器相交互,它要求服务器把指定的信息传送过来,然后通过客户端软件把信息显示给用户。

网页工作过程:用户在浏览器中输入网页的地址 URL;浏览器根据 URL 向特定的服务器发出请求;互联网上的辅助设备把用户的请求发送到指定的服务器;服务器根据 URL 中指定的网页名称找到对应的网页内容;服务器把指定的网页内容通过互联网转交给用户。

网页中的内容一般由文本、图片、视频、音频等资源构成。根据资源是否可以在不同的环境下动态发生变化这一条件又可将资源分为静态资源和动态资源。

静态资源是指使用静态网页开发技术发布的资源。所有用户访问该类资源得到的结果都是一样的。如果用户请求的是静态资源,那么服务器会直接将静态资源发送给浏览器。浏览器中拥有静态资源的解析引擎,可以展示静态资源。常用的静态资源有 html、css 和 JavaScript 等。

动态资源是指使用动态网页开发技术发布的资源。用户进入同一个页面看到的结果可能不一样。如果用户请求的是动态资源,那么服务器会执行动态资源,转换为静态资源,再发送给服务器。浏览器无法解析动态资源。常用的动态网页开发技术有 JSP、PHP 和 ASP 等。

1.4.2 超文本标记语言(HTML)

超文本标记语言是为"网页创建和其他可在网页浏览器中看到的信息"设计的一种标记语言。HTML 被用来结构化信息,例如标题、段落和列表等,也可用来在一定程度上描述文档的外观和语义。Tim Berners-Lee 给出了 HTML 的原始定义,由互联网工程任务组(IETF)用简化标准通用标记语言(SGML)语法进一步发展为 HTML,后成为国际标准,由万维网联盟(W3C)维护。

(1)历史

1982 年,Tim Berners-Lee 为使世界各地的物理学家能够方便地进行合作研究,建立了使用于其系统的 HTML。Tim Berners-Lee 设计的 HTML 以纯文字格式为基础,可以通过任何文本编辑器处理,最初仅有少量标记(TAG),易于掌握运用。随着 HTML 使用率的提高,人们不满足只能看到文字。1993 年,还是大学生的 Marc Andreessen 在他的 Mosaic 浏览器加入<img>标记,从此可以在 Web 页面上浏览图片。但人们认为仅有图片还不够,希望可将任何形式的媒体加到网页上。因此,HTML 得到不断的扩充和发展。

标准的版本历史:超文本置标语言(第一版)——在 1993 年 6 月作为互联网工程工作小组(IETF)工作草案发布(并非标准);HTML 2.0——1995 年 11 月作为 RFC 1866 发布,在 RFC 2854 于 2000 年 6 月发布之后被宣布已经过时;HTML 3.2——1996 年 1 月 14 日,W3C 推荐标准;HTML 4.0——1997 年 12 月 18 日,W3C 推荐标准;HTML 4.01(微小改进)——1999 年 12 月 24 日,W3C 推荐标准;ISO/IEC 15445:2000("ISO HTML")——2000 年 5 月 15 日发布,基于严格的 HTML 4.01 语法,是国际标准化组织和国际电工委员会的标准;HTML5——在 2008 年正式发布,其在互联网中得到了极为广泛的应用,提供更多增强网络应用的标准机。与传统的技术相比,HTML5 的语法特征更加明显,并且结合了 SVG 的内容。这些内容在网页中使用时可以更加便捷地处理多媒体内容。HTML5 在

2012 年已形成了稳定的版本。2014 年 10 月 28 日，W3C 发布了 HTML5 的最终版。

（2）HTML 基本语法

HTML 基本语法采用双标记语法，如图 1-14 所示。

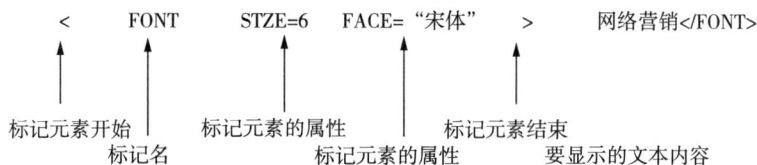

图 1-14　双标记语法

但有些标记是单标记，即单独存在的标记。如
回车换行；<hr size＝2 align＝left width＝200>。

标签，亦称标记元素，主要类型有：

结构性标记。描述文字的意图，比较常用的结构性标记有 html 元素（表 1-6），标记 HTML 内容的开始和结束；head 元素，标记 HTML 文件头，包含不在正文中显示的关键字、标题、脚本等；title 元素，标记 HTML 文件的标题；body 元素，标记 HTML 文件正文的开始和结束。

呈现性标记。描述文字的外观，例如，<b>boldface</b>，将" boldface "显示为粗体文字。但是为了统一网站的风格，很多网络出版者使用 CSS 而不是重复使用呈现性标记。对于<b>bold</b>和<i>italic</i>也有通常更加明确的等价呈现性标记：<strong>strong emphasis < /strong>和<em>emphasis</em>。

表 1-6　常见 html 标记元素

标记元素开始	标记元素结束	标记元素的功能
<! 注释内容>	<! >	注释标记
<A>	</A>	锚元素，定义超文本链接点
<ADDRESS>	</ADDRESS>	地址信息起止
<B>	</B>	字体颜色加深
<BASE>		基锚，说明链接的基地址
<BLINK>	</BLINK>	字体闪烁
<BLOCKQUOTE>	</BLOCKQUOTE>	块引用
<BODY>	</BODY>	超文本正文主体的起止
 	<>	回车换行
<CAPTION>	</CAPTION>	标题，多用于表格
<CENTER>	</CENTER>	元素间的内容居中
<CITE>	</CITE>	表明其间的内容是引文或例证
<CODE>	</CODE>	代码
<DD>		文字缩格

（续表）

标记元素开始	标记元素结束	标记元素的功能
<DL>		线缩格或不显示<LI>的标题符号
<DT>		回车换行,但不缩格
<EM>	</EM>	强调,斜体且颜色加重
<FONT>	</FONT>	变化字体大小和颜色
<HEAD>	</HEAD>	交互项元素的起止
<FRAME>	</FRAME>	展示页的版面分割
<HEAD>	</HEAD>	超文本文件头的起止
<HEADER>	</HEADER>	与<head>和</head>等价
<HR>		画水平间隔线
<Hn>	</Hn>	定义标题字体大小,n 值为 $1\sim6$
<HTML>	</HTML>	超文本文的开始和结束
<I>	</I>	字体为斜体
<IMG>	</IMG>	插入图形图像文件
<INPUT>		输入信息元素
<LI>		清单条目,多用于目录列表
<LIST>	</LIST>	显示文本内容,但不执行标记命令
<MARQUEE>	</MARQUEE>	字符移动方式控制
<META>		资料说明
<NEXTID>		下一个标识
<OL>	</OL>	用序号显示一级标题
<P>	</P>	段落的起止,也可以加空行
<PRE>	</PRE>	按原文格式
<S>	</S>	中划线
<SMALL>	</SMALL>	用小号字表示
<STRONG>	</STRONG>	字体颜色加重
<SUB>	</SUB>	下角标
<SUP>	</SUP>	上角标
<TABLE>	</TABLE>	表格的起止,图文混排时也使用
<TD>	</TD>	表格中一栏内容的起止
<TEXTAREA>	</TEXTAREA>	用文本区输入信息
<TH>	</TH>	表头的起止
<TITLE>	</TITLE>	超文本标题的起止

（续表）

标记元素开始	标记元素结束	标记元素的功能
<TR>	</TR>	表中一行的起止
<TT>	</TT>	固定宽度
<U>	</U>	下划线
<UL>	</UL>	同一级标题的限定，无序号
<VAR>	</VAR>	变量
<XMP>	</XMP>	功能同<LIST>，仅字体略小

超文本标记。将文档的一部分关联到其他文档。例如，< a href = " http://wikipedia. org/"> Wikipedia</a>将会把 Wikipedia 显示为一个超链接 URL。

框架页面标记。描述网页如何显示框架网页，较低版本的浏览器并不支持此功能。如<frameset> </frameset>，代表定义一个框架。若在后加上 rows="100, *"，代表网页会打开一个上下分割网页的框架，而上框架网页的高度是 100px。加上 cols=" 100，*"代表网页左右分割，左框架的网页阔度是 100px。<framename=" left " src=" left. html "/>代表框架页的名称及文件来源。这个语法加在</frameset>前。

1.4.3　层叠样式表(Cascading Style Sheets)

层叠样式表/串样式列表(Cascading Style Sheets，CSS)，由 W3C 定义和维护的标准，一种用来为结构化文档(如 HTML 文档或 XML 应用)添加样式(字体、间距和颜色等)的计算机语言。

CSS 最主要的目的是将文件的结构(用 HTML 或其他相关语言写的)与文件的显示分隔开来。这样做的优点是：整个网站或部分网页的显示信息被集中在一个地方，要改变它们很方便；HTML 文件本身的范围变小了，结构简单了，使文件的可读性加强，文件的结构也更加灵活；网页的读者和作者都可使用 CSS 来决定文件的颜色、字体、排版等显示特性。此外，CSS 可使用其他显示方式，比如声音(假如浏览器有阅读功能的话)或给视障者用的感受装置；也可与 XHTML、XML 或其他结构文件一起使用，唯一条件是显示这种文件的浏览器装备了接受 CSS 的功能。

CSS 信息可以来自作者、读者和浏览器样式。作者样式即作者可以在他的 HTML 文件中确定一个外来的、独立的 CSS 文件；作者可以将 CSS 信息句含在 HTML 文件内；作者可以在一个 HTML 指令内结合 CSS 指令，这样做一般是为了在一个特殊情况下将总体的 CSS 指令抵消掉。读者样式即读者可以在他的浏览器内设立一个地区性的 CSS 文件。这个 CSS 文件可以用在所有的 HTML 文件上。假如作者的 CSS 文件与读者的相冲突，那么读者可以确定他想使用哪个。若外部未特别指定一个样式，一般浏览器自己有一个内在的样式。

(1)历史

从 1990 年初 HTML 被发明开始，样式表就以各种形式出现了，不同的浏览器结合了它们各自的样式语言，读者可以使用这些样式语言来调节网页的显示方式。一开始样式表是给读者用的，最初的 HTML 版本只含有极少的显示属性，读者来决定网页应该怎样被显示。但随着 HTML 的成长，为了满足设计师的要求，HTML 获得了很多显示功能。随着这些功能的增加,外来定义样式的语言越来越没有意义了。

1994 年哈坤·利提出了 CSS 的最初建议,伯特·波斯当时正在设计一个叫做 Argo 的浏览器,他们决定一起合作设计 CSS。当时已经有过一些样式表语言的建议,但 CSS 是第一个含有"层叠"主意的。在 CSS 中,一个文件的样式可以从其他的样式表中继承下来。读者在有些地方可以使用自己更喜欢的样式,在其他地方则继承或"层叠"作者的样式。这种层叠的方式使作者和读者都可以灵活地加入自己的设计,混合各人的爱好。

哈坤于 1994 年在芝加哥的一次会议上第一次展示了 CSS 的建议,1995 年他与波斯一起再次展示这个建议。当时 W3C 刚刚建立,W3C 对 CSS 的发展很感兴趣,并为此组织了一次讨论会。哈坤、波斯和其他一些人(如微软的托马斯·雷尔登)是这个项目的主要技术负责人。1996 年底,CSS 已经完成。1996 年 12 月,CSS 要求的第一版本被出版。

1997 年初,W3C 内组织了专门管 CSS 的工作组,其负责人是克里斯·里雷。这个工作组开始讨论第一版中未涉及的问题,其结果是 1998 年 5 月出版的第二版要求。

早在 2001 年 W3C 就完成了 CSS3 的草案规范,现如今 CSS3 已经广泛应用于网页静态资源开发。

(2)CSS 的语法

CSS 的语法很简单,它使用一组英语词来表示不同的样式和特征。样式表由一组规则组成。每个规则由一个"选择器"(selector)和一个定义部分组成。每个定义部分包含一组由半角分号(;)分离的定义。这组定义放在一对大括号({   })之间。每个定义由一个特性,一个半角冒号(:)和一个值组成。

选择器(Selector):通常为档中的元素(element),如 HTML 中的＜body＞,＜p＞,＜strong＞等标签,多个选择器可以半角逗号(,)隔开。

属性(property):CSS1、CSS2、CSS3 规定了许多的属性,目的在于控制选择器的样式。

值(value):属性接受的设置值,可由各种关键字(keyword)组成,多个关键字时大都以空格隔开。要针对没有标签定义范围进行样式设置时,可利用＜div＞与＜span＞标签。CSS 示例如图 1－15 所示。

```
p  {
      font - size  :  110 % ;
      font - family  :  garamond,
sans - serif;
   }
h2,h4  {
      color  :  red;
      background  :  white;
   }
. highlight  {
      color  :  red;
      background  :  yellow;
      font - weight  :  bold;
   }
```

图 1－15　CSS 示例

图 1-15 中有 3 个选择器:p、h2 和.highlight。color:red 是一个定义,其中 color 是属性,red 是 color 的值。在这里,HTML 中的结构 P(段落)和 H2(2 级标题)获得了不同的样式。每个段落的字体大小比包含该段落结构的字体大小要大 10%,其字形是 Garamond,假如没有 Garamond,便使用一般的 sans-serif 字形;二级标题的字用红色,底面是白色。图 1-15 中的第 3 个规则规定了一个 class 的样式,通过 class 属性每个 HTML 结构都可以被指定为这个 class,便如,<P class="highlight">这个段落将被显示为黄底红字粗体。</P>,CSS 档内也可以包含注释,注释以/*开始,以*/结尾,例如,/*注释*/。

① CSS 缩写

使用 CSS 缩写可以减少 CSS 文件的大小,并使其更为易读,例如:

颜色缩写。16 进制的色彩值,如果每两位的值相同,可以进行缩写,例如:000000 可以缩写为♯000,♯336699 可以缩写为♯369。

盒尺寸缩写。Property:Value1 Value2 Value3 Value4;4 个值依次表示 Top,Right,Bottom,Left。

边框缩写。边框的属性有:border-width:1px;border-style:solid;border-color:♯000。可以缩写为一句:border:1px solid ♯000。

背景缩写。background-color:♯F00;background-image:url(background.gif);background-repeat:no-repeat;background-attachment:fixed;background-position:0 0。可以缩写为一句:background:♯F00 url(background.gif)no-repeat fixed 0 0。

② class 和 id 的用法

前面告诉我们如何为特定的标签定义样式,如我们利用"h1{font-size:12px;}"将页面内所有的标题 1 的字体大小改为了 12 像素。那么如果不希望所有的标题 1 样式都被修改该怎么做呢? 这时就需要 class 和 id。具体语法:

首先要在<head>部分定义 class(类)或 id。

class 的定义方法:指定标签.类名{样式}。

id 的定义方法:指定标签♯id 名{样式}。

然后,我们在想要应用类的标签上加上 class(类)或者 id 属性。

class 的应用方法:<指定标签 class="类名">。

id 的应用方法:<指定标签 id="id 名">。

这种方式定义的 class(类)和 id 只能作用于指定标签。注意类名和 id 名不可以用数字开头。class 和 id 的用法实例如图 1-16 所示。

在网页设计的过程中,你可能不希望你定义的类只局限于一个标签。这可通过定义时不制定标签来解决。在图 1-15 中,如果希望 xinwen 类可应用于段落标签<p>,那么只需将定义部分的 h1.xinwen 改为.xinwen,即去掉 h1。这种定义中不含标签名的类当然就不再局限于某一个标签了,如图 1-16 中修改后的网页,"新闻的内容"应用了 xinwen 类的样式。

class(类)与 id 的区别。class 和 id 看起来除了.和♯的区别之外,无论是在定义上还是在应用上似乎都一样。然而事实并非如此,同一 id 在一个页面内只能应用一次,而 class 则是用于描述多次出现的元素。id 就类似元素的身份证号码,它必须是唯一的,而 class 则是一类具有共同属性的元素的合称,是一类。如果试图在一个页面内多次使用同一个 id,页面通常是可以正常显示的。但是,这会给后期的维护带来不便,还可能会造成其他问题。所以一定要区分开 id 和 class,并且合理地应用它们。

```
<! DOCTYPE html PUBLIC "-//W3C//DTD XHTML 1.0 Strict//EN"
  "http://www.w3.org/TR/xhtml1/DTD/xhtml1-strict.dtd">
<html xmlns="http://www.w3.org/1999/xhtml">
<head>
<title>我是网站的标题 CSS! </title>
<meta http-equiv="Content-Type" content="text/html; charset=gb2312" />
<style type="text/css">
<!--
  h1.dabiaoti {
  font-weight: bolder;
  text-align: center;
  }
  h1#daohang {
  font-size: 12px;
  font-weight: bolder;
  text-align: left;
  }
  h1.xinwen {
  font-size: 16px;
</style>
  </head>
  <body>
  <h1 class="dabiaoti">我是页面最上端的标题 1</h1>
  <h1 id="daohang">我是页面左侧的标题 1,用来导航</h1>
  <h1 class="xinwen">我是页面新闻的标题 1</h1>
  <p class="xinwen">我是新闻的内容。</p>
  </body>
  </html>
```

图 1-16　class 和 id 的用法示例

(3)样式表加入网页方式

样式表加入网页方式有 3 种:内部样式表、内嵌样式表(行内样式表)和外部样式表。它们的格式分别为:内部样式表需要在网页的<head>部分定义;内嵌样式表使用 style 属性,直接在标签内部定义;外部样式表,如 CSS 文件与网页文件(html)是分离开来的,需要在网页的<head>部分调用一个外部 CSS 文件。3 种样式表加入网页方式如图 1-17 所示。

```
<head>                                                       a)内部样式表
<style type="text/css">
  /*符合 CSS 语法结构的 CSS 语句,例如*/
  body { background-color: blue; }
</style>
</head>
```

```
/ * <标签 style = "符合 CSS 语法结构的 CSS 语句">                    b)内嵌样式表
例如, * /
<p style = " text - indent:24px;">段落内容</p>
```

```
<head>                                                          c)外部样式表
<link rel = " stylesheet" type = "text/css"
href ="文件位置/你的 CSS 文件名 .css" />
/ * 文件位置就是所处在的文件夹相对与当前网页的相对路径 * /
</head>
```

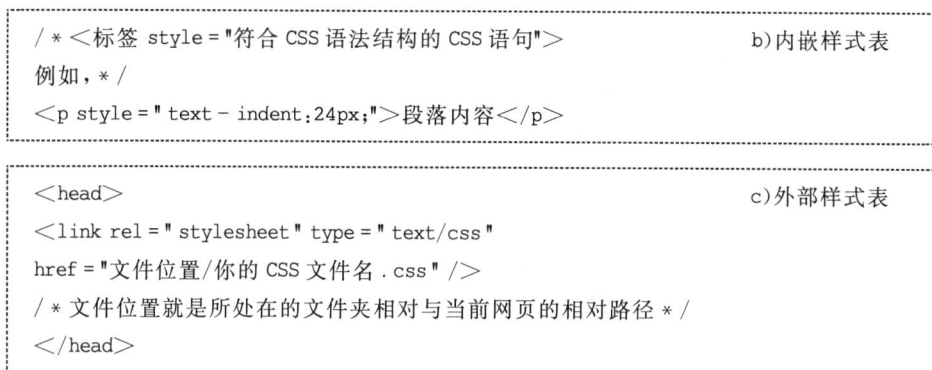

图 1 - 17　3 种样式表加入网页方式

可根据浏览器和屏幕分辨率的不同调用不同的 css 文件。注释标签< ! － － － － >则是避免不支持 CSS 的浏览器将 CSS 内容作为网页正文显示在页面上。

当我们为同一个标签多次设置样式表的时候,这些样式表最终会层叠成一个样式表来作用于标签。如不同样式表定义了同一标签的不同属性,则自然合成一个完整的样式表。当同一标签的同一属性被多次定义时,将根据优先级来决定如何层叠覆盖。3 种样式表的优先级由高到低排列为内嵌样式表、内部样式表、外部样式表。补充规则:优先级相同的情况下,后定义的属性会覆盖先前定义的;其他高级规则:如 CSS 中的! important 表示在显示时使用读者的规定,而不是作者的规定。

1.4.4　脚本语言 JavaScript

JavaScript(JS)是一种具有函数优先的轻量级、解释型或即时编译型的编程语言。

(1)历史

1995 年,网络浏览器还处于萌芽阶段,HTML 和 CSS 还不能提供很好的用户体验。为了改善网页的用户体验,Brendan Eich 在短短 10 天内创建了 LiveScript 编程语言,这给网页带来了更多的动态交互性。后来将其更名为 JavaScript,目的是利用 Java 这个因特网时髦词汇。最终如愿以偿,JavaScript 从此变成了因特网的必备组件。1996 年,JavaScript 被收录到了 ECMAScript 标准中,它开始在各大浏览器中得到普及,这是 JavaScript 的第一次脱胎换骨。2005 年,Ajax 技术的普及使得 JavaScript 成为了网页开发中不可或缺的部分。Ajax 的出现,使得网页可以在不重新加载整个页面的情况下与服务器进行交互,这大大提高了用户体验。最近几年,JavaScript 也在不断地演进,新的语言特性如 ES6、ES7、ES8 等不断地被引入,使得 JavaScript 更加强大。各种新的框架和库也不断出现,如 Angular、Vue、React 等。

(2)JavaScript 语法

JavaScript 很多语法是和 java 相似的,这里仅介绍 JavaScript 的基本语法和一些特性。

JavaScript 使用关键字 var 来定义变量,使用等号来为变量赋值。如:

```
var x,length
x = 5
length = 6
```

JavaScript 允许开发者自行决定是否以分号结束一行代码。如果没有分号，JavaScript 就把这行代码的结尾看做该语句的结尾，前提是这样没有破坏代码的语义。

JavaScript 注释与 java 相同，单行注释以双斜杠起始(//)，多行注释以单斜杠和星号(/*)起始，以星号和单斜杠(*/)结尾。

JavaScript 拥有动态类型，这意味着相同的变量可用作不同的类型。定义变量时只用 var 运算符，可以将它初始化为任意值。变量的数据类型可以使用 typeof 操作符来查看。

```
typeof "John"              //返回 string
typeof 3.14                //返回 number
typeof false               //返回 boolean
typeof [1,2,3,4]           //返回 object
typeof {name:'John',age:34}  //返回 object
```

JavaScript 基本数据类型见表 1-7 所列。

表 1-7　JavaScript 基本数据类型

数据类型	说明	默认值
Number	数字型	0
Boolean	布尔值类型	False
String	字符串类型	" "
Undefined	Var a;声明了变量 a 但是没有给值,此时 a＝undefined	undefined
Null	var a＝nul;声明了变量 a 为空值	Null

其中，Number 包括整型和浮点型数值，如 12，12.05 都属于 number。值得一提的是，无穷大(Infinity)和无穷小(－Infinity)也属于 number；Boolean 型变量只有 true 和 false 两种取值，且默认值为 false；JS 中的字符串和 java 中的用法一致，多个字符串之间可以使用＋进行拼接。字符串与其他类型数值拼接时，先将其他类型数值转成字符串，再拼接成一个新的字符串。如 var a＝11 var b＝"hello" a＋b 时会先将 a 由 number 型变成 String，在进行拼接，最后得到 11hello；与 Java 相比，JS 多了一个 undefined 类型，即该变量被声明后未赋值的一种状态，如 var a。这里我们只声明了 a 变量，并没有给它赋值，这里的 a 就是 nudefined 型；我们可以将 null 赋给变量表示该变量为空值，空值的变量与 String 拼接就是 null，直接与字符串拼接，空值与 number 拼接还是 number 本身，空值与 Boolean 拼接还是 Boolean 本身。下面给出部分 null 拼接案例：

```
var m   = null;
console.log(m);           // null
console.log('hello'+m);   //hellonull
console.log(11+m);        // 11
console.log(true+m);      // 1
```

JavaScript 使用关键字 function 定义函数,函数可以通过声明式定义,也可以是一个表达式。在 ES6 中,新增了箭头函数新特性。

函数声明:function functionName(parameters){}。

【例】　定义一个 mulFunction 函数,函数功能为计算 a * b 的值。

```
functionmulFunction(a,b){
        return a * b;
    }
```

函数表达式:var x＝function(parameters){};

【例】

```
var x = function(a,b){return a * b};
    var z = x(4,3);
```

箭头函数:(参数 1,参数 2,…,参数 N)＝＞ 表达式(单一)

【例】

```
var x = (a,b) = > a * b;
```

(3)JS 操作 BOM

BOM(Browser Object Model)即浏览器对象模型,它提供了独立于内容而与浏览器窗口进行交互的对象,其核心对象是 window。BOM 由一系列相关的对象构成,并且每个对象都提供了很多方法与属性。

① Window 对象

window 对象是浏览器的顶级对象,它具有双重角色,既是 JS 访问浏览器的一个接口,也是一个全局对象。所有定义在全局作用域中的变量,函数都会变成 windows 对象的属性和方法。

页面加载事件:window. onload 是窗口(页面)加载事件,当文档内容完全加载完成会触发该事件(包括图像、脚本文件、CSS 文件等)才调用处理函数。

调整窗口大小事件:window. onresize 是调整窗口大小加载事件,当触发时就调处理函数。只要窗口大小发生变化,就会触发这个事件。

定时器 window. set Timeout ( ):set Timeout(调用函数,[延迟的毫秒数])该方法用于设置一个定时器,该定时器在定时器到期后执行调用函数。这个调用函数可以直接写函数、写函数名或者采取字符串'函数名( )'三种形式。延迟的毫秒数省略默认是 0,如果写,必须是毫秒。因为定时器可能有很多,所以我们经常给定时器赋值一个标识符。

【例】

```
function callback ( ){
    console. log('三秒过去了');
}
var timer1 = set Timeout(callback,3000);
var timer2 = set Timeout(callback,5000);
```

② location 对象

window 对象给我们提供了一个 location 属性，location 对象的属性见表 1-8 所列，用于获取设置窗体的 url，并且可以用于解析 url。因为这个属性返回的是一个对象，所以我们将这个属性也称 location 对象。

表 1-8　location 对象的属性

属性	返回值
location. href	获取或者设置整个 URL
location. host	返回主机（域名）
location. port	返回端口号如果未写则返回空字符串
location. pathname	返回路径
location. serach	返回参数
location. hash	返回片段♯后面内容常用于链接锚点

③ navigator 对象

navgator 包含了有关浏览器的相关信息，它有很多属性，我们最常用的是 userAgent，该属性可以返回由客户机发送到服务器的 user-agent 头部的值。

【例】

```
navigator. appName
//' Netscape'
navigator. platform
//' Win32 '
navigator. userAgent
//' Mozilla/5.0（Windows NT 10.0；Win64；x64）AppleWebKit/537.36（KHTML, like Gecko）
Chrome/106.0.0.0 Safari/537.36'
navigator. appVersion
//' 5.0（Windows NT 10.0；Win64；x64）AppleWebKit/537.36（KHTML, like Gecko）Chrome/
106.0.0.0 Safari/537.36'
```

④ history 对象

window 对象给我们提供了一个 history 对象,能够与浏览器历史记录进行交互。该对象包含用户(在浏览器窗口中)访问过的 URL。history.back()返回上一个 url,history.forward()返回下一个 url。

(4)JS 操作 DOM

文档对象模型(Document Object Model,DOM),它是一种与平台和语言无关的应用程序接口(API),它可以动态地访问程序和脚本,更新其内容、结构和 www 文档的风格。文档可以进一步被处理,处理的结果可以加入到当前的页面。DOM 将文档解析为一个由节点和对象(包含属性和方法的对象)组成的结构集合,它提供了对文档结构化的表述,并定义了一种可以从程序中对该结构进行访问的方式,从而改变文档的结构、样式和内容。操作 dom 的实质就是对网页中的元素进行动态的增删改查等操作。

获取(查询)网页元素的 4 种方式:一是根据 ID 查找元素,大小写敏感,如果有多个结果,只返回第一个;二是根据类名查找元素,多个类名用空格分隔,返回一个数组;三是根据标签查找元素,* 表示查询所有标签,返回一个 HTMLCollection;四是根据元素的 name 属性查找,返回一个 NodeList,括号里面是 #id 名或者 .class 名,返回单个 Node,IE8+(含)。如果匹配到多个结果,只返回第一个。

【例】

```
<p id="p1" class="p2">Hello World! </p>
document.getElementById("p1")
document.getElementsByClassName("p2")
document.getElementsByTag Name("p")
document.getElementsByName
document.querySelector("#p1")
```

创建网页元素:创建一个节点,并把它添加到页面中。这里我们先分别创建一个 div 标签节点和文本节点,将文本节点插入 div 节点中,再将 div 节点插入网页中。

```
//创建一个标签
var div1 = document.createElement('div')
//创建一个文本节点
text1 = document.create TextNode('你好')
//把文本插入标签节点
div1.appendChild(txet1)
//插入网页的 body 中
document.body.appendChild('div1')
```

删除网页元素:要移除的元素.remove(),如 div1.remove()。

修改网页元素:我们可以修改 div 的样式、文本内容、子标签样式、增加子标签、删除原有标签。

```
//修改 style:
div.style='width:100px;color:blue;
//修改文本内容
div.innerText='xxx'
div.textContent='xxx'
//修改 HTML 内容
div.innerHTML='<strong>重要内容</strong>'
//修改标签
div.innerHTML=''//先清空
div.appendChild(div2)//再加内容
```

(5)jQuery

jQuery 是一个快速、简洁的 JavaScript 框架,是继 Prototype 之后又一个优秀的 JavaScript 代码库(框架),于 2006 年 1 月由 John Resig 发布。jQuery 设计的宗旨是"write Less,Do More",即倡导写更少的代码、做更多的事情。它封装 JavaScript 常用的功能代码,提供一种简便的 JavaScript 设计模式,从而优化 HTML 文档操作、事件处理、动画设计和 Ajax 交互。

jQuery 基础语法可以用一个公式概括:$(selector).action()。其中 $ 是 jQuery 标识符,用于定义 jQuery,选择符(selector)用来"查询"和"查找"HTML 元素,jQuery 的 action()负责执行对元素的操作。

【例】

```
$(this).hide()-隐藏当前元素
$("p").hide()-隐藏所有<p>元素
$("p.test").hide()-隐藏所有 class="test"的<p>元素
$("#test").hide()-隐藏所有 id="test"的元素
```

1.4.5 Java 服务器页面(Java Server Pages)

Java 服务页面是由 Sun Microsystems 公司倡导,许多公司一起参与建立的一种动态网页技术标准。类似 ASP 技术,它是在传统的网页 HTML 文件中插入 Java 程序段(Scriptlet)和 JSP 标记(tag),从而形成 JSP 文件(*.JSp)。与其他动态语言的不同在于 JSP 代码被编译成 Servlet,并由 Java 虚拟机解释执行。JSP 技术的设计目的是使基于 Web 构造的应用程序更加容易和快捷。Java Servlet 是 JSP 的技术基础,而且大型 Web 应用程序的开发需要 Java Servlet 和 JSP 配合才能完成。

(1)JSP 指令

Java 代码需要写在 JSP 指令里,因为需要通过指令来表明这是一段 Java 代码,而不能像 HTML 代码那样能直接编写在 JSP 文件中。

① page 指令

在 JSP 文件中,可以通过<%@ page %>指令定义整个 JSP 页面的属性,通过这个指令定义的属性会对该 JSP 文件和包含进来的 JSP 页面起作用。此指令的语法如下:

```
<%@ page
[language = "java"]
[extends = "package. class"]
[import = "{package. class | package. * },…"]
[session = "true | false"]
[buffer = "none | 8kb | sizekb"]
[autoFlush = "true | false"]
[isThreadSafe = "true | false"]
[info = "text"]
[errorPage = "relativeURL"]
[content Type = "mime Type [;charset = characterSet]"| "text/html;charset = ISO - 8859 - 1"]
[isErrorPage = "true | false"]
%>
```

其中,language 属性定义 JSP 页面使用的脚本语言,若使用 JSP 引擎支持 Java 以外的语言,可指定所使用的语言种类。默认语言为 Java。content Type 属性定义了 JSP 页面字符编码和页面响应的 MIME 类型。默认的 MIME 类型是 text/html,默认的字符集是 ISO - 8859 - 1。import 属性用于 JSP 引入 Java 包中的类,如果你要包含多个包,可将这些包的名称用逗号隔开放在一个 import 中,或者使用多个 import 分别声明。import 唯一可以多次指定的属性。Extends 属性定义此 JSP 页面产生的 Servlet 是继承自哪个父类。请特别谨慎地使用这一功能,因为服务器也许已经定义了一个。JSP 规范对不完全理解其隐意的情况下使用此属性提出警告。isErrorPage 默认值为“true”,设置是否显示错误信息。errorPage 设置处理异常事件的 JSP 文件位置,表示如果发生异常错误,网页会被重新指向一个 URL 页面,错误页面必须在其 page 指令元素中指定 isErrorPage = " true "。session 默认值为“true”,定义是否在 JSP 页面使用 HTTP 的 session,如果值为 true,则可以使用 session 对象。buffer 为内置对象 out 指定发送信息到客户端浏览器的信息缓存大小,以 kb 为单位,默认值是 8 kb,你也可以自行指定缓存的大小。也可以设置为“none”,那么就没有缓冲区,所有的输出都不经缓存而直接输出。autoFlush 指定是否当缓存填满时自动刷新,输出缓存中的内容。如果为 true,则自动刷新。否则,当缓存填满后,可能会出现严重的错误。当你把 buffer 设置为 none 时,就不能将 autoFlush 设置为 false。isThreadSafe 指定 JSP 页面是否支持多线程访问,默认值是 ture,表示可以同时处理多个客户请求。但是,你应该在 JSP 页面中添加处理多线程的同步控制代码。如果设置为 false,JSP 页面在一个时刻就只能响应一个请求。info 指定任何一段字符串,该字符串被直接加入到翻译好的页面中。可以通过 Servlet. getServletInfo ( )方法得到。

② include 指令

Include 指令的功能是在 JSP 编译时插入包含的文件,包含的过程是静态的。它可以把内容分成更多可管理的元素,如包括普通页面的页眉或页脚的元素。包含的文件可以是JSP、HTML、文本或是Java程序。此指令的语法如下:

```
<%@ include file = "relativeURL"%>
```

其中只有一个file属性,这个属性指定了被包含文件的路径。

③ taglib 指令

taglib指令的功能是使用标签库定义新的自定义标签,在JSP页面中启用定制行为。此指令的语法如下:

```
<%@ taglib uri = "URIToTagLibrary" prefix = "tagPrefix"%>
```

【例】

```
<%@ taglib uri = "http://www.JSpcentral.com/tags" prefix = "public"%>
<public:loop>
</public:loop>
```

这条指令声明此JSP文件使用了自定义的标签,同时引用标签库,也指定了标签的前缀。

(2)JSP脚本元素

① 声明

JSP声明用来声明JSP程序中的变量、实例、方法和类。声明是以<%!为起始,以%>结尾。在JSP程序中,在使用一个变量或引用一个对象的方法和属性前,必须先对使用的变量和对象进行声明。声明后,你才可以在后面的程序中使用它们。

【例】

```
<%! int i = 0;%>
<%! int a,b,c;%>
```

② 表达式

JSP表达式用来计算输出Java数据,表达式的结果被自动转换成字符型数据,结果可以作为HTML的内容显示在浏览器窗口中。JSP表达式包含在"<%=%>"标记中,不以分号结束,除非在加引号的字符串部分使用分号。开始字符和结束字符之间必须是一个完整合法的Java表达式。JSP表达式可以是复杂的表达式,在处理这个表达式的时候按照从左向右的方式来处理。

下面的代码显示页面被请求的时间:

```
＜％ = new java. util. Date ( ) ％＞
Scriptlet
```

　　如果要完成的任务比简单的表达式复杂时,可以使用 JSP 脚本小程序(Scriptlet)。脚本小程序中可以包含有效的程序片段,只要是合乎 Java 本身的标准语法即可。通常我们将核心程序写在这里,它是我们实际编写 JSP 程序的主要部分。

　　由于 JSP 和其他一些嵌入式语言一样,都会嵌在 HTML 语言内部使用,所以 JSP 页面中是由一段一段的 JSP 程序嵌在 HTML 语言里面组成的。脚本小程序能够包含要用到的变量或方法的声明和表达式。和 JSP 表达式一样,在脚本小程序中可以访问所有内置对象,所有的内建对象在小脚本中可见。例如,如果你要向结果页面输出内容,可以使用 out 变量。

【例】

```
＜％ String queryData = request. getQueryString ( );
out. println(" Attached GET data;" + queryData); ％＞
```

　　(3)JSP 动作元素

　　JSP 动作利用 XML 语法格式的标记来控制 Servlet 引擎的行为。动作组件用于执行一些标准的常用 JSP 页面。利用 JSP 动作可以动态地插入文件、重用 JavaBean 组件、把用户重定向到另外的页面、为 Java 插件生成 HTML 代码。

　　① include 动作元素

　　include 动作元素表示在 JSP 文件被请求时包含一个静态的或者动态的文件。语法如下:

```
＜JSp;include page =" path" flush =" true"/＞
```

　　其中,page=" path"表示相对路径,或者为相对路径的表达式。flush=" true"表示缓冲区满时会被清空,一般使用 flush 为 true,它的默认值是 false。

　　include 能够自行判断此文件是动态的还是静态的,能同时处理这两种文件。如果包含的只是静态文件,那么只是把静态文件的内容加到 JSP 网页中;如果包含的是动态文件,那么把动态文件的输出加到 JSP 网页中。被包含的动态文件和主文件会被 JSP Container 分别编译执行。

　　② forword 动作元素

　　forward 将客户端所发出来的请求,从一个 JSP 页面转交给另一个页面(可以是一个 HTML 文件、JSP 文件、PHP 文件、CGI 文件,甚至可以是一个 Java 程序段。语法如下:

```
＜JSp;forward page = {" relativeURL"|"＜ ％ = expression ％ ＞"}/＞
```

page 属性包含的是一个相对 URL,page 的值既可以直接给出,也可以在请求的时候动态计算。

【例】

```
<JSp:forward page ="/utils/errorReporter.JSp"/>
<JSp:forward page ="< % = someJavaExpression % >"/>
```

③ plugin 动作元素

plugin 动作用来根据浏览器的类型,插入通过 Java 插件运行 Java Applet 所必需的 OBJECT 或 EMBED 元素。语法如下:

```
<JSp:plugin
type =" bean|applet"
code =" classFileName"
codebase =" classFile Directory Name"
[name =" instanceName"]
[align =" bottom|top|middle|left|right"]
[height =" displsy Pixels"]
[width =" displsy Pixels"]
[hspace =" left RightPixels"]
[vspace =" topButtomPixels"]
[jreversion =" java 的版本"]
[<JSp:params>
[<JSp:param name =" parameter Name" value ="参数的值"/>]
</JSp:params>]
```

[<JSp:fallback> 这里是在不能启动插件的时候,显示给用户的文本信息</JSp:fallback>]

```
</JSp:plugin>
```

其中,type 属性表示插件将执行的对象类型,必须指定。Code 属性表示插件将执行的 java 类文件名称,在名称中必须包含扩展名,且此文件必须在用" codebase "属性指明的目录下。Codebase 属性表示包含插件将运行的 java 类的目录或指相对这个目录的路径。

④ param 动作元素

param 动作元素用于传递参数。我们还可以使用<JSp:param>将当前 JSP 页面的一个或多个参数传递给所包含的或是跳转的 JSP 页面。该动作元素必须和<JSp:include>、<JSp:plugin>、<JSp:forward>动作一起使用。

和<JSp:include>一起使用的语法如下:

```
<JSp:include page="相对的 URL 值"|"<%=表达式%>" flush="true">
<JSp:param name="参数名 1" value="{参数值|<%=表达式 %>}"/>
<JSp:param name="参数名 2" value="{参数值|<%=表达式 %>}"/>
</JSp:include>
```

和<JSp:forward>一起使用的语法如下：

```
<JSp:forward page="path"}>
<JSp:param name="paramname" value="paramvalue"/>
</JSp:forward>
```

  <JSp:param>中 name 指定参数名,value 指定参数值。参数被发送到一个动态文件,参数可以是一个或多个值。如果要传递多个参数,则可以在一个 JSp 文件中使用多个<JSp:param>,将多个参数发送到一个动态文件中。如果用户选择使用<JSp:param>标签的功能,那么被重定向的目标文件就必须是一个动态的文件。

第2章　数据库环境搭建

2.1　MySQL安装

MySQL是一种关系型数据库管理系统,由瑞典MySQL AB公司开发,属于Oracle旗下的产品。在WEB应用方面,MySQL是最好的RDBMS软件之一。MySQL所使用的SQL语言是用于访问数据库的最常用标准化语言。

2.1.1　可视化安装

可视化安装根据操作系统(OS)位数,从mysql安装文件中选择,mysql安装文件如图2-1所示。64位OS,选择mysql－5.5.20－winx64.msi;32位OS,选择mysql－5.5.37－win32.msi。

key.txt	2012/12/23 12:12	文本文档	1 KB
mysql-5.5.20-winx64.msi	2012/2/17 17:13	Windows Install...	33,447 KB
mysql-5.5.37-win32.msi	2014/4/9 7:48	Windows Install...	34,319 KB
mysql-5.6.24-winx64.msi	2015/4/10 11:03	Windows Install...	48,357 KB
西西软件园.txt	2013/7/4 0:50	文本文档	1 KB

图2-1　mysql安装文件

双击选择文件,开启MySQL安装,MySQL操作顺序如图2-2所示。

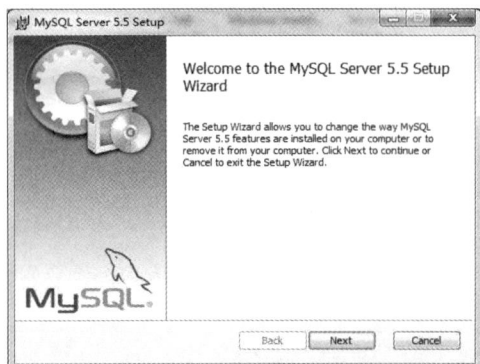
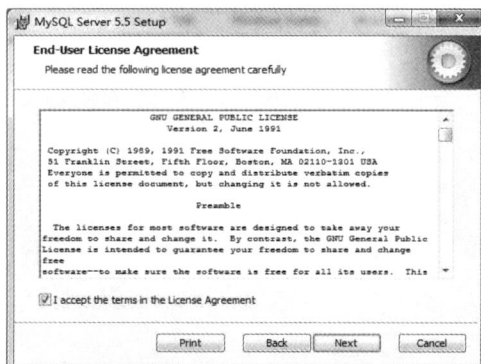

　　　　　　　(a)　　　　　　　　　　　　　　　　　　　(b)

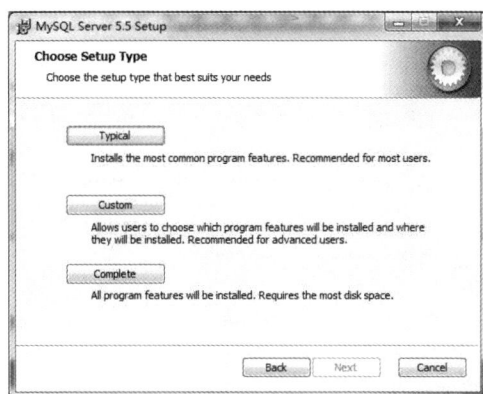

（c）

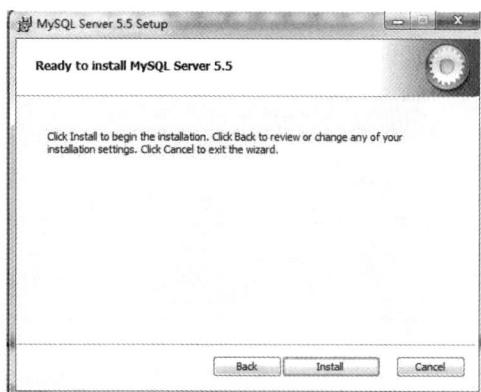

（d）

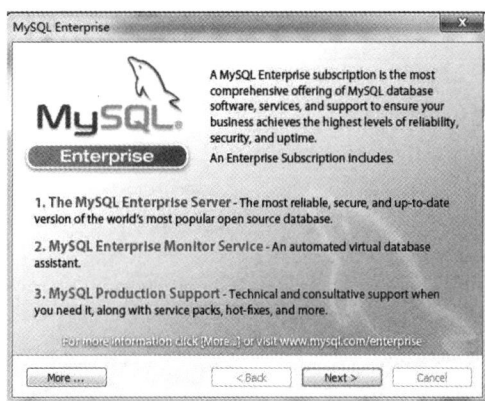

（e）

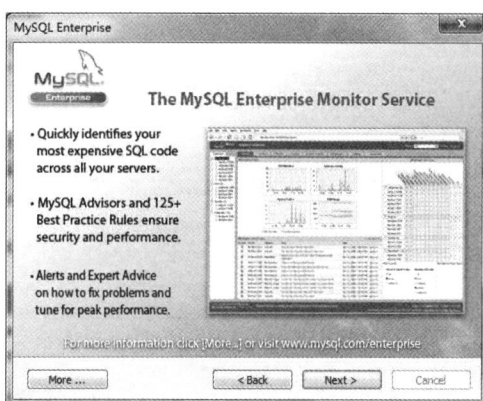

（f）

图 2-2　MySQL 安装操作顺序

　　勾选"Launch the MySQL Instance Configuration Wizard"，点击 finish，开始 MySQL 实例服务器配置，操作步骤如图 2-3 至图 2-6 所示。

　　在图 2-5 中，输入 root，root，勾选 "Enable root access from remote machines"，激活远程访问。

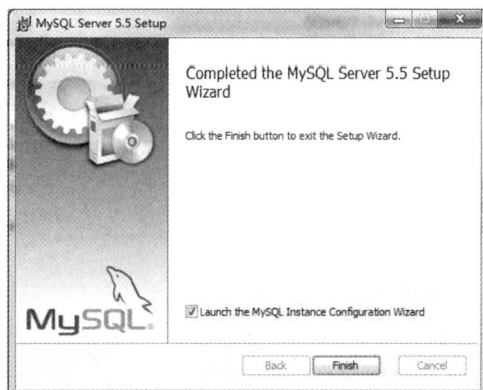

（a）

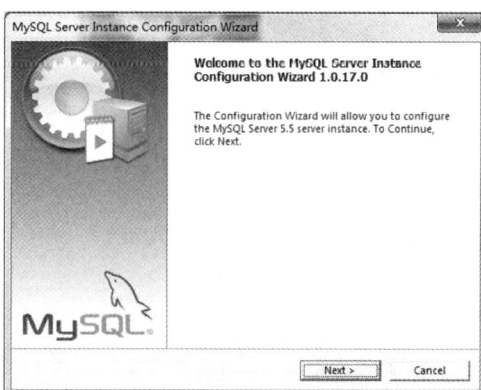

（b）

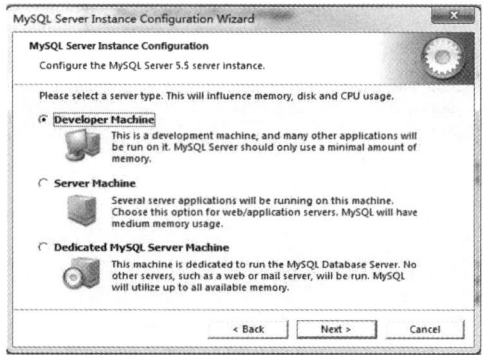

（c）　　　　　　　　　　　（d）

图 2-3　MySQL 实例服务器配置（一）

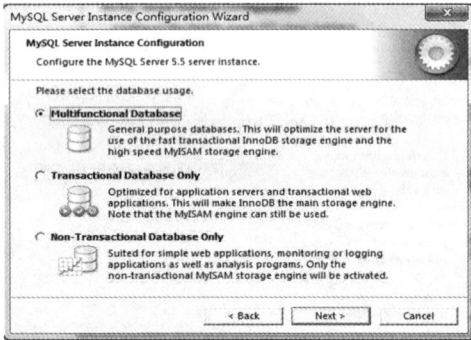

（a）　　　　　　　　　　　（b）

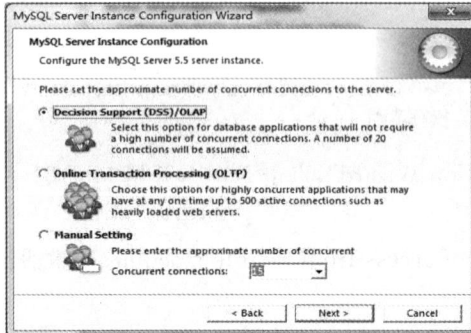

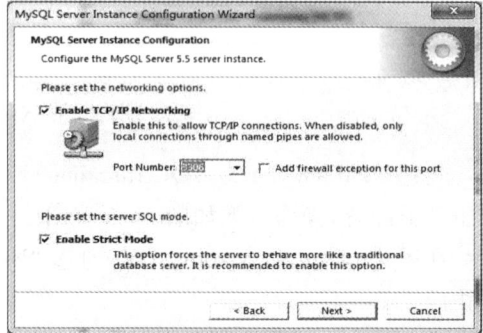

（c）　　　　　　　　　　　（d）

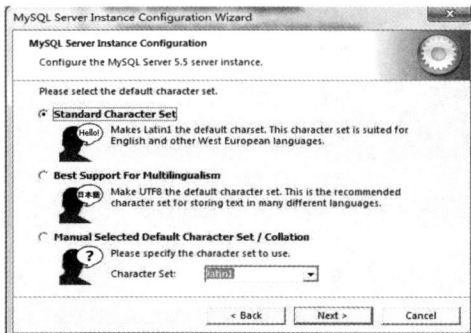

（e）　　　　　　　　　　　（f）

图 2-4　MySQL 实例服务器配置（二）

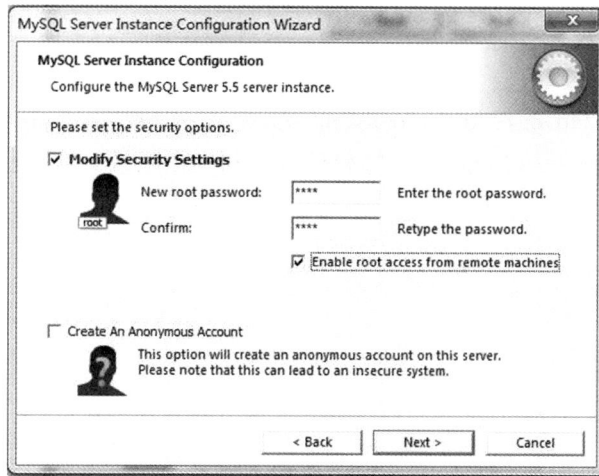

图 2-5　MySQL 实例服务器配置（三）

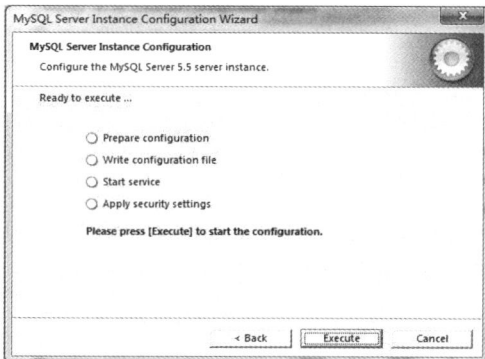

(a)

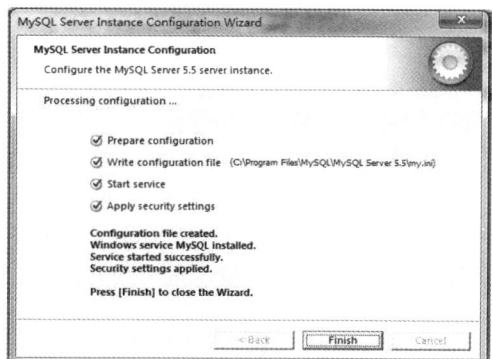

(b)

图 2-6　MySQL 实例服务器配置（四）

按照图 2-3 至图 2-6 所示的步骤安装后，在"控制面板—管理工具—服务"中，可看到启动后的 MySQL 服务如图 2-7 所示。

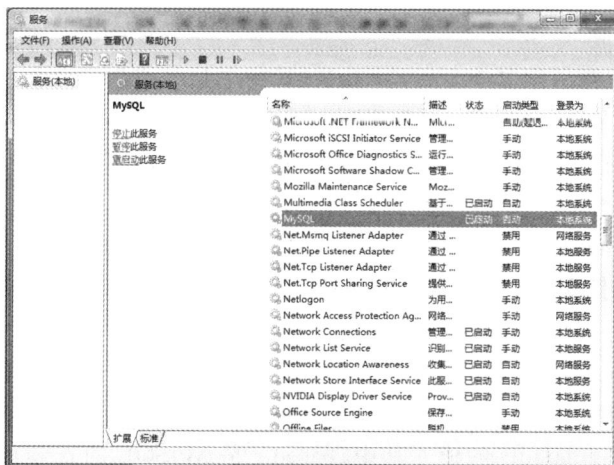

图 2-7　启动后的 MySQL 服务

2.1.2 命令行安装

（1）安装文件准备

从 MySQL 官网（https://downloads.mysql.com/archives/community/）下载安装包。MySQL 下载页面如图 2-8 所示，可选择软件版本和操作系统。这里选择的安装文件版本为 5.7.39。

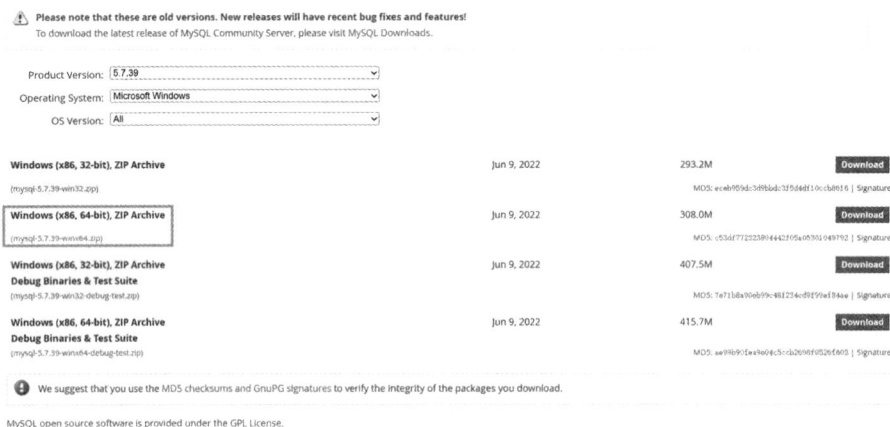

图 2-8 MySQL 下载页面

下载并解压后，MySQL 文件夹中包含图 2-9 所示的文件。注意：记住自己的 MySQL 安装路径，后面配置环境变量时会用到。这里的 MySQL 安装路径是 E:\softenvirment。

图 2-9 MySQL 安装包解压后

（2）配置环境变量

在 win10 文件资源管理器中，点击此电脑（我的电脑），点击选项卡"计算机"，在菜单栏中点击"系统属性"，在右边的"相关设置"下有"高级系统设置"选项，这里面可以配置环境变量。选择系统变量的"Path 变量"，点击"编辑"按钮，在弹出的对话框中，点击"新建"按钮，新增一条路径：E:\softenvirment\ymysql-5.7.39-winx64\bin，这条路径是 mysql 中的 bin 文件夹在电脑中的绝对位置。配置环境变量具体操作如图 2-10 所示。

更方便的方式：在任务栏的搜索框中直接搜"环境变量"，如图 2-11 所示。后续操作与前一种方式一致。

（3）配置 my.ini 文件

在 MySQL 文件夹下，创建一个 my.txt 文件，将下面的配置信息复制进去。注意：需要修改文件中 basedir 和 datadir 的值。其中，basedir 是 MySQL 的安装目录，datadir 是数据的存放目录。建议 datadir 放在 MySQL 安装目录下的 Data 文件夹中。

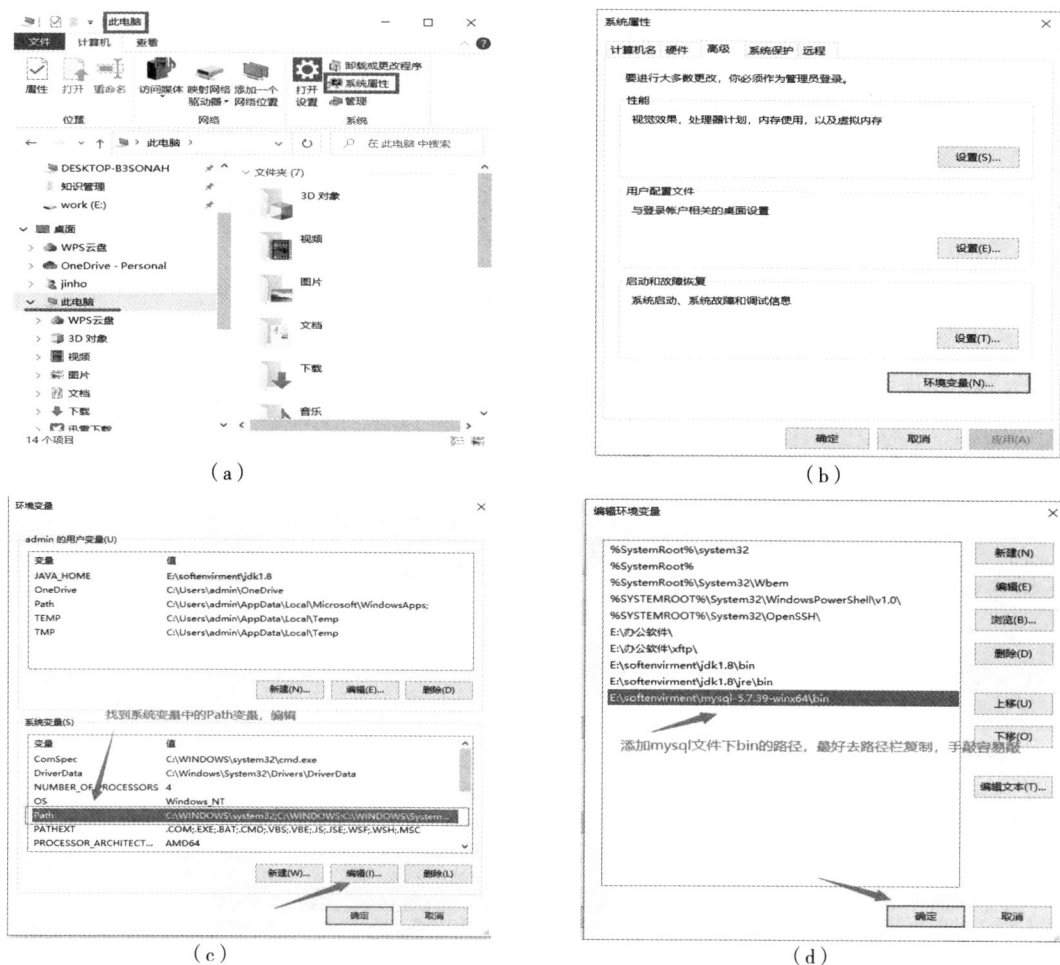

（a）

（b）

（c）

（d）

图 2-10　配置环境变量具体操作

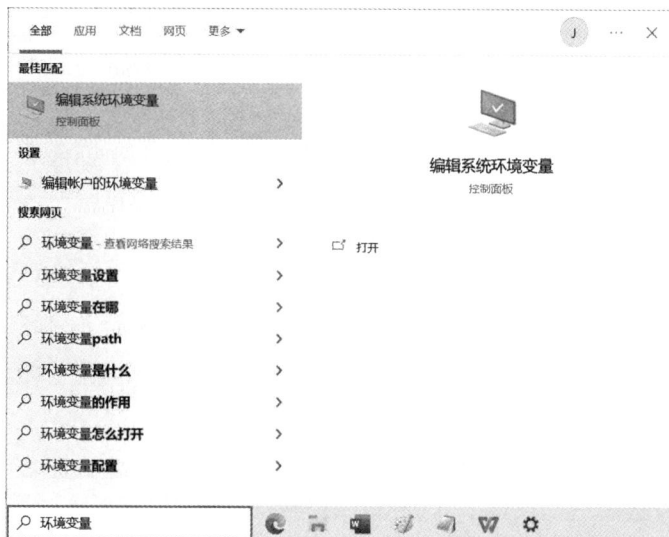

图 2-11　快捷找到"环境变量"编辑功能

```
[mysqld]
# 设置 3306 端口
port = 3306
# 设置 mysql 的安装目录
basedir = E:\\softenvirment\\mysql-5.7.39-winx64    # 如果双斜杠报错就单斜杠
# 设置 mysql 数据库的数据的存放目录
datadir = E:\\softenvirment\\mysql-5.7.39-winx64\\Data    # 此处同上
# 允许最大连接数
max_connections = 200
# 允许连接失败的次数。这是为了防止有人从该主机试图攻击数据库系统
max_connect_errors = 10
# 服务端使用的字符集默认为 UTF8
character-set-server = utf8
# 创建新表时将使用的默认存储引擎
default-storage-engine = INNODB
# 默认使用"mysql_native_password"插件认证
default_authentication_plugin = mysql_native_password
[mysql]
# 设置 mysql 客户端默认字符集
default-character-set = utf8
[client]
# 设置 mysql 客户端连接服务端时默认使用的端口
port = 3306
default-character-set = utf8
```

配置好后,将 my. txt 改为 my. ini 如图 2-12 所示。

(4)安装操作

安装操作以命令行模式进行。

以管理员的身份打开命令提示符窗口(cmd)(如图 2-13)。数据库安装如图 2-14 所示。切换到 mysql 的 bin 文件夹下,切换命令:在提示符下输入 MySQL 所在的磁盘符,然后回车;用 cd 命令进入具体的文件夹,输入 cd softenvirment\mysql-5.7.39-winx64\bin,回车。

图 2-12 文件 my. ini

执行 sql 命令:mysqld——initialize——console。注意:系统给你分配的初始密码。

安装命令:mysqld——install。

启动 MySQL 服务、登录 MySQL。

启动 MySQL 服务:net start mysql。

登录:mysql-u root-p。

输入密码。

到这里,我们就进入 MySQL 服务中了,可以开始写 SQL 代码,实现数据库的增删改查。注意:SQL 语句中不能出现中文标点,最后以";"结尾。

显然,这对初学者来说难度太高了,后续会介绍可视化的第三方工具,辅助我们使用 MySQL,比如 SQLyog,navicat 等。

图 2-13　运行 cmd

图 2-14　数据库安装

系统给定的密码太过复杂,不方便记忆。这里将密码修改为 root,命令为

```
Set password for root@ localhost = password(' root');
```

MySQL 的安装及初始化到这里就结束了,退出 MySQL 可以用 exit 命令。

2.1.3　安装失败处理

如果 MySQL 安装不成功,需要卸载,并删除硬盘上的所有相关文件。完整卸载 MySQL 的步骤如下:

(1)控制面板里的增加删除程序内进行删除。

(2)删除 MySQL 文件夹下的 my.ini 文件,如果备份好,可以直接将文件夹全部删除。

(3)开始→运行→regedit,删除注册表中与 MySQL 相关的内容,主要对以下几个地方做目录删除。可以在注册表中从头搜索"MySQL",删除后,按 F3 继续搜索,再删除……直至再也找不到"MySQL"。

```
HKEY_LOCAL_MACHINE\SYSTEM\ControlSet001\Services\Eventlog\Application\MySQL
    HKEY_LOCAL_MACHINE\SYSTEM\ControlSet002\Services\Eventlog\Application\MySQL
    HKEY_LOCAL_MACHINE\SYSTEM\CurrentControlSet\Services\Eventlog\Application\MySQL
```

(4)C:\Documents and Settings\All Users\Application Data\MySQL 或者 C:\programdata/Mysql(在 win7 及以上版本)里还有 MySQL 的文件,必须要删除。

注意:Application Data 或者 programdata 文件夹是隐藏的,需要在文件资源管理器中更改,更改隐藏属性的具体操作如图 2-15 所示。

以上 4 步完成后,重启计算机,再次安装。如果还无法安装,可以尝试其他版本。

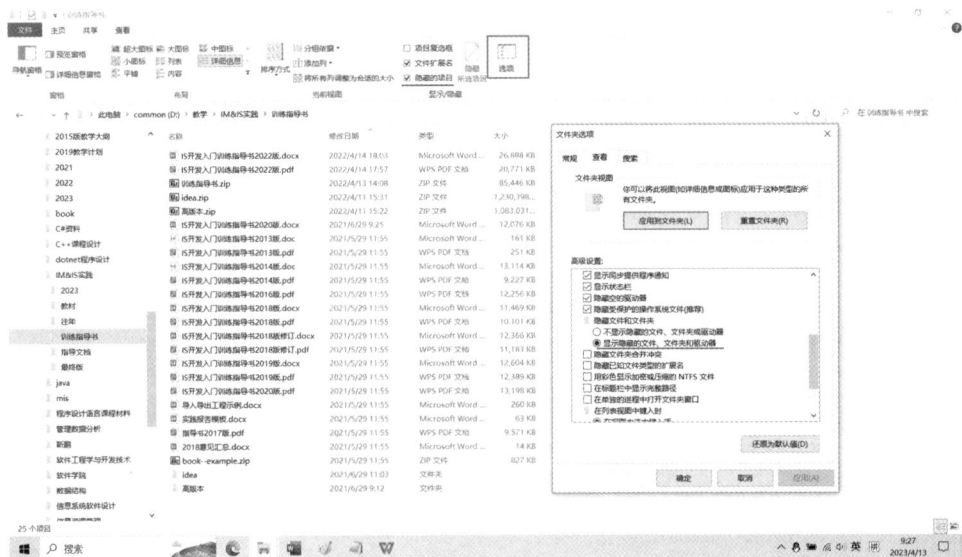

图 2-15　更改隐藏属性

2.2　MySQL 客户端工具安装

客户端工具可以选择 SQLyog 或 Navicat for MySQL，二者作用一样。

SQLyog 是 Webyog 公司出品的一款简洁高效、功能强大的图形化 MySQL 数据库管理工具。使用它，你可以快速直观地从世界的任何角落通过网络来维护远端的 MySQL 数据库。

Navicat for MySQL 是一款强大的 MySQL 数据库管理、开发和维护工具，提供了直观而强大的图形界面，为专业开发者和新手提供了一套强大、全面的工具，且易于新用户学习。

2.2.1　安装 SQLyog

选择安装文件，根据操作系统选 32 位或 64 位 SQLyog。双击相应的安装文件，进入安装界面，选择简体中文。SQLyog 安装文件选择操作如图 2 - 16 所示。

图 2 - 16　SQLyog 安装文件选择操作

点击 OK，进入安装向导 SQLyog 安装步骤如图 2 - 17 所示。

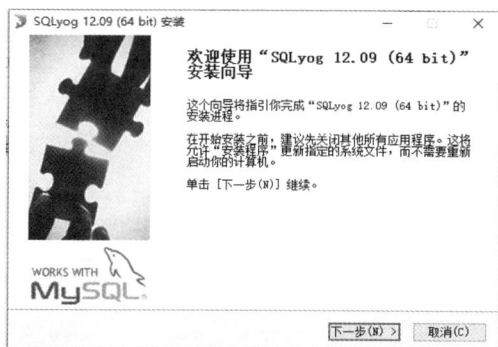

（a）

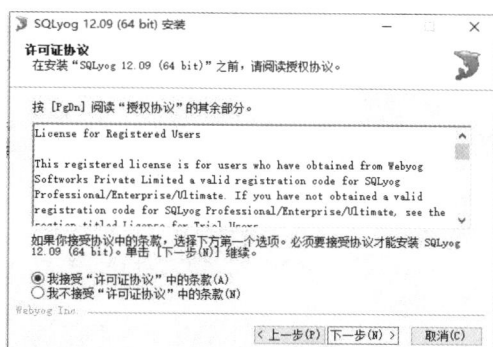

（b）

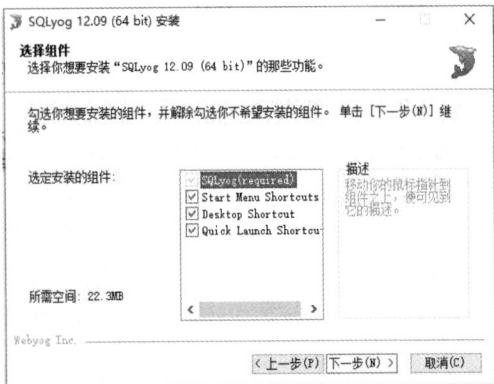

（c）

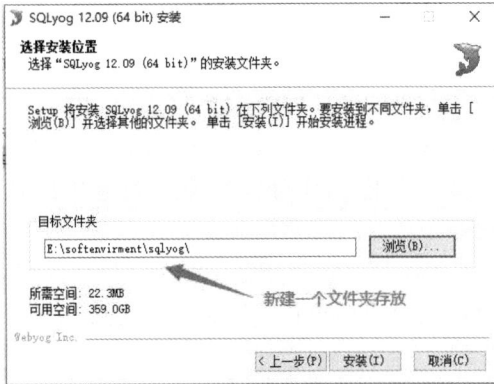

（d）

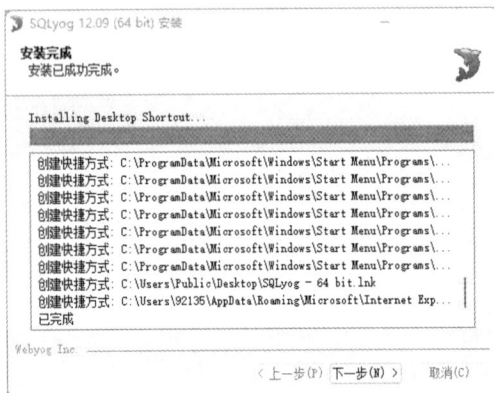

（e）

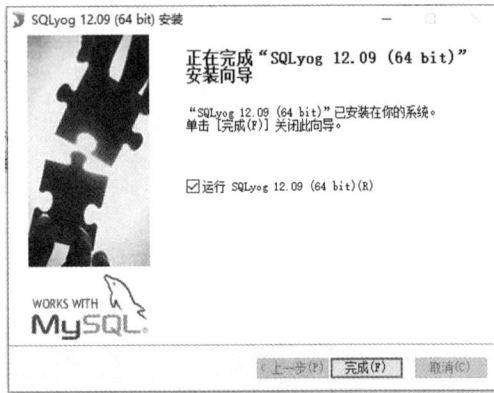

（f）

图 2-17　SQLyog 安装步骤

点击完成，结束安装。

数据库连接测试。第一次运行需要新建数据库连接，输入主机、用户名、密码，点击"连接"按钮。连接成功，进入 SQLyog 操作界面，连接 MySQL 数据库具体操作如图 2-18 所示。这里的前提是数据库管理系统（MySQL）已安装运行。

（a）

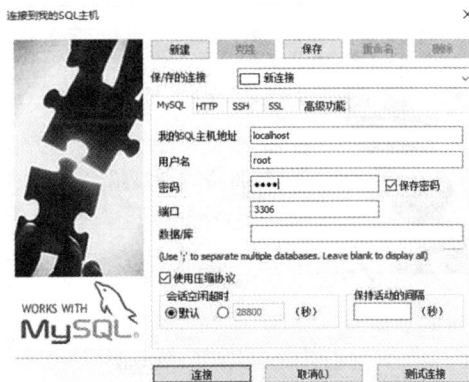

（b）

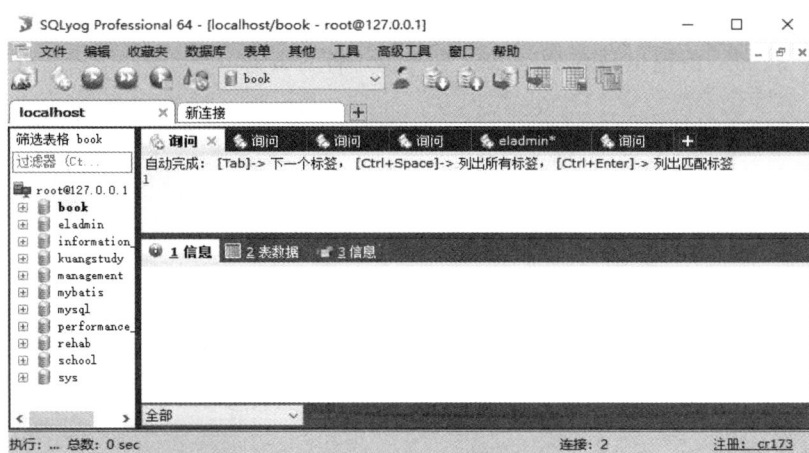

（c）

图 2 - 18　连接 MySQL 数据库

2.2.2　Navicat for MySQL

（1）直接使用低版本

Navicat for MySQL 可以不安装，直接使用其中的文件。双击可执行文件，产品需要注册，名称和组织不用填写，输入注册码（如 NAVH-WK6A-DMVK-DKW3）。注册成功后，进入使用界面。Navicat 注册具体操作过程如图 2 - 19 所示。

（a）

（b）

（c）

（d）

图 2 - 19　Navicat 注册具体操作过程

数据库连接测试如图 2 - 20 所示。点击"连接",输入主机、端口、用户名、密码(root),点击"测试连接"按钮。前提也是数据库已成功安装并启动服务。

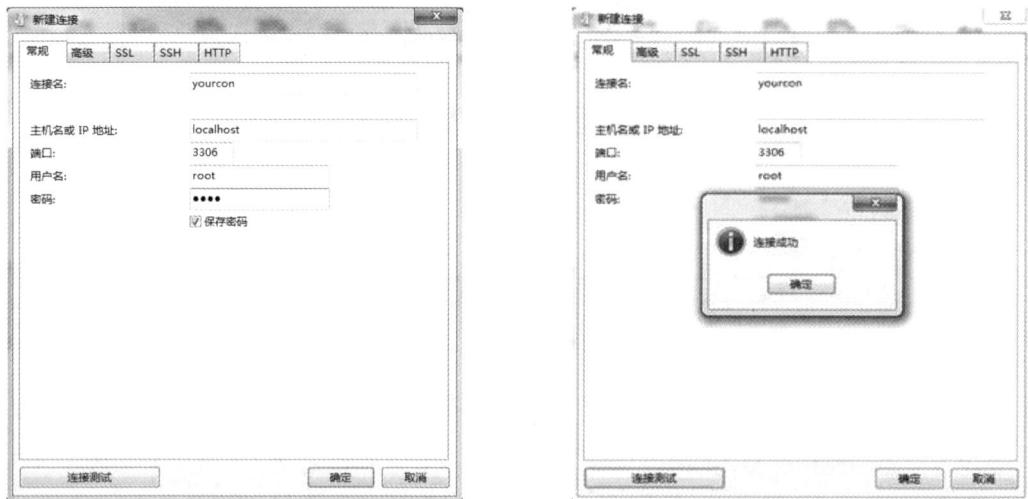

图 2 - 20　数据库连接测试

(2)高版本的 Navicat 安装教程

首先根据操作系统位数(64x or 32x)安装相应版本的 Navicat,Navicat 安装文件如图 2 - 21 所示。

Navicat Keygen Patch v5.6.0.exe	应用程序	5,154 KB	否	19,264 KB
Navicat15.0.23_32bit_Setup.exe	应用程序	54,167 KB	否	54,231 KB
Navicat15.0.23_64bit_Setup.exe	应用程序	60,476 KB	否	60,536 KB

图 2 - 21　Navicat 安装文件

双击安装文件,开始安装。安装步骤:同意许可、选择安装目录、创建快捷方式、创建桌面图标、准备安装、安装完成,Navicat 安装步骤如图 2 - 22 所示。

(a)　　　　　　　　　　　　　　　(b)

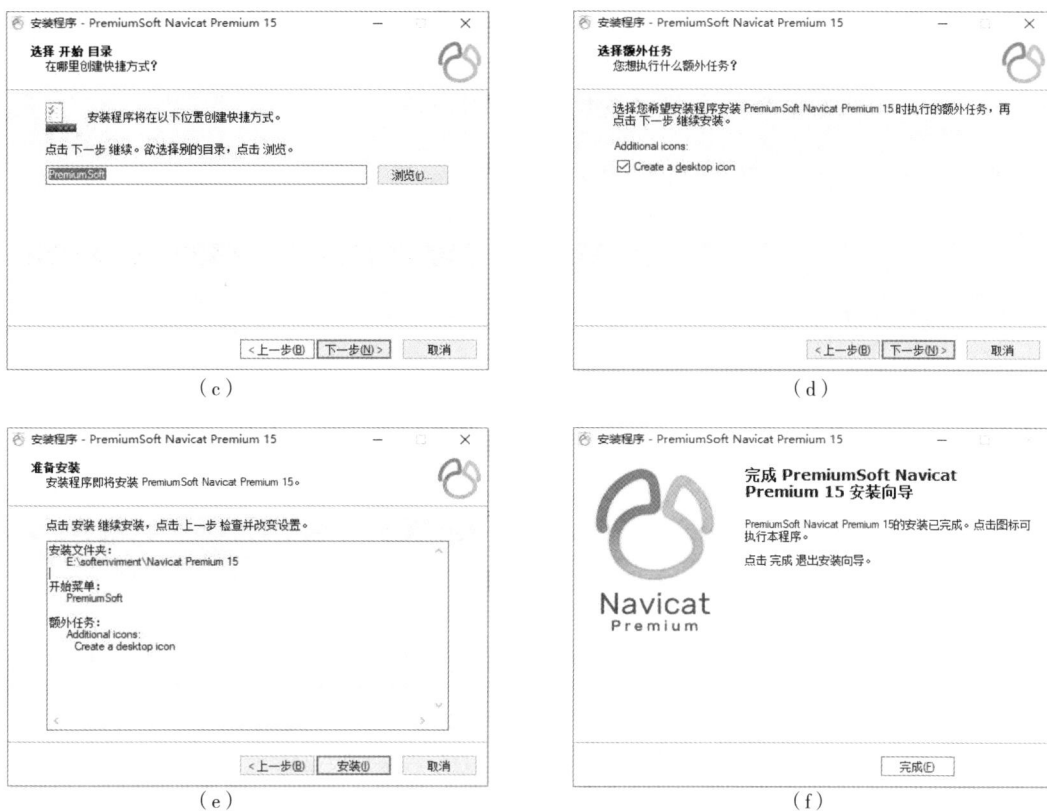

（c）　　　　　　　　　　　　　　（d）

（e）　　　　　　　　　　　　　　（f）

图 2-22　Navicat 安装步骤

2.3　建立数据库和表

在 MySQL 客户端工具中，采用可视化操作或 SQL 语言建立数据库和表。

2.3.1　基于 SQLyog 建库建表

启动 SQLyog，SQLyog 界面如图 2-23 所示。注意，此时 MySQL 服务已正常运行，SQLyog 与 MySQL 数据库服务器连接成功。

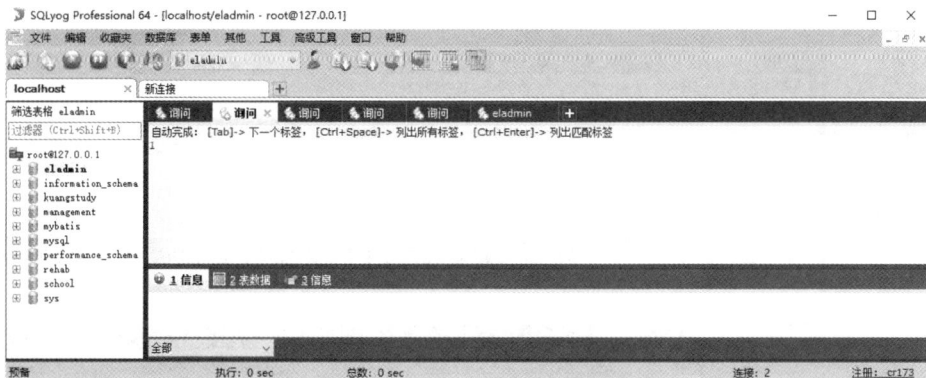

图 2-23　SQLyog 界面

（1）可视化方式

首先，创建数据库如图 2-24 所示。鼠标右击"root@localhost"，选择"创建数据库"，在弹出对话框中，输入数据库名，选择字符集 utf8，其他默认。

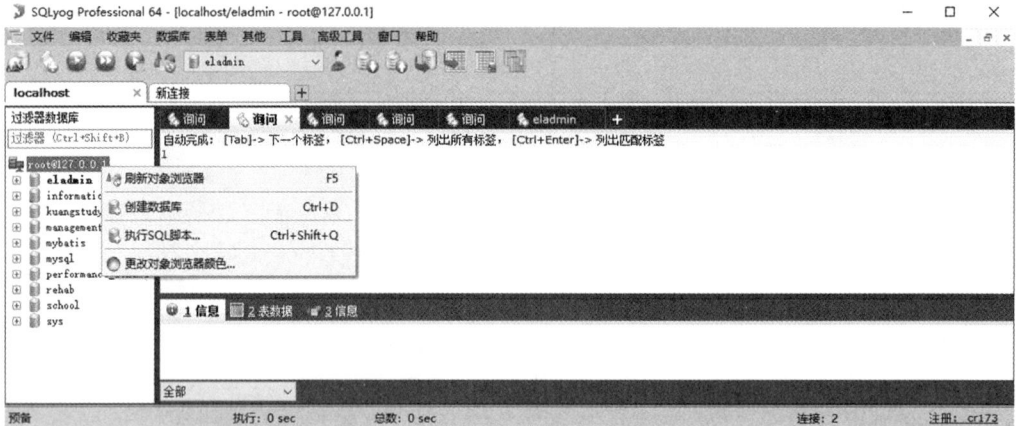

（a）

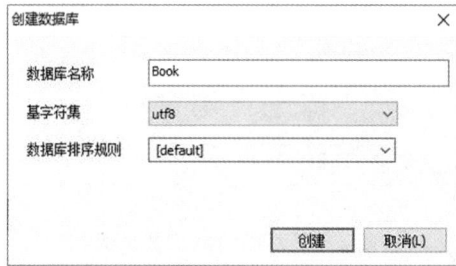

（b）

图 2-24 创建数据库

然后，创建数据库表如图 2-25 所法。鼠标右击 book 数据库下的表，选择"创建表"。输入表的基本信息，编辑表结构，涉及表名和字段的名称、类型、长度，以及是否非空、是否主键、是否非增等信息。编辑完成，点击保存，提示创建成功。然后右击 product 表，选择打开表，向表中添加记录，用于测试。

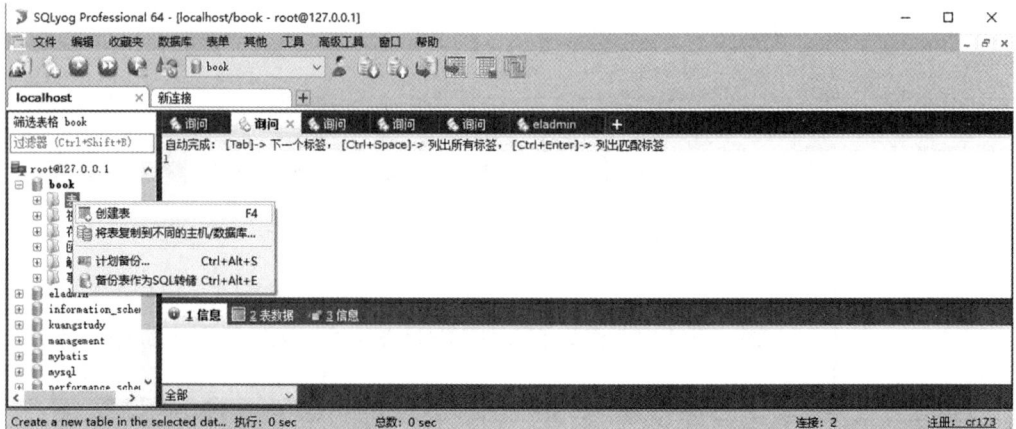

（a）

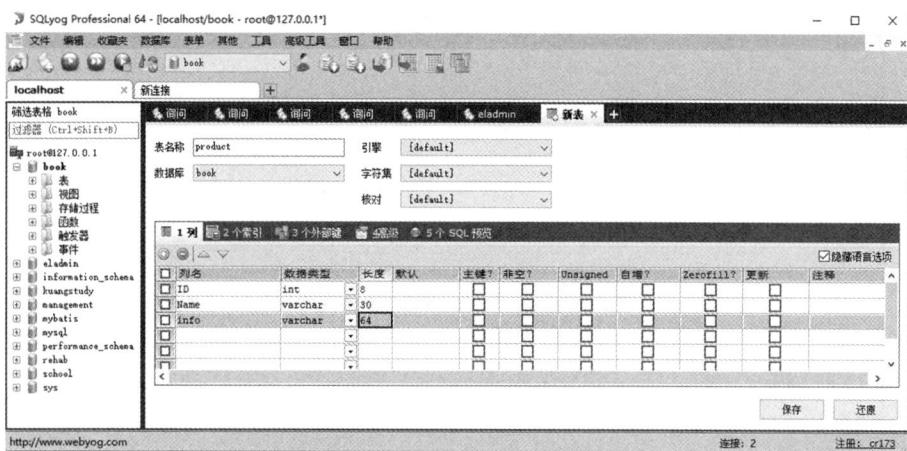

(b)

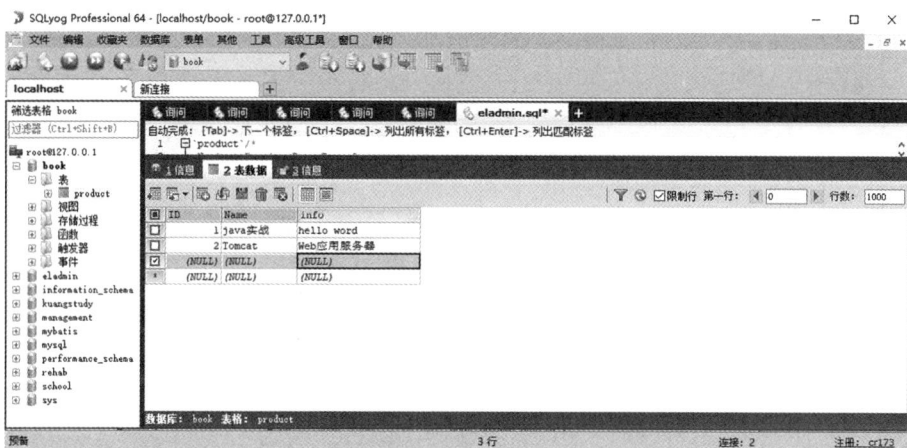

(c)

图 2-25　创建数据库表

(2)SQL 语言实现

在 SQLyog 中,点击右侧"询问"标签,在窗口输入语句,创建数据库和表。用 SQL 语言创建数据库和表如图 2-26 所示。

相关代码:

```
－－创建数据库
CREATE DATABASE 'Book' CHARACTER SET utf8;
－－切换到创建的数据库
USE 'book';
－－创建表格
CREATE TABLE 'book'.'product'('ID' INT(8),'Name' VARCHAR(30),'info' VARCHAR(64));
－－插入数据
INSERT INTO 'book'.'product'('ID','Name','info')VALUES('1','java 实战','hello word');
INSERT INTO 'book'.'product'('ID','Name','info')VALUES('2','Tomcat','Web 应用服务器');
```

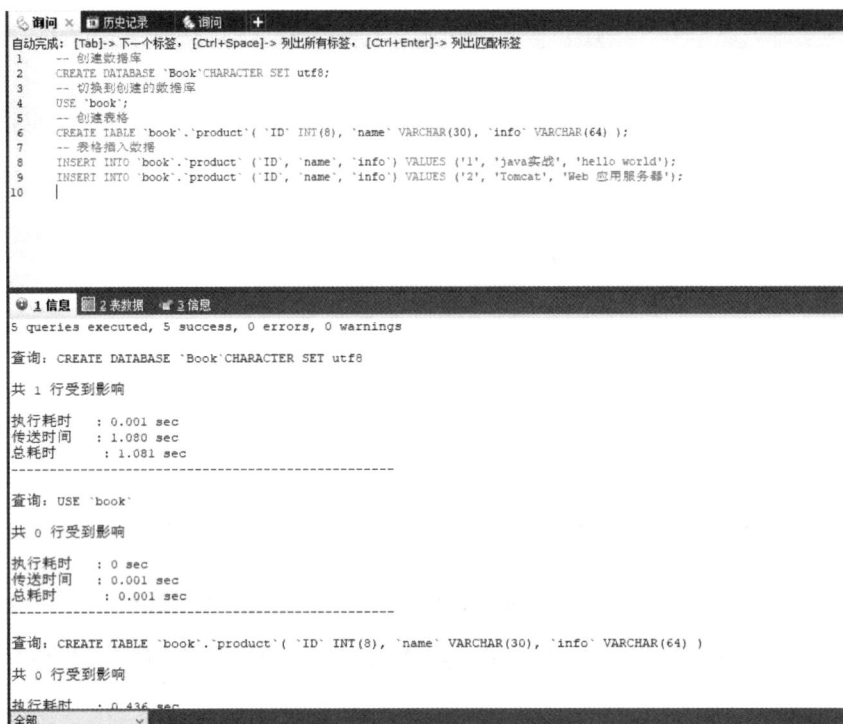

图 2-26　用 SQL 语言创建数据库和表

2.3.2　使用 Navicat 创建库和表

建立数据库连接。在 Navicat 软件主页面,点击"连接",选择 MySQL 数据库。在弹出对话框中,输入连接名、主机、端口、用户名、密码,再点击"确定"。Navicat 连接 MySQL 数据库操作如图 2-27 所示。

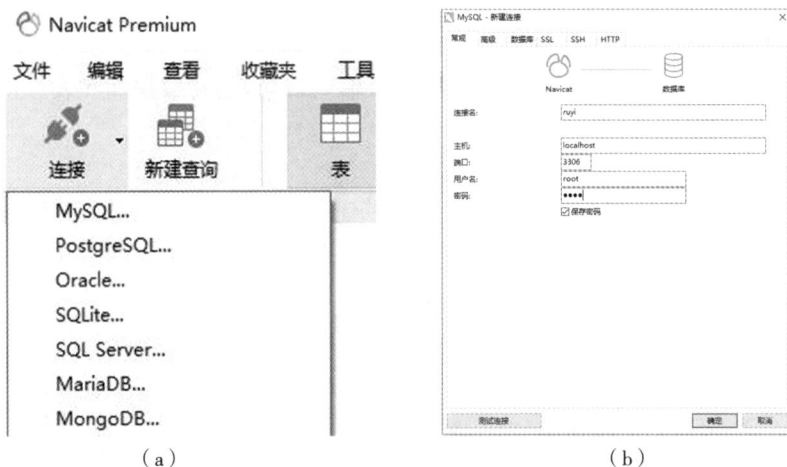

（a）　　　　　　　　　　　　　　　（b）

图 2-27　Navicat 连接 MySQL 数据库操作

使用 SQL 语句创建数据库和表,并插入测试数据。在主页面的菜单栏上,点击"新建查询",如图 2-28(a)所示,参照图 2-28(b)和(c),输入 SQL 语句,然后点击"运行"。

文件　编辑　查看　查询　格式　收藏夹　工具　窗口　帮助

连接　新建查询　表　视图　函数　用户　其它　查询　备份　自动运行

ruyi　　　　　　　　　　　对象　* 无标题 - 查询

(a)

保存　　查询创建工具　美化 SQL　( ) 代码段

ruyi　　　　　　　　　　　　　运行 ▾　停止　解释

```
1    -- 创建数据库
2    CREATE DATABASE `Book`CHARACTER SET utf8;
3    -- 切换数据库
4    USE `book`;
5    -- 创建表格
6    CREATE TABLE `book`.`product`( `ID` INT(8), `name` VARCHAR(30), `info` VARCHAR(64) );
7    -- 插入数据
8    INSERT INTO `book`.`product` (`ID`, `name`, `info`) VALUES ('1', 'java实战', 'hello world');
9    INSERT INTO `book`.`product` (`ID`, `name`, `info`) VALUES ('2', 'Tomcat', 'Web 应用服务器');
```

(b)

信息　剖析　状态

```
> OK
> 时间: 0s


-- 创建表格
CREATE TABLE `book`.`product`( `ID` INT(8), `name` VARCHAR(30), `info` VARCHAR(64) )
> OK
> 时间: 0.345s


-- 插入数据
INSERT INTO `book`.`product` (`ID`, `name`, `info`) VALUES ('1', 'java实战', 'hello world')
> Affected rows: 1
> 时间: 0.03s


INSERT INTO `book`.`product` (`ID`, `name`, `info`) VALUES ('2', 'Tomcat', 'Web 应用服务器')
> Affected rows: 1
> 时间: 0.035s
```

(c)

(d)

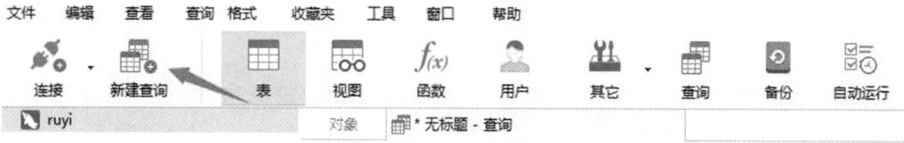

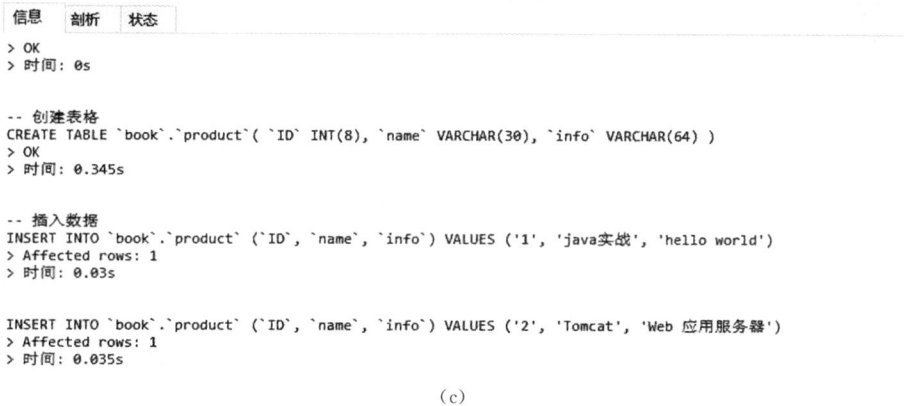

图 2 - 28　Navicat 创库建表

第3章　开发与运行环境搭建

3.1　JDK 的安装与配置

Java 开发工具包(Java Development Kit，JDK)，即 Java 语言的软件开发工具包，是整个 Java 开发的核心，包括 Java 运行环境、Java 工具和 Java 基础类库。考虑到版本的兼容性问题，这里提供 jdk1.6 和 jdk1.8 两个版本安装配置。

3.1.1　安装 jdk1.6

(1)安装过程

双击安装文件 jdk－6u10－rc2－bin－b32－windows－i586－p－12_sep_2008.exe，jdk1.6.0_10 安装步骤如图 3-1 所示。

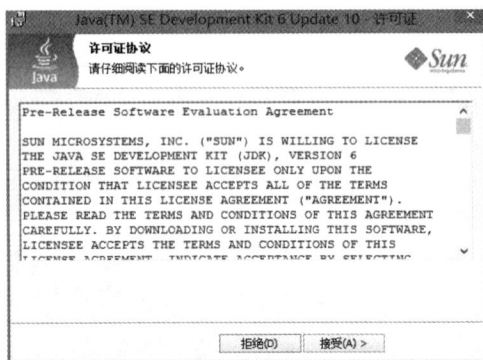

(a)

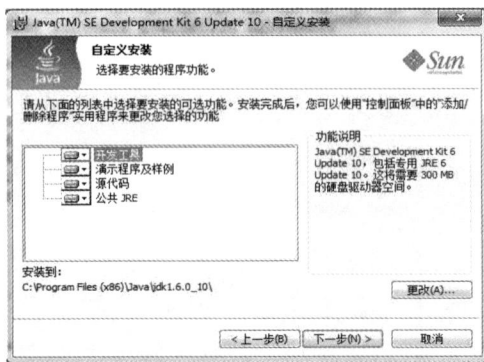

(b)

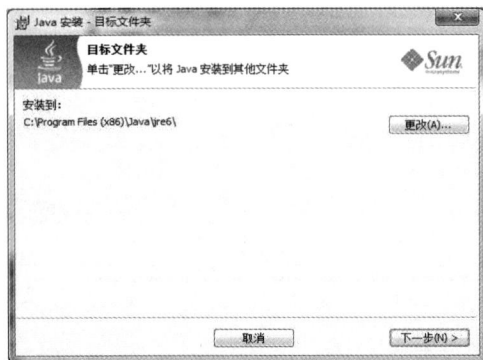

(c)

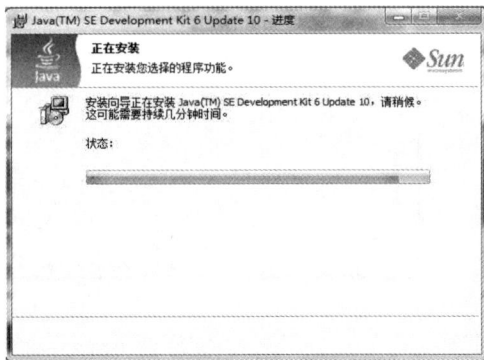

(d)

（e）

（f）

图 3-1　jdk1.6.0_10 安装步骤

（2）配置环境变量

这里提供 Windows7 版本的环境变量设置，高版本 Windows 的环境变量设置参考 2.1.2 节，二者功能一致。

JDK 环境变量设置如图 3-2 所示。

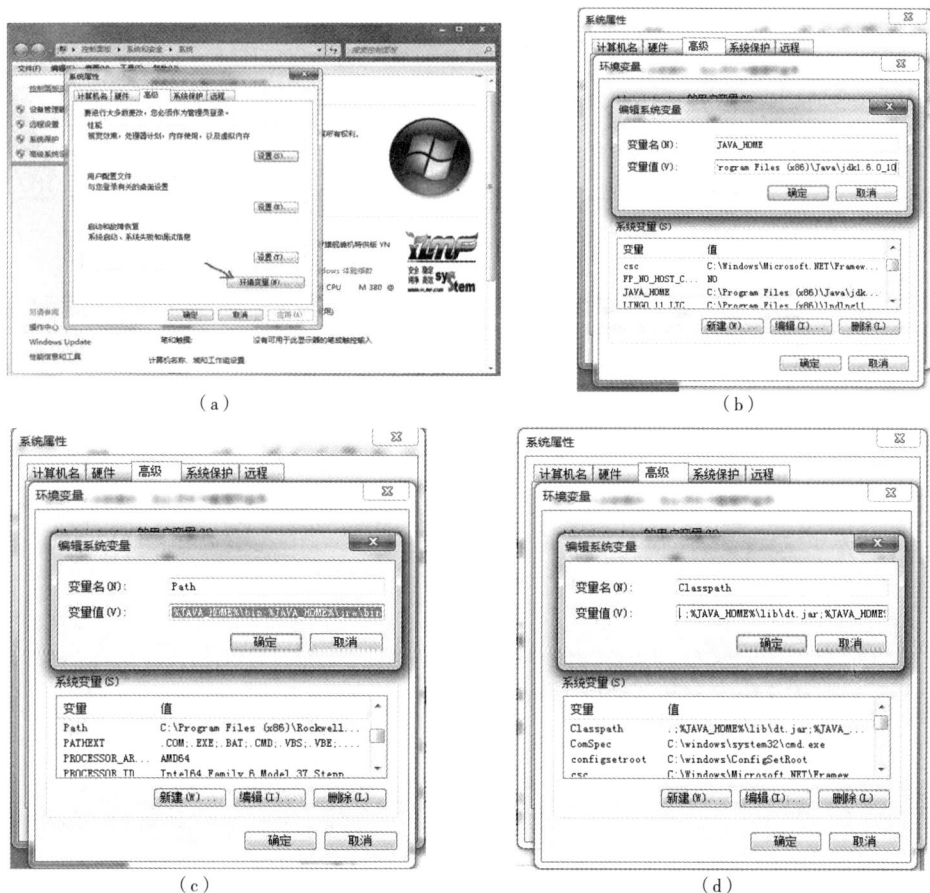

（a）

（b）

（c）

（d）

图 3-2　JDK 环境变量设置

① 右击"我的电脑"或此电脑，选择"属性"；在弹出对话框中，点击"高级系统设置"；在弹出对话框中，点击"环境变量"。

② 在新打开的窗口中,选择"系统变量",新建一个系统变量"JAVA_HOME"(如果已存在,则选择编辑),用来指明 JDK 安装路径,就是安装时所选择的路径"C:\Program Files(x86)\Java\jdk1.6.0_10",然后点击确定。

③ 在系统变量中,找到 Path,点击编辑;然后在变量值末尾添加如下:

```
; % JAVA_HOME % \bin; % JAVA_HOME % \jre\bin
```

Path 变量使得系统可以在任何路径下识别 Java 命令,然后点击确定。

④ 配置 Classpath,它为 Java 加载类(class or lib)路径,只有类在 Classpath 中,Java 命令才能被识别,新建或编辑一个系统变量 Classpath,并在变量值的头加入下面一行,注意前面加一点,表示路径。

```
.; % JAVA_HOME % \lib\dt. jar; % JAVA_HOME % \lib\tools. jar
```

⑤ 验证 JDK 配置是否成功。开始→运行,键入"cmd";输入命令" java－version""javac""java"等,检查有没有安装成功。

3.1.2 安装 jdk1.8

点击安装文件"jdk－8u25－windows－i586.exe",进入安装向导。选择安装路径,尽量不要安装在 C 盘。更改并记住自己选择的安装路径,后续环境设置要用。示例中为"E:\softenvirment\jdk\"。jdk1.8 安装过程如图 3－3 所示。

（a）

（b）

（c）

（d）

图 3－3 jdk1.8 安装过程

环境变量配置和 JDK1.6 设置类似,新建一个环境变量 JAVA_HOME,值为:E:\soft-envirment\jdk\。编辑 Path 环境变量,添加 java 路径:

```
% JAVA_HOME % \bin
    % JAVA_HOME % \jre\bin
```

配置完成后,在 CMD 中输入命令"Java-version",检验 jdk 是否安装成功。jdk1.8 环境变量设置如图 3 - 4 所示。

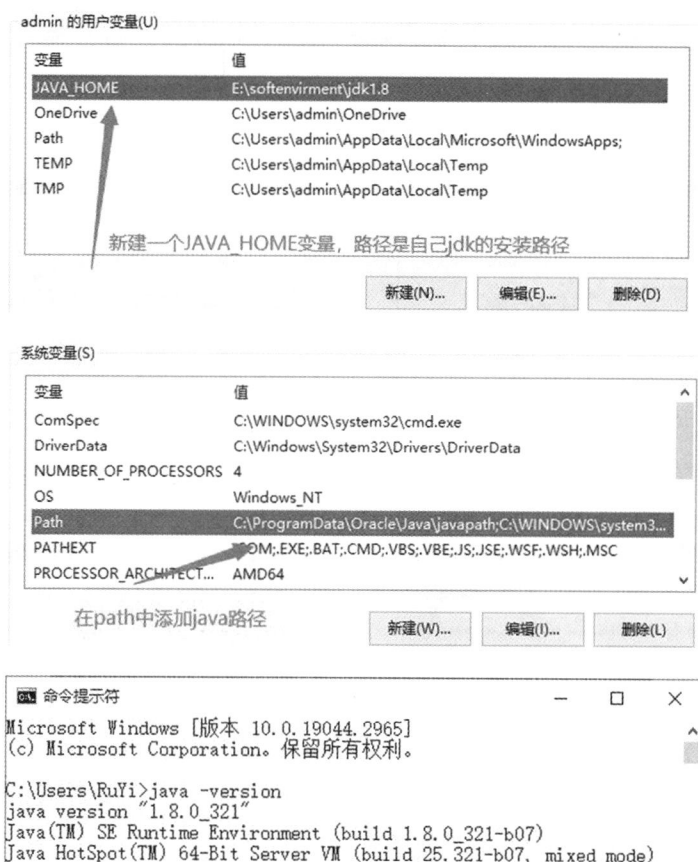

图 3 - 4　JDK1.8 环境变量设置

3.2　安装 Tomcat6

Tomcat 是 Apache 软件基金会推出的一款免费开源的 Web 应用服务器,支持 JSP、Servlet 等 Java Web 应用/开发,除了使用 http 协议之外,还可用其他的协议支持。

Tomcat 是 Servlet/JSP 容器(Web 应用),负责处理客户请求,把请求传送给 Servlet,并将 Servlet 的响应传送给客户。Servlet 是一种在支持 Java 语言的服务器上运行的组件,JSP 也是一种 servlet。

安装 Tomcat 之前要确保已经安装 JDK,安装好的 Tomcat 不需要环境变量配置。

3.2.1 安装步骤

（1）向导式安装

双击安装文件"apache-tomcat－6.0.41.exe"，进入安装向导。Tomcat 安装过程如图 3－5所示，文字描述为①点击"next"，进入授权页面，点击"I agree"；②在组件选择页面，点击下拉菜单，选择"full"，再点击"next"；③在配置页面，可以配置端口，输入系统管理员登录用户名和密码，建议保持默认设置，不做修改；④点击 Next，进入 Java 虚拟机路径选择页面，安装程序自动找到 JRE 位置，如果用户没有安装 JRE，可以修改指向 JDK 目录（很多用户安装后无法编译 JSP，就是这里没找到 JRE，请务必先要安装 JDK，并把这个目录正确指向 JRE 或者 JDK 的目录）；⑤点击 Next，进入安装位置选择页面，可以使用默认，亦可点击"Browse…"选择新的安装路径，如"F:\tomcat6"，点击"Install"开始安装；⑥安装结束页面，保持两个选项处于选中状态，点击"finish"，安装结束，开始启动 tomcat 服务，开启成功后任务栏会出现服务器图标，绿色为运行，红色为停止。

（a）

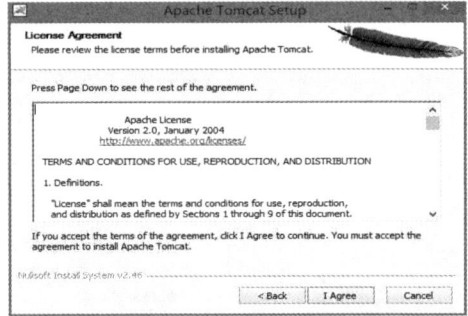

（b）

（c）

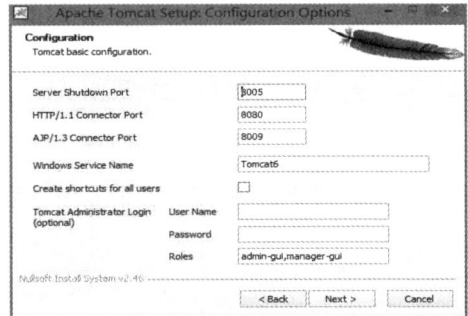

（d）

（e）

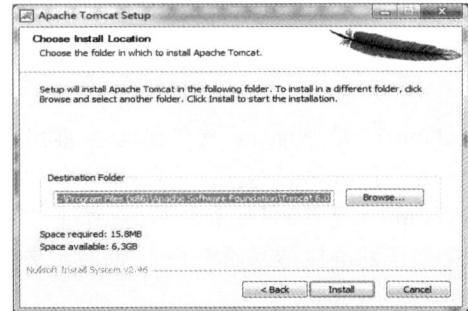

（f）

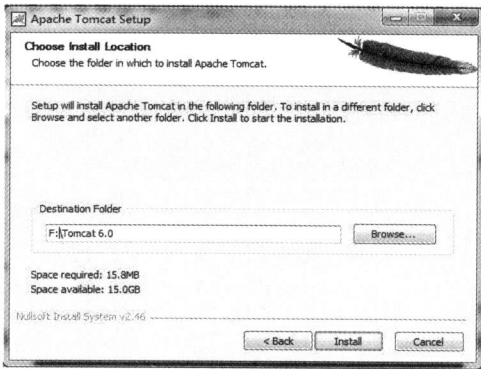

（g）

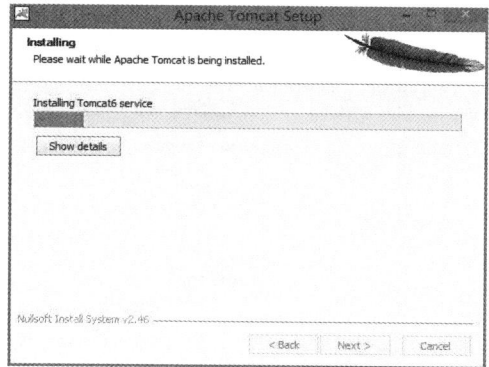

（h）

（i）

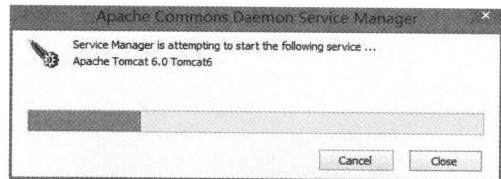

（j）

图 3 - 5 Tomcat 安装过程

启动后,可以在图 3 - 6 中查看、开启或终止 Tomcat 服务。

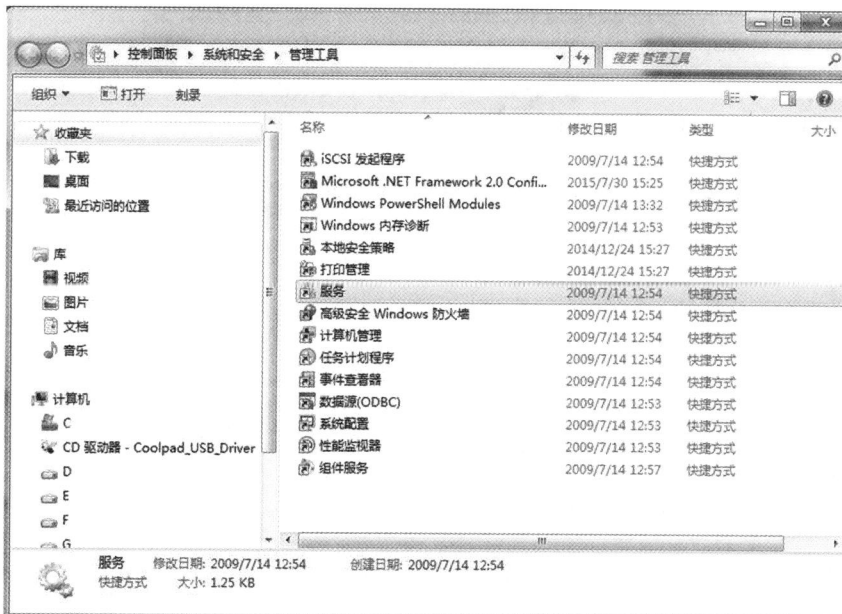

（a）

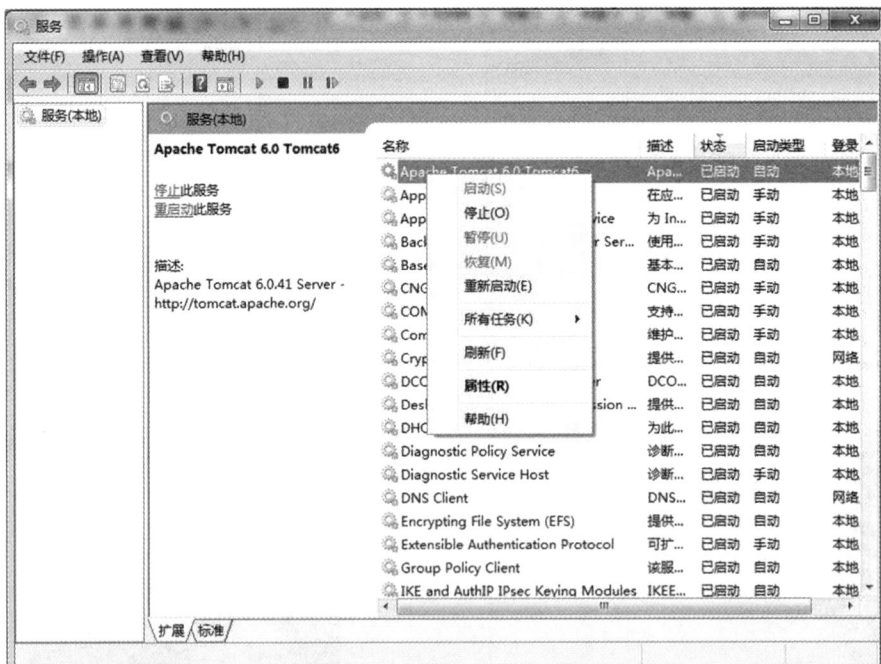

（b）

图 3-6 Tomcat 服务

打开浏览器，输入：http://localhost:8080，看到如图 3-7 所示的 Tomcat 服务启动测试界面，表示安装成功，服务已启动。

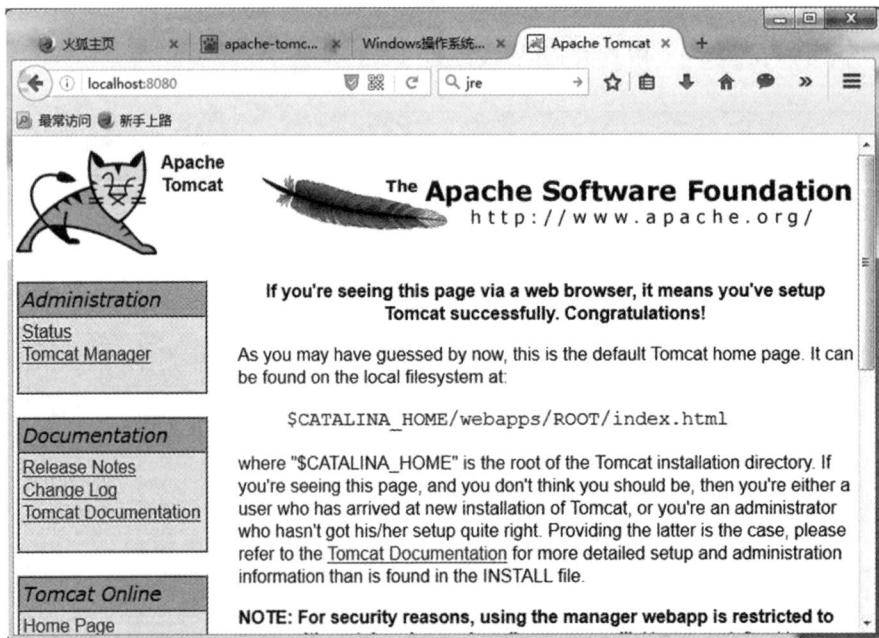

图 3-7 Tomcat 服务启动测试界面

（2）压缩包安装

在官网下载 Tomcat，这里选择 6.0.45 版本。下载地址：

```
https://archive.apache.org/dist/tomcat/
```

压缩包下载后,解压,双击 bin 文件夹下的 startup.bat 脚本文件,如图 3 - 8(a)左侧所示。运行后在浏览器输出 http://localhost:8080,显示如图 3 - 8(b)所示的画面,表示安装成功。若要退出,可点击 shutdown.bat 脚本文件。

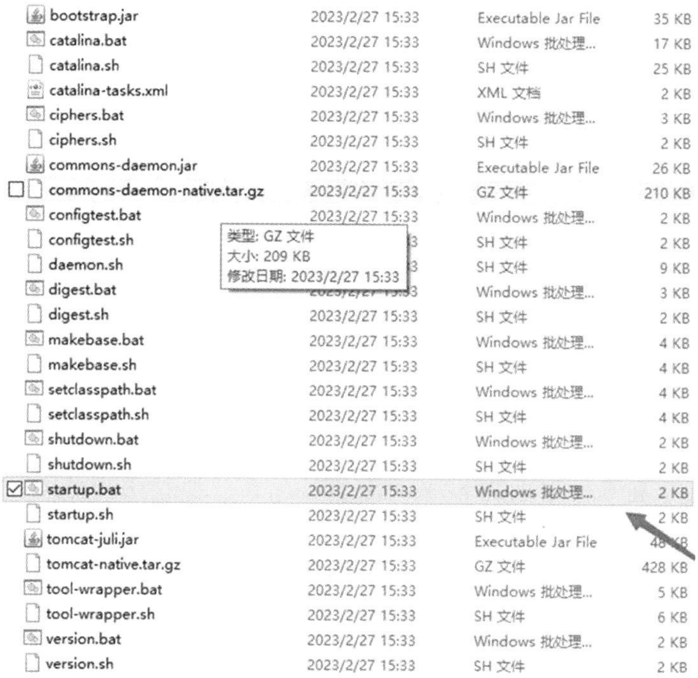

(a)

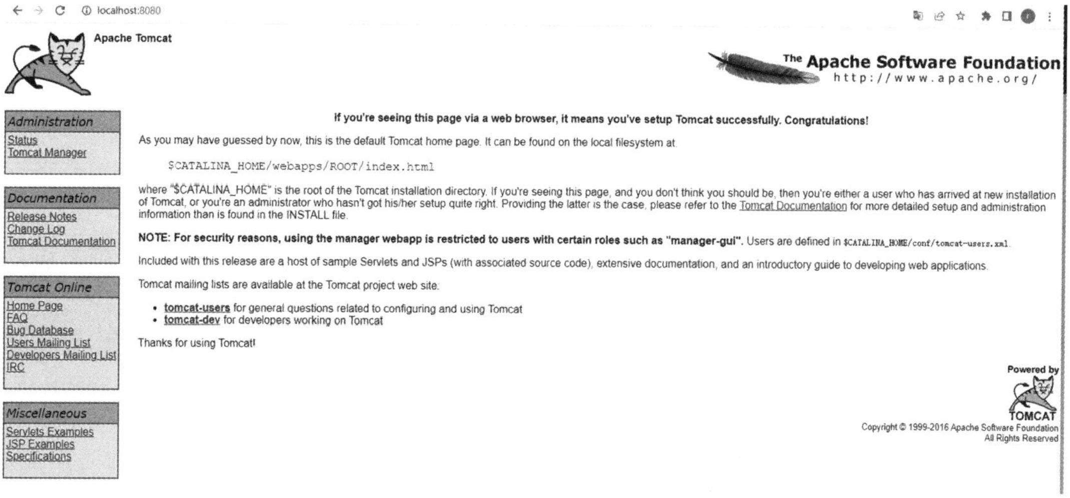

(b)

图 3 - 8　批处理文件安装

3.2.2 常见安装错误

（1）Tomcat6 安装失败

Tomcat6 服务安装失败，卸载后重新安装，仍然失败。

错误提示：Failed to install Tomcat6 service. Check your settings and permissions Ignore and continue anyway。

解决方法：以管理员身份运行 cmd，再执行：sc delete tomcat6，卸载服务，直到确认提示：OpenService Failed 1060：。

（2）无法启动 Tomcat6 服务

解决方法：配置环境变量。

配置 Tomcat 的环境变量：在"我的电脑"上点右键→"属性"→"高级系统设置"→"环境变量（N）"。

新建系统变量 CATALINA_HOME：C:/Tomcat（注意结尾不要加";"）。

在系统变量 Classpath 的值的后面加入：%CATALINA_HOME%/lib;，这里要加分号。

在系统变量 Path 值的后面加入以下内容：%CATALINA_HOME%/bin。

保险起见，新建系统变量 TOMCAT_HOME：C:/Tomcat（为了 MyEclipse 配置）。

在系统变量 Classpath 的值后加入：%CATALINA_HOME%/lib/ servlet-api. jar。

（3）不能开启 Tomcat6 服务

在 Windows 7 和 8 操作系统下，安装了 Tomcat6。双击 tomcat6w. exe 时，提示错误 "Unable to open the service ' tomcat6 '"。

解决方法一：此问题可能是 Windows 7 的安全控制限制所致。在 tomcat6w. exe 文件上点击右键—属性—兼容性，勾选"以管理员身份运行此程序"，点击确定。然后双击运行即可，如果还不行见方法二。

解决方法二：可能是没有安装此项服务。具体安装方法：打开命令行提示符窗口（CMD）=>进入 Tomcat 安装目录==>进入 bin 目录下==>输入：service. bat install。如果还是不行，可能是网络端口独占，不能同时运行两个 tomcat。

（4）启动服务时闪退

错误提示：Error initializing endpoint。

java. net. SocketException：Unrecognized Windows Sockets error：10106：create

解决方案：以管理员身份打开命令提示符（CMD）；输入：netsh winsock reset；最后重启电脑。

原理解释：winsock 是 Windows 网络编程接口，winsock 工作在应用层，它提供与底层传输协议无关的高层数据传输编程接口，"netsh winsock reset"是把它恢复到默认状态。

（5）服务端口占用

问题描述：通过 Eclipse 启动 Tomcat 时，抛出异常 java. net. SocketException：Unrecognized Windows Sockets error：0：JVM_Bind。

此异常的原因是服务器端口被占用，其解决办法包括以下两种：

① 更改服务器端口号

打开 tomcat 目录 conf 文件夹下的 server. xml 文件，找到：

```
<Connector port="8080" protocol="HTTP/1.1" connectionTimeout="20000" redirectPort="8443"/>
```

修改该端口即可,例如:

```
<Connector port="8088" protocol="AJP/1.3" redirectPort="8443"/>
```

② 关闭当前占用该端口的进程

在 CMD 中查看:netstat-aon|findstr "8080"。

首先,进入命令行,查看端口是否被占用,使用命令:netstat-ano。

查看服务器端口使用(图 3-9),当前服务器的端口是 443,已被进程(PID:3432)占用。通过任务管理器或 taskkill 程序结束 PID 为 3432 的进程。

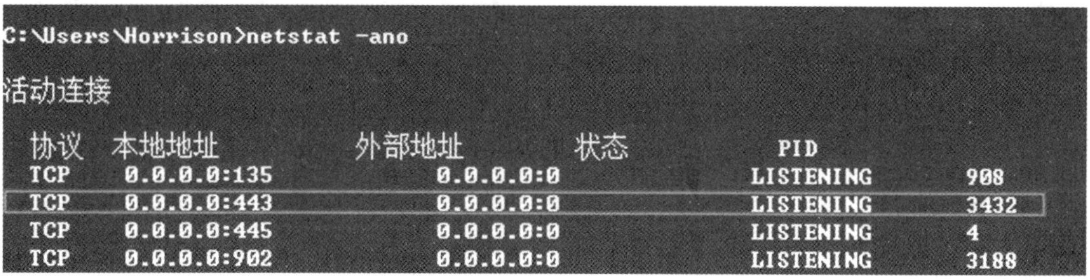

图 3-9 查看服务器端口使用

3.3 开发工具安装与配置

软件 IDEA 与 MyEclipse 是目前主流的集成开发环境。

IDEA 全称 IntelliJ IDEA,是 Java 编程语言的集成开发环境。IntelliJ 在业界被公认为最好的 java 开发工具,尤其在智能代码助手、代码自动提示、重构、JavaEE 支持、各类版本工具(git、svn 等)、JUnit、CVS 整合、代码分析、创新的 GUI 设计等方面,其功能可以说是超常的。

MyEclipse,是在 Eclipse 基础上加上自己的插件,从而开发而成的一款功能强大的企业级集成开发环境,主要用于 Java、Java EE 及移动应用的开发。在最新版本的 MyEclipse 中,配合 CodeMix 使用支持也十分广泛,尤其是对各种开源产品和主流开发框架的支持相当不错。已支持 PHP、Python、Vue、Angular、React、Java、Java EE 等语言和框架开发。

3.3.1 安装 MyEclipse

双击安装文件,进入安装向导。在安装过程中,点击 Next,进入下一个页面,点击 back 返回上一个页面。主要安装页面有授权页面,勾选接受许可条款;选择安装路径;自定义可选软件;根据操作系统位数,选择软件版本;取消启动 MyEclipse。MyEclipse 的安装过程如图 3-10 所示。

（a）

（b）

（c）

（d）

（e）

（f）

图 3-10　MyEclipse 的安装过程

3.3.2　MyEclipse 配置

（1）配置工作空间

① 设置对话框

首次启动 Eclipse/MyEclipse 时，会弹出"Workspace Launcher"对话框，提示设置 Workspace 路径。设定好路径后，如果勾选了" Use this as the default and do not ask again "，那么再启动时就不会有提示，直接进入默认工作空间。首次设置工作空间如图 3-11 所示。

如果希望启动 Eclipse/MyEclipse 时，再次弹出"Workspace Launcher"对话框，有图 3-12 所示的 2 种方法：

方法一：启动 Eclipse/MyEclipse 后，打开"Window→Preferences→General→Startup

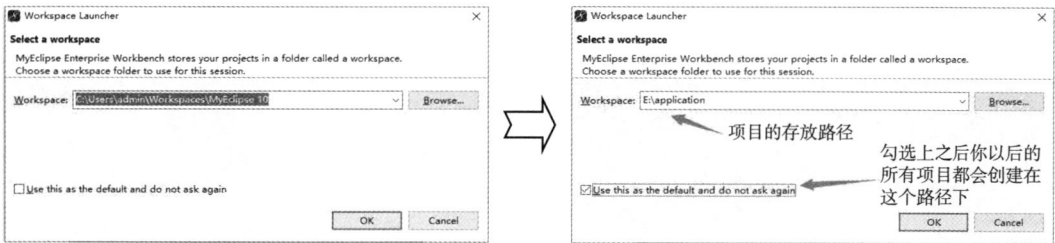

图 3-11　首次设置工作空间

and Shutdown→Workspaces",然后勾选"Workspaces"页中的"Prompt"。

方法二:用记事本打开"\eclipse\configuration\.settings\org.eclipse.ui.ide.prefs"将"SHOW_WORKSPACE_SELECTION_DIALOG"的值改为"true"。

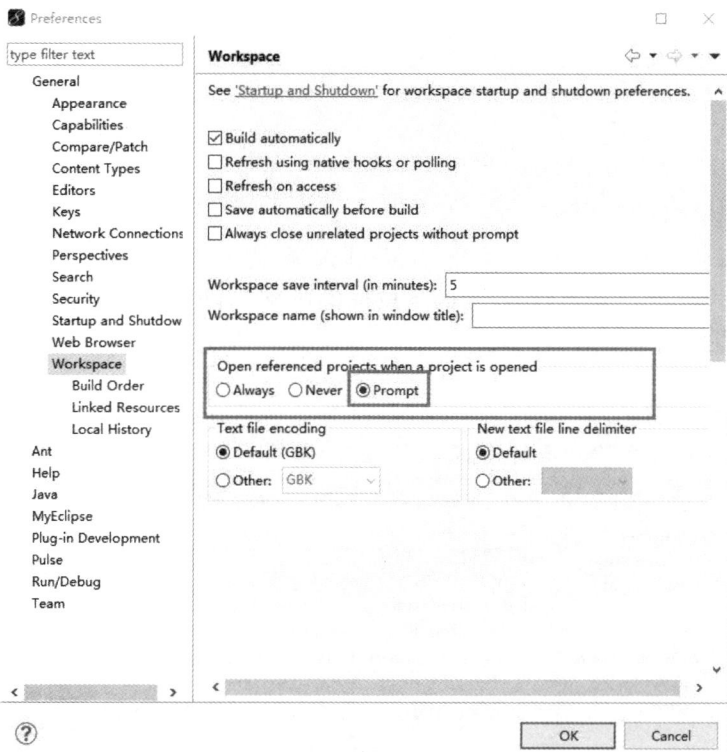

(a)

(b)

图 3-12　工作区提示框显示设定

② 更改工作区间

打开 File→Switch Workspace→Other…，在弹出对话框中，点击"Browse…"，选择一个新的工作区间。更改工作区间如图 3-13 所示。

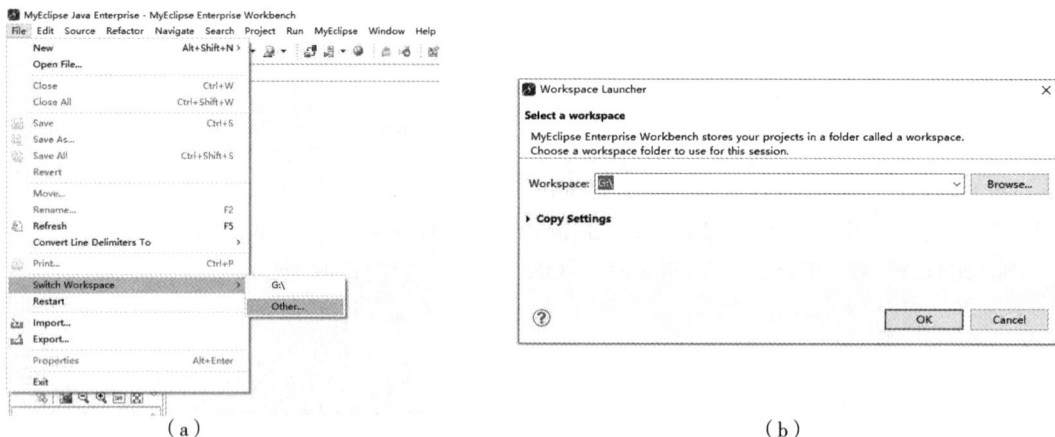

（a）　　　　　　　　　　　　　　　　　（b）

图 3-13　更改工作区间

（2）配置默认字符集

打开 Windows→Preferences，展开 General 选项，点击 Workspace 选项。d "Text file encoding"中，选择 Other 选项，在右侧的下拉框中选择 UTF-8，并点击 Apply，点击 OK。设置默认字符集如图 3-14 所示。

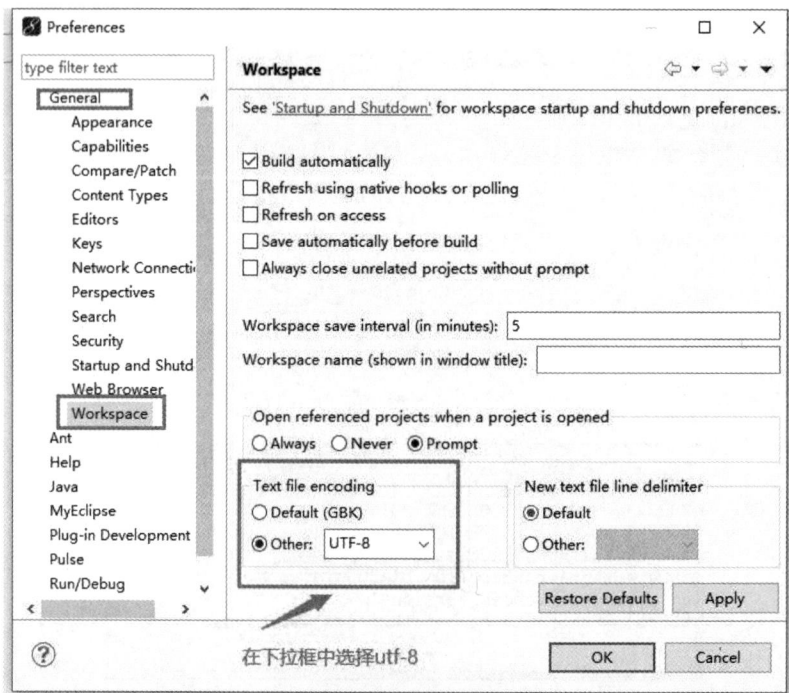

图 3-14　设置默认字符集

（3）配置 JDK

用于 MyEclipse 集成开发环境下的软件编译、调试和运行，配置 JDK 过程如图 3-15 所示。打开 Windows→Preferences，在对话框中点击 Java 左侧的箭头，展开目录，选择 Installed JREs；点击 Add，在 JRE Type 对话框中选择 Standard VM；点击 next。在 JRE Definition 对话框中，点击 Directory，选择之前安装的 JRE 目录"E:\softenvirment\jdk"，点击 Finish；MyEclipse 也会自带一个 jdk1.6。点击 OK，完成 JRE 加载，结束 JDK 配置。

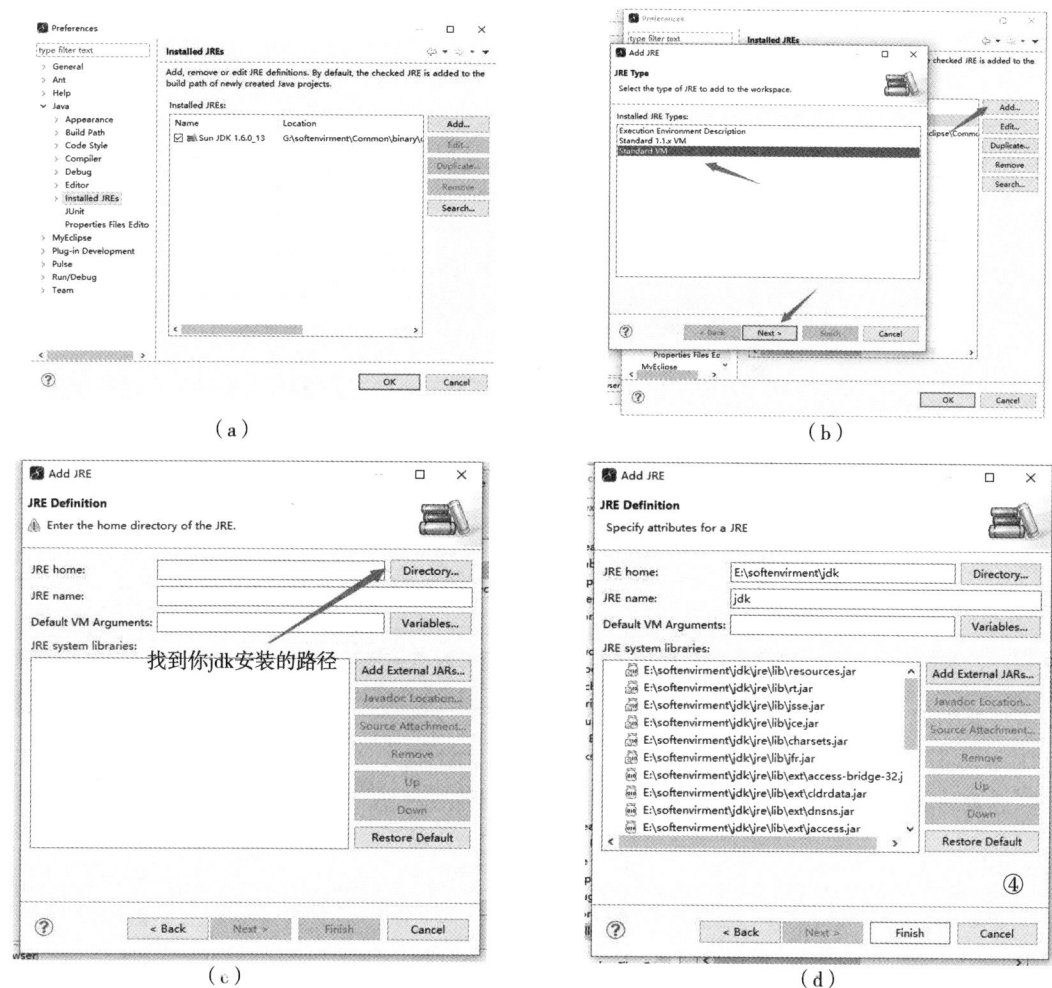

（a）

（b）

（c）

（d）

图 3-15　配置 JDK

（4）配置 Tomcat 服务器

用于 MyEclipse 环境下的软件调试、运行，避免外部浏览器打开所开发 Web 应用的麻烦。注意：需要停止外部运行的 Tomcat，不然会无法运行。

首先看是否有工具栏，如没有的话，点击菜单 Window，选择"Show Toolbar"。然后，点击工具栏上服务器图标右侧的下拉箭头 ▼，选择 Configure Server 选项，打开服务器配置界面。打开 Tomcat 服务器配置界面操作过程如图 3-16 所示。

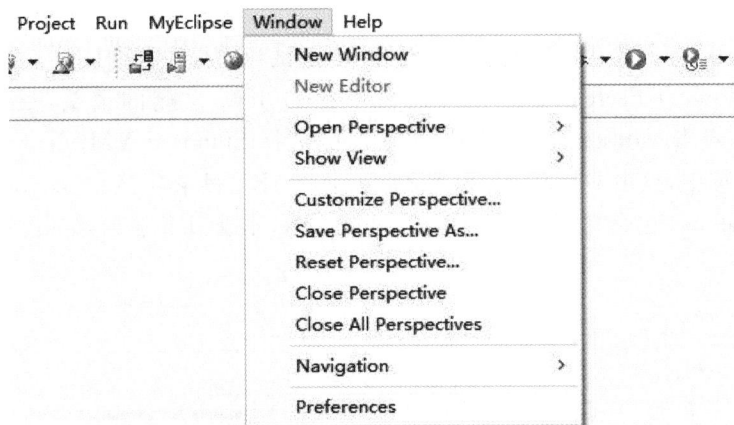

（a）

（b）

图 3-16 打开 Tomcat 服务器配置界面操作过程

在弹出对话框中,展开 Server→Tomcat,并选择 Tomcat 6. x。选择 Enable,点击最上面的"Browse…",选择之前安装的 Tomcat 路径,点击 OK。查看 JDK,设置 jdk 版本,点击 OK,设置结束。Tomcat 服务器配置如图 3-17 所示。

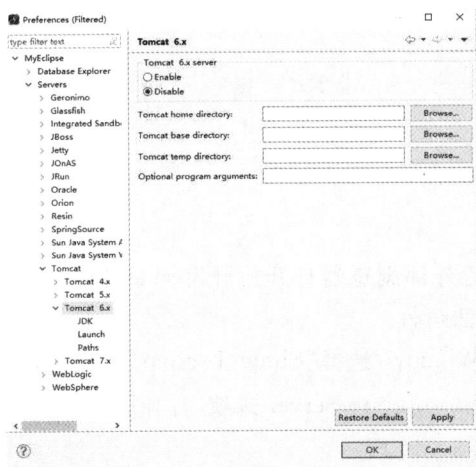

（a）

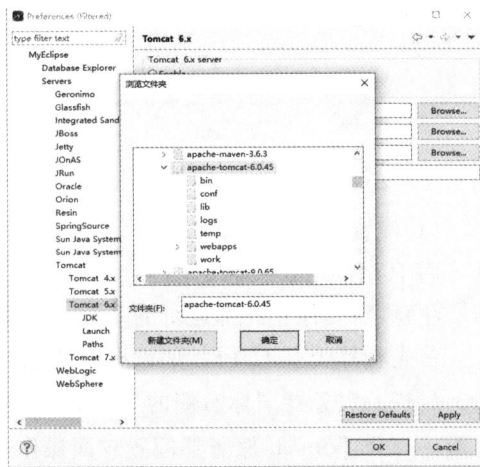

（b）

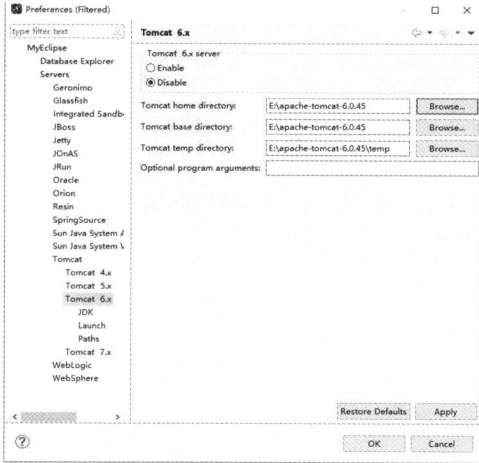

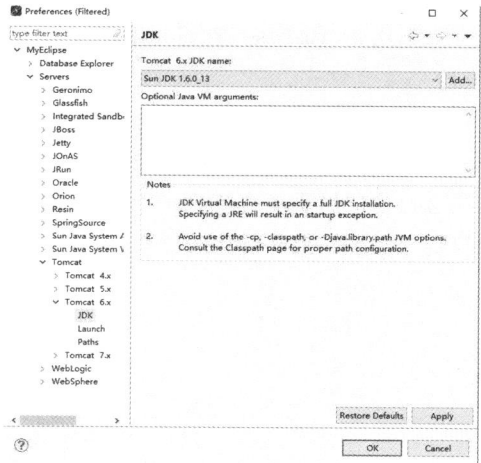

（c）　　　　　　　　　　　　　　　　　　　　（d）

图 3 - 17　Tomcat 服务器配置

3.3.3　安装 IDEA

IDEA 的安装步骤如图 3 - 18 所示。

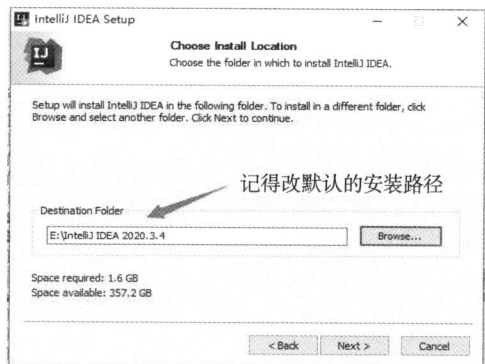

（a）　　　　　　　　　　　　　　　　　　　　（b）

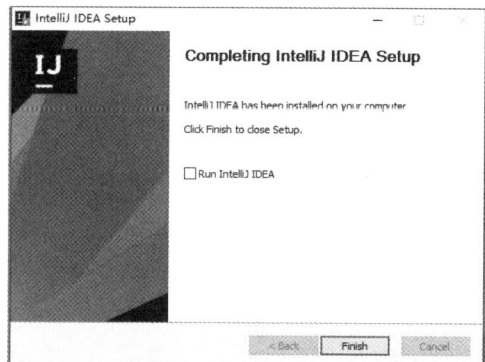

（c）　　　　　　　　　　　　　　　　　　　　（d）

图 3 - 18　IDEA 安装步骤

（1）双击安装包进入安装界面。

（2）点击 Browse 按钮，自定义安装路径。这边我们选择 E 盘下的 Intelli IDEA 2020.3.4 文件夹。

（3）根据自己的电脑系统选择 32 位或者 64 位，选择是否与 java 文件相关联，即之后 java 的文件都用 IDEA 打开。这里我们勾上 64－bit launcher 和 .java。

（4）其余的页面直接点击 Next 进行下一步就好了，一直到安装完成界面，完成 IDEA 的安装。

第4章 演示案例描述

4.1 任务描述

通过 Web 方式，对数据库 management 中的 book 表，进行增删改查操作。book 表的结构如图 4-1 所示。

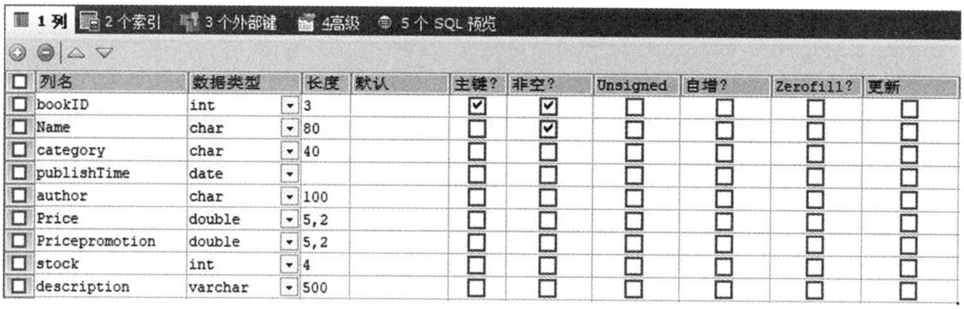

列名	数据类型	长度	默认	主键?	非空?	Unsigned	自增?	Zerofill?	更新
bookID	int	3		☑	☑	☐	☐	☐	☐
Name	char	80		☐	☑	☐	☐	☐	☐
category	char	40		☐	☐	☐	☐	☐	☐
publishTime	date			☐	☐	☐	☐	☐	☐
author	char	100		☐	☐	☐	☐	☐	☐
Price	double	5,2		☐	☐	☐	☐	☐	☐
Pricepromotion	double	5,2		☐	☐	☐	☐	☐	☐
stock	int	4		☐	☐	☐	☐	☐	☐
description	varchar	500		☐	☐	☐	☐	☐	☐

图 4-1 book 表的结构

创建数据库和表的 sql 代码如下：

（1）创建数据库

```
CREATE DATABASE 'management' CHARACTER SET utf8 COLLATE utf8_general_ci;
```

（2）创建数据库表

```
CREATE TABLE 'book'(
    'bookID' INT(3) NOT NULL,
    'Name' CHAR(80) NOT NULL,
    'category' CHAR(40) DEFAULT NULL,
    'publishTime' DATE DEFAULT NULL,
    'author' CHAR(100) DEFAULT NULL,
    'Price' DOUBLE(5,2) DEFAULT NULL,
    'Pricepromotion' DOUBLE(5,2) DEFAULT NULL,
    'stock' INT(4) DEFAULT NULL,
    'description' VARCHAR(500) DEFAULT NULL,
    PRIMARY KEY('bookID')
) ENGINE = INNODB DEFAULT CHARSET = utf8
```

（3）插入测试数据

插入 3 条测试数据。

```
    INSERT INTO 'management'.'book'('bookID','Name','category','publishTime','author','
Price','Pricepromotion','stock','description')VALUES('1','信息资源管理','管理','2017－06－
30','李兴国','50.5','30.5','380','企业信息资源管理属于微观层次的信息资源管理的范畴,指
企业为达到预定的目标运用现代的管理方法');
    INSERT INTO 'management'.'book'('bookID','Name','category','publishTime','author','Price','
Pricepromotion','stock','description')VALUES('2','c♯程序设计基础','计算机','2017－06－19','钟
金宏','35.5','25.0','200','通过讨论c♯程序设计的一般过程和方法,重点介绍程序设计的基本思
想和实现方法');
    INSERT INTO 'management'.'book'('bookID','Name','category','publishTime','author','Price',
'Pricepromotion','stock','description')VALUES('3','信息管理学','管理','2015－04－15','李兴国',
'39.5','32.5','1000','信息管理学');
```

4.2 业务流程

案例任务是单张数据库表的维护,业务流程简单。这里直接以软件界面展示主要功能。
系统主页面:涵盖系统所有功能。系统主界面如图 4－2 所示。

图 4－2 系统主界面

显示所有图书:显示 book 表中的所有记录,如图 4－3 所示。业务流程:在系统主页,点
击"显示所有书",转入图书管理页面;在图书管理页面,点击返回,返回系统主页;点击"修

改",转日修改页面;点击"删除",提示用户是否确认删除,如确认删除,删除数据库中对应记录,更新图书管理页面。

编号	书名	类别	出版时间	作者	价格	促销价	库存	详情	修改	删除
1	信息资源管理	管理	2017-06-30	李兴国	50.5	30.5	380	企业信息资源管理属于微观层次的信息资源管理的范畴,指企业为达到预定的目标运用现代的管理方法	修改	删除
2	C#程序设计基础	计算机	2017-06-19	钟金宏	35.5	25.0	200	通过讨论C#程序设计的一般过程和方法,重点介绍程序设计的基本思想和实现方法	修改	删除
3	信息管理学	管理	2015-04-15	李兴国	39.5	32.5	1000	信息管理学	修改	删除

图 4-3 显示所有图书页面

图书编号查询:根据图书 ID,进行查询,采用精确查询方式。业务流程:在查询页面,点击"返回",回到系统主页;输入图书编号,点击"查询",检查输入是否为空,空的话,提示"输入编号";非空,提交服务器处理;然后,转入图书管理页面,显示查询结果;在图书管理页面,点击"返回",回到查询页面。图书编号查询及查询结果页面如图 4-4 所示。

图书查询

图书编号: 2

查询 返回

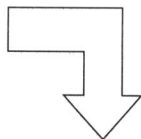

编号	书名	类别	出版时间	作者	价格	促销价	库存	详情	修改	删除
2	C#程序设计基础	计算机	2017-06-19	钟金宏	35.5	25.0	200	通过讨论C#程序设计的一般过程和方法,重点介绍程序设计的基本思想和实现方法	修改	删除

图 4-4 图书编号查询及查询结果页面

书名查询:根据图书名称,查询图书,这里为模糊查询。业务流程:在查询页面,点击"返回",返回系统主页;输入图书名称,点击"查询",首先检查输入是否为空,若为空会提示"输入书名",若为非空可提交服务器处理;然后,转入图书管理页面,显示查询结果;在图书管理页面,查询页面,点击"返回",转入查询页面。书名查询及查询结果页面如图4-5所示。

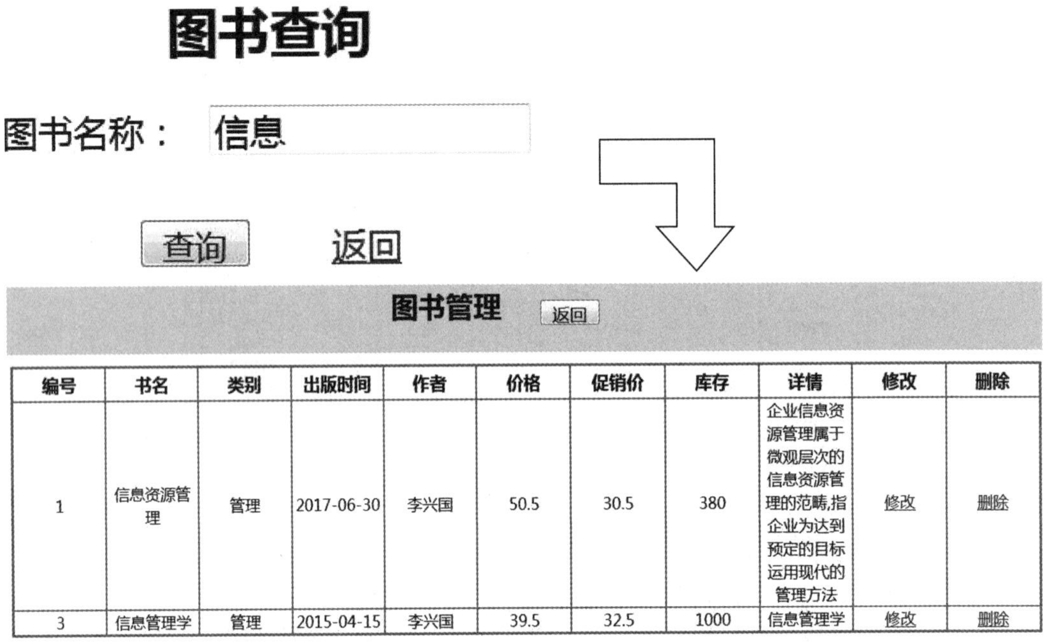

图书查询

图书名称: 信息

查询 返回

图书管理 返回

编号	书名	类别	出版时间	作者	价格	促销价	库存	详情	修改	删除
1	信息资源管理	管理	2017-06-30	李兴国	50.5	30.5	380	企业信息资源管理属于微观层次的信息资源管理的范畴,指企业为达到预定的目标运用现代的管理方法	修改	删除
3	信息管理学	管理	2015-04-15	李兴国	39.5	32.5	1000	信息管理学	修改	删除

图4-5 书名查询及查询结果页面

新增图书:向 book 表插入一条新记录,要保证图书编号的唯一性。业务流程:新增页面,输入图书信息;提交时,先检查各项输入的合法性,若不合法会给出提示;再检查记录的唯一性,记录不唯一时会给出提示;新增成功后,返回修改页面;在新增页面、修改页面,点击"返回",均返回主页;返回前,检查信息是否更改,如已更改,要提示保存。新增图书页面如图4-6所示。

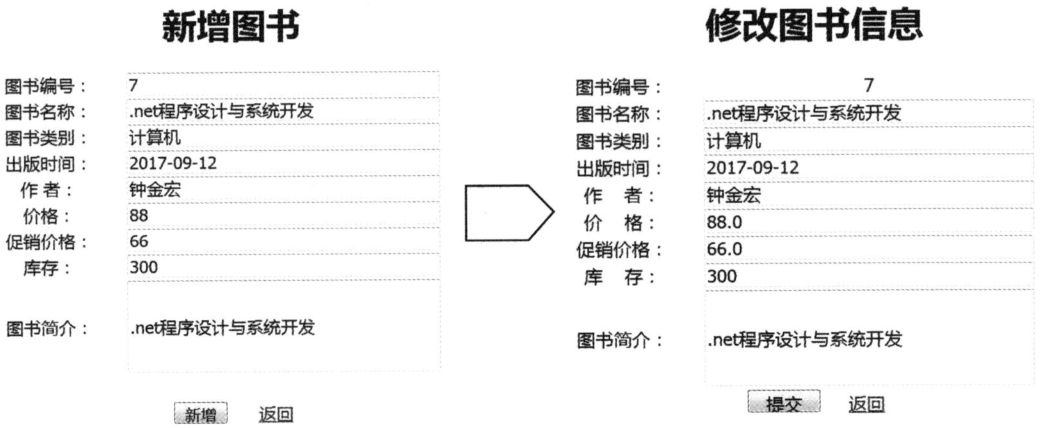

新增图书

图书编号: 7
图书名称: .net程序设计与系统开发
图书类别: 计算机
出版时间: 2017-09-12
作者: 钟金宏
价格: 88
促销价格: 66
库存: 300

图书简介: .net程序设计与系统开发

新增 返回

修改图书信息

图书编号: 7
图书名称: .net程序设计与系统开发
图书类别: 计算机
出版时间: 2017-09-12
作者: 钟金宏
价格: 88.0
促销价格: 66.0
库存: 300

图书简介: .net程序设计与系统开发

提交 返回

图4-6 新增图书页面

图书信息修改:修改图书,主键(关键字)只显示,不能修改。业务流程:从图书管理页面(图 4-3 至图 4-5),点击修改,转入修改页面(图 4-6),显示一条记录信息;修改相关信息,点击"提交",更新数据库中相应记录信息,提示是否更新成功,返回并更新图书管理页面;点击"返回",检查信息是否修改,如修改提示是否保存、不保存或未修改,返回图书管理页面。

4.3 解决方案

实验环境如下。

数据库:MySQL 5.7

mysql 工具:Navicat for MySQL 或 SQLyog

Web 服务器:Tomcat

开发平台:MyEclipse,或 IDEA

开发语言:Java,JavaScript

图书管理系统的整体架构如图 4-7 所示。

JSP 前端页面:负责渲染数据,用简洁明了的组件的用户展示数据。将用户的行为记录下来交给后端处理。控制页面跳转。

Servlet 层:控制前端和后端的通信,包括数据交互。

Service 层:将前端传过来的用户行为匹配对应的具体业务(如增删改查)。

pojo 层:数据库表中的映射,通常每张表是一个集合对象,表中字段是属性,表中每个记录就是一个实例化对象。

database:存放用户数据。

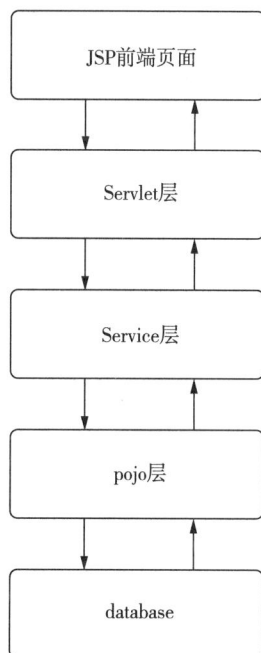

图 4-7 图书管理系统的整体架构

第5章 基于 MyEclipse 的系统实现演示

5.1 图书管理项目构建流程

5.1.1 新建 Web 工程

操作过程：选择"File"→"New Project…"；在弹出的对话框中，选择"Web Project"，点击"Next"；输入项目名称，点击"Finish"，弹出对话框点击"Yes"。Web 工程新建过程如图 5-1 所示。

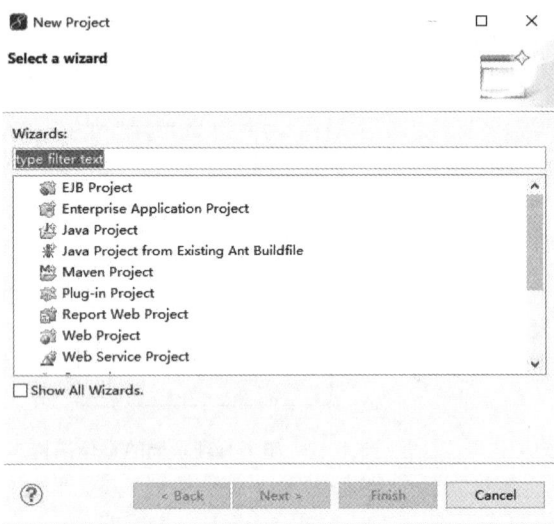
（a）

（b）

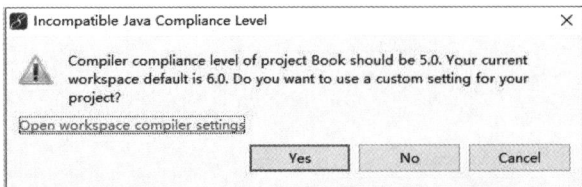
（c）

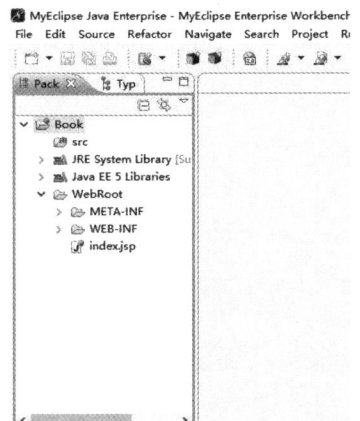
（d）

图 5-1 Web 工程新建过程

（1）JDBC 简介

JDBC(Java Database Connectivity,Java 数据库连接)是一种可用于执行 SQL 语句的 Java API(Application Programming Interface,应用程序设计接口)。它由 Java 语言编写的类和接口组成。JDBC 的 API 主要负责连接数据库并通过 SQL 语句操作数据库。它可以执行包括标准 SQL 语句、动态 SQL 语句及带有输入输出参数的存储过程在内的多种数据库操作。JDBC 由两部分独立的 API 组成:面向程序开发人员的 JDBC API 和面向底层的 JDBC Driver API。

JDBC 为 Java 程序访问关系数据库提供统一接口。JDBC 访问数据库示意图如图 5-2 所示。通过这些接口,Java 程序可以用相同的方式对多种关系数据库进行访问,实现数据库连接、执行 SQL 语句等操作。

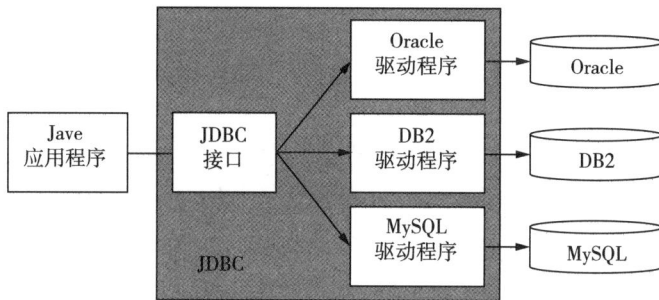

图 5-2　JDBC 访问数据库示意图

（2）导入方式一

首先,在 windows 资源管理文件夹中,将"mysql-connector-java-5.1.15-bin.jar"文件复制到"Book"→"WebRoot"→"WEB-INF"→"lib"目录下。然后,在"MyEclipse"中,右击项目"Book",选择刷新"Refresh",即可看到该驱动包。JDBC 导入方式一如图 5-3 所示。

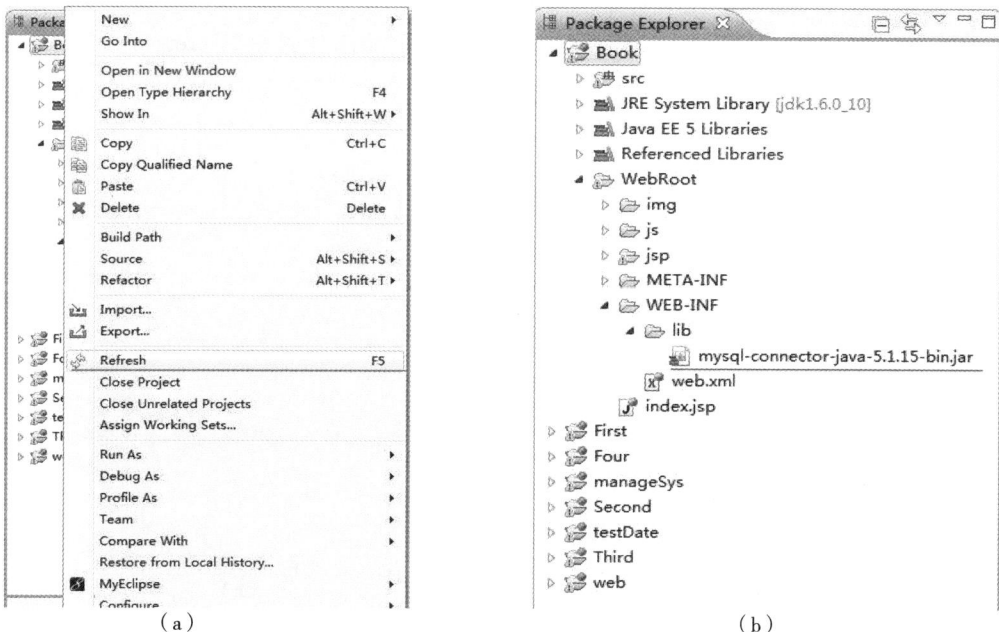

（a）

（b）

图 5-3　JDBC 导入方式一

（3）导入方式二

从 windows 资源管理器复制该文件，在"MyEclipse"中"Book"项目下右击"lib"文件夹，选择粘贴。JDBC 导入方式二如图 5-4 所示。

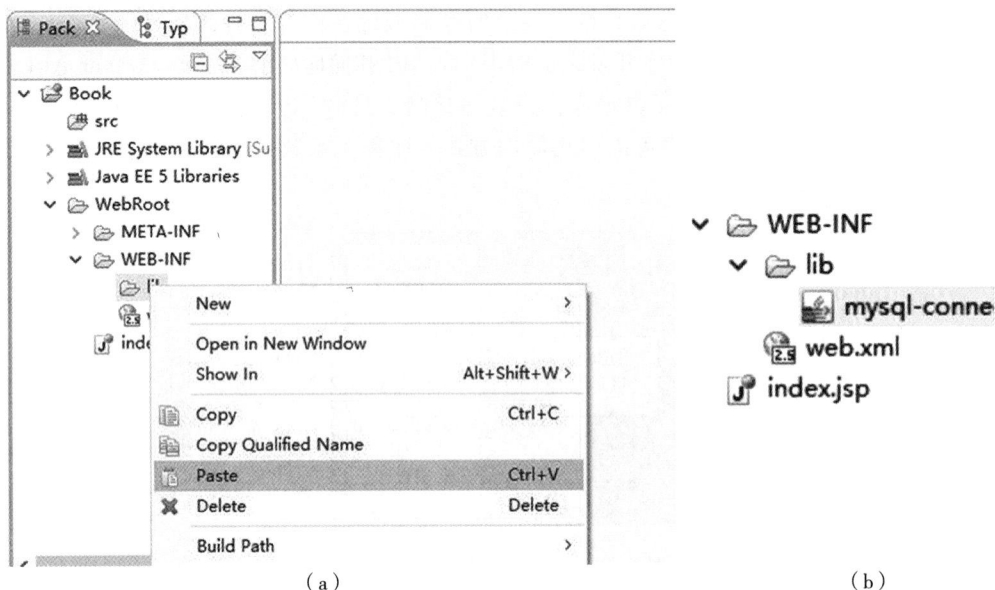

（a）　　　　　　　　　　　　　　　　（b）

图 5-4　JDBC 导入方式二

如果导入驱动后，"Book"文件夹内没有出现 ▷ ☕ Referenced Libraries 目录的话，需要手动导入。手动导入目录的步骤：鼠标右击"Book"，选择"Build Path"→"Configure Build Path"；在弹出对话框右侧，点击"Libraries"选项，点击"Add JARs"；选择之前导入的"jdbc"文件"mysql-connector-java-5.1.15-bin.jar"，点击"OK"。手动添加目录"Referenced Libraries"如图5-5所示。

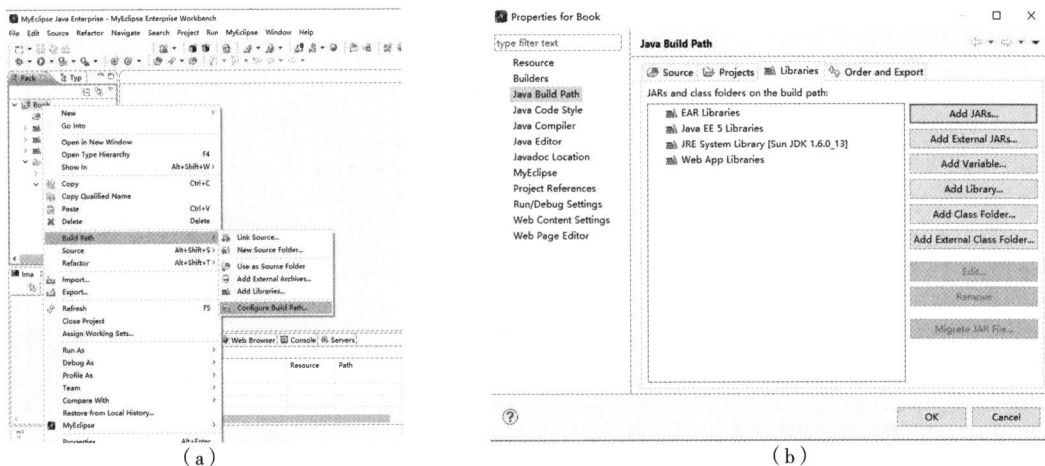

（a）　　　　　　　　　　　　　　　　（b）

（c）

（d）

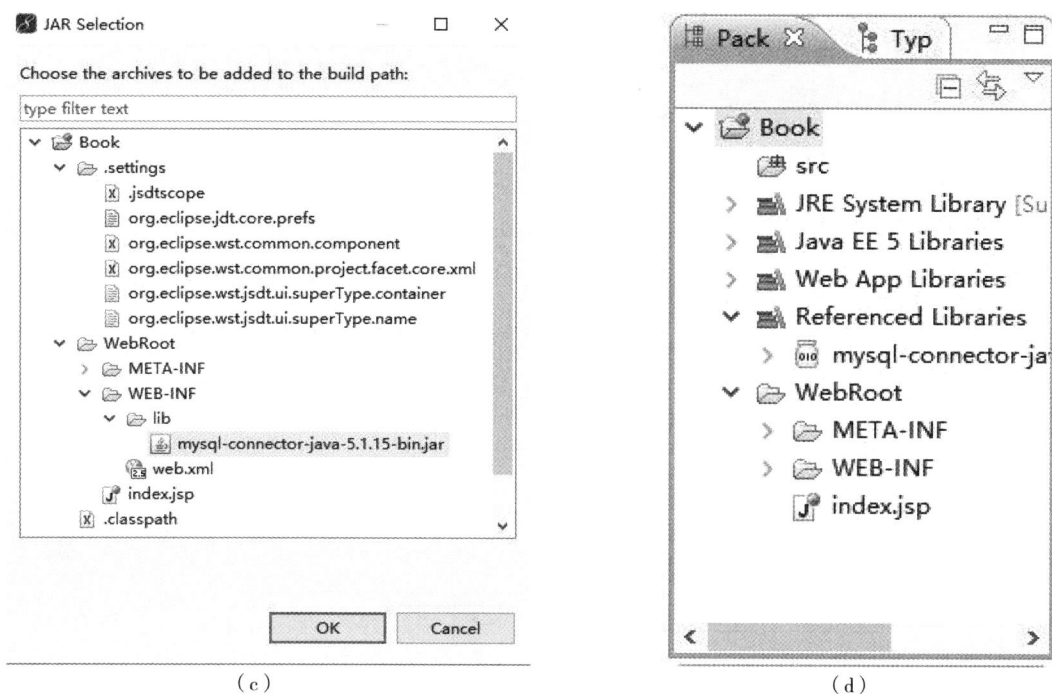

图 5-5　手动添加目录"Referenced Libraries"

5.1.2　创建公共包,公共类

（1）创建公共包

首先,鼠标右击"Book"项目的 src 文件夹,选择"New"→"Package"选项,输入包名,点击确定。如果没有"Package",选择"New"→"Other…"选项。在弹出的"Select a wizard"对话框中,选择"Package",点击"Next",在"Java Package"对话框中的"Name"处输入包名"com. mag. util",点击"Finish"后,项目"Book"的"src"文件夹下就会出现该包。公共包创建过程如图 5-6 所示。

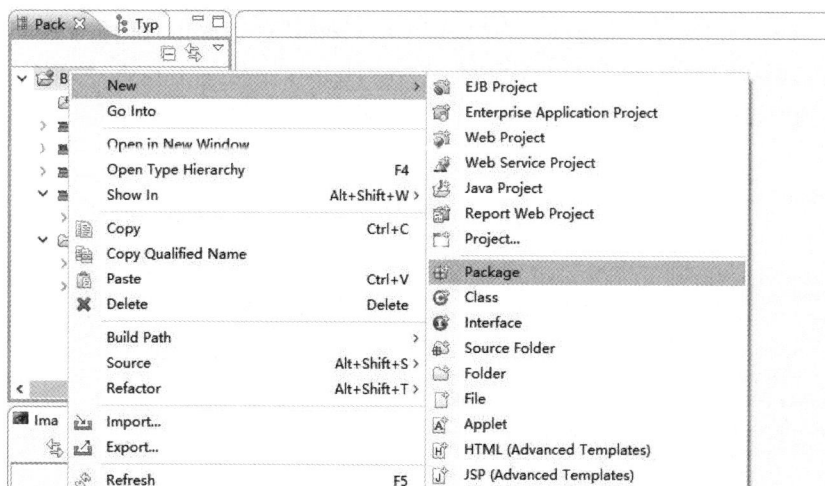

（a）

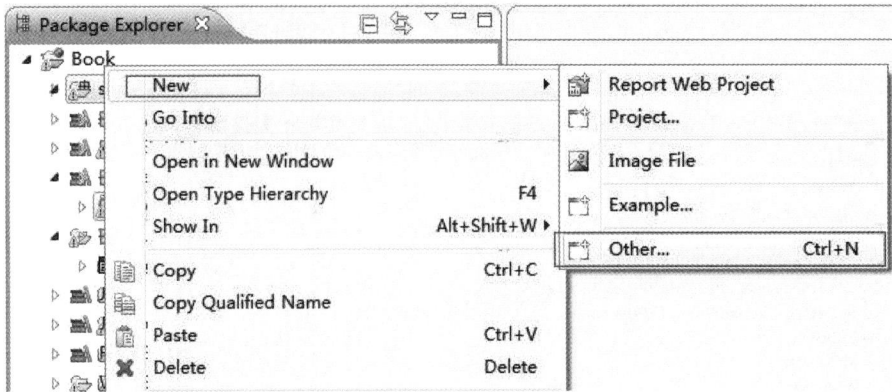

（b）

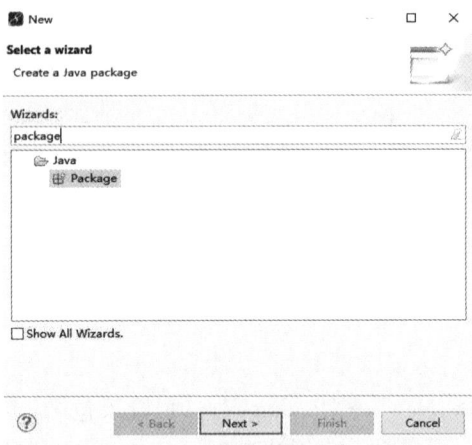

（c）

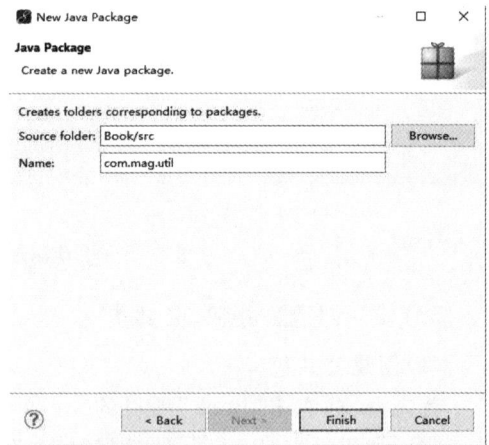

（d）

图 5 - 6　公共包创建过程

（2）创建公共服务类"SqlHelper"

在公共包下，新建"Java"类。右击包名，选择"New"→"Class"选项。如果没有"Class"
选项，选择"New"→"Other…"选项。在"Select a wizard"对话框中，选择"Class"选项。在
"Java Class"对话框的"Name"框内，输入类名"SqlHelper"，点击"Finish"。此时，在工程目
录中可以看到"SqlHelper.java"。在包内创建"SqlHelper"类的操作如图 5 - 7 所示。

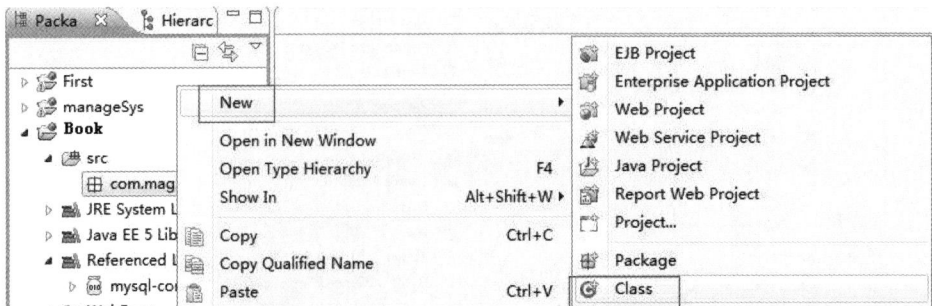

（a）

（b）

（c）

（d）

图 5 - 7 在包内创建"SqlHelper"类的操作

"SqlHelper. java"类主要负责连接数据库，并对数据库进行操作。该类为公共服务类，不需做任何改动。

（3）创建数据库连接信息文本文件

访问数据库一般需要驱动程序、"url"、用户名和密码等要素，在"src"目录下建立文本文件"dbinfo. properties"。建立步骤：右击"src"，选择"New"→"file"选项。如果没有"file"，选择"New"→"Other…"选项。创建文本文件的步骤如图 5 - 8 所示。

向文件中添加键值对数据。双击文件"dbinfo. properties"，点击"Add"按钮。在弹出的对话框中输入键和值，点击"Finish"。添加数据的步骤如图 5 - 9 所示。

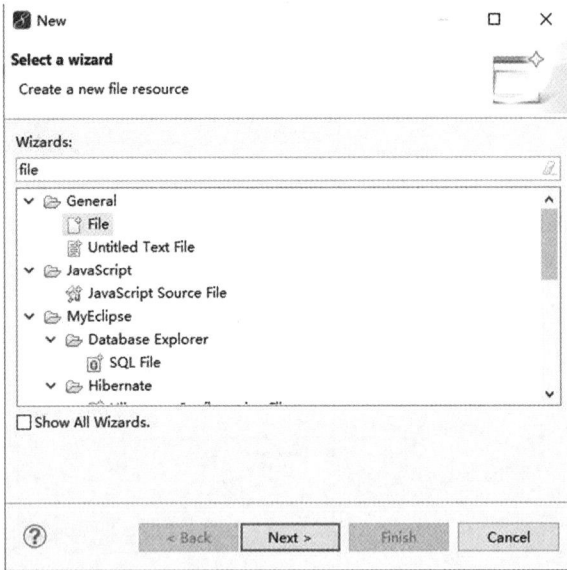

（a）

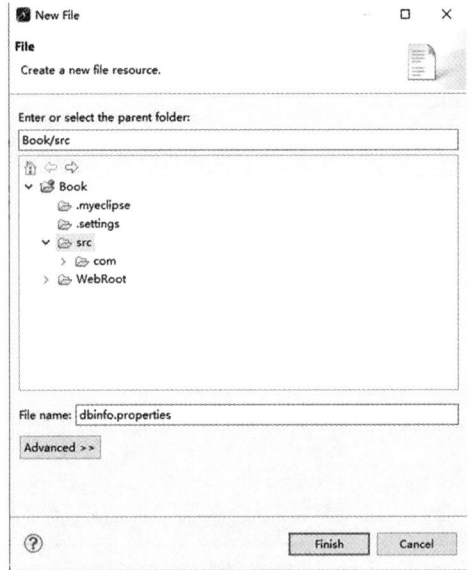

（b）

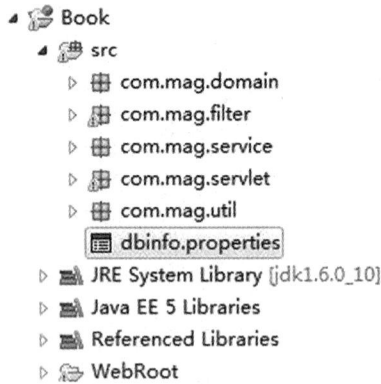

（c）

图 5 - 8 创建文本文件的步骤

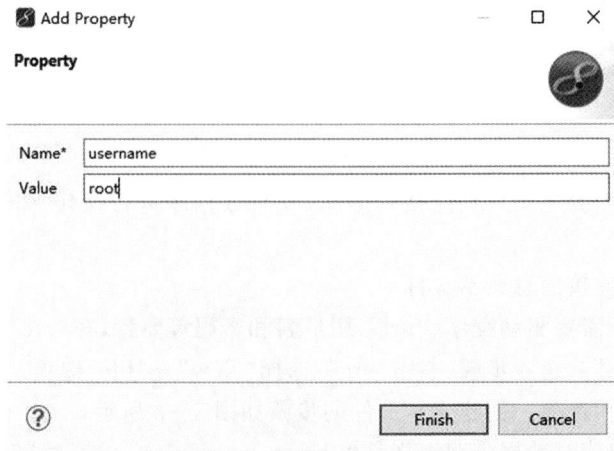

（a）

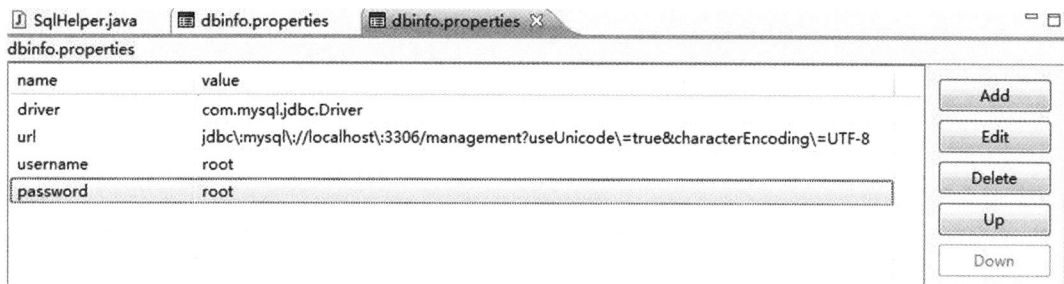

(b)

图 5 - 9　添加数据的步骤

（4）编写"SqlHelper. java"类

"SqlHelper. java"类的主要功能是加载数据库驱动，读取"dbinfo. properties"文件，获取连接数据库信息，连接数据库，实现增加、删除和修改数据和查询数据等基本操作，返回操作的结果。这些操作每次与数据库交互的时候都会执行一次，因此我们将它封装成一个公共类，执行时直接调用，减少代码的冗余性，增强代码的可读性。

（5）创建服务层的包和类文件（BookService）

新建"com. mag. service"包，在包目录下创建类"BookService. java"。该类封装了对"book"对象具体的业务操作，通过 SqlHelper 与数据库交互，获取 book 对象信息。主要功能有验证图书是否已经存在、获取所有图书信息、根据 ID 号查询图书信息、根据书名查询图书信息、修改图书信息、删除图书信息及添加图书信息等功能。

（6）创建数据库表持久化类——数据层

新建"com. mag. domain"包，在包目录下创建"Pojo"类"Books. java"。这是数据库表持久化类，"Book. java"是数据库中"book"表的映射，表中的每一个字段是它的一个属性，"book"类中的属性是私有属性，需要添加"get（）"，"set（）"方法去获取和设置属性值。

（7）解决中文乱码问题

新建"com. mag. filter"包，在包目录下创建一个"MyFilter"类"MyFilter. java"，该类实现"javax. servlet. filter"接口，解决中文乱码问题。

代码如下：

```
publicclassMyFilterextends HttpServlet implements Filter {
String encoding;
publicvoid doFilter(Servlet Request arg0,Servlet Response arg1,
        FilterChain arg2)throws IOException,ServletException {
    // TODO Auto-generated method stub
    arg0. setCharacterEncoding(encoding);
    arg1. setCharacterEncoding(encoding);
    arg2. doFilter(arg0,arg1);
}
```

```
publicvoid init(FilterConfig arg0)throws ServletException {
    // TODO Auto-generated method stub
    encoding = arg0. getInitParameter(" encoding ");
}
}
```

5.1.3 创建控制层的包和 servlet 类

Servlet(Server Applet)是 Java Servlet 的简称,即小服务程序或服务连接器,是用 Java 编写的服务器端程序,主要功能在于交互式地浏览和修改数据,生成动态 Web 内容。

狭义的 Servlet 是指 Java 语言实现的一个接口,广义的 Servlet 是指任何实现了这个 Servlet 接口的类,一般情况下,人们将 Servlet 理解为后者。Servlet 运行于支持 Java 的应用服务器中。从原理上讲,Servlet 可以响应任何类型的请求,但绝大多数情况下 Servlet 只用来扩展基于 HTTP 协议的 Web 服务器。

新建"com. mag. servlet"包,鼠标右击"com. mag. servlet"包,选择"New"→"Other…"选项。

在包目录下创建一个"Servlet"类"AddCl. java",该类处理增加记录的业务逻辑,包括:获取请求页面的数据;创建表记录对象(类型为 Books),并将请求页面的数据赋给 Books 类对象的相应字段;创建"BookService"类对象,调用 AddBook 方法向数据库添加记录;更新 JSP 界面。创建"Servlet"类"AddCl. java"流程如图 5 - 10 所示。

"AddCl. java"类主要负责接收前端的增加图书请求,判断该图书信息是否已经存在,向 BookService 传达增加图书任务。

"BookCl. java"类主要负责处理修改页跳转、修改信息更新和记录删除等业务。

"SearchBook"类提供按名称、ID 查询业务,以及显示所有记录等业务。

(a)

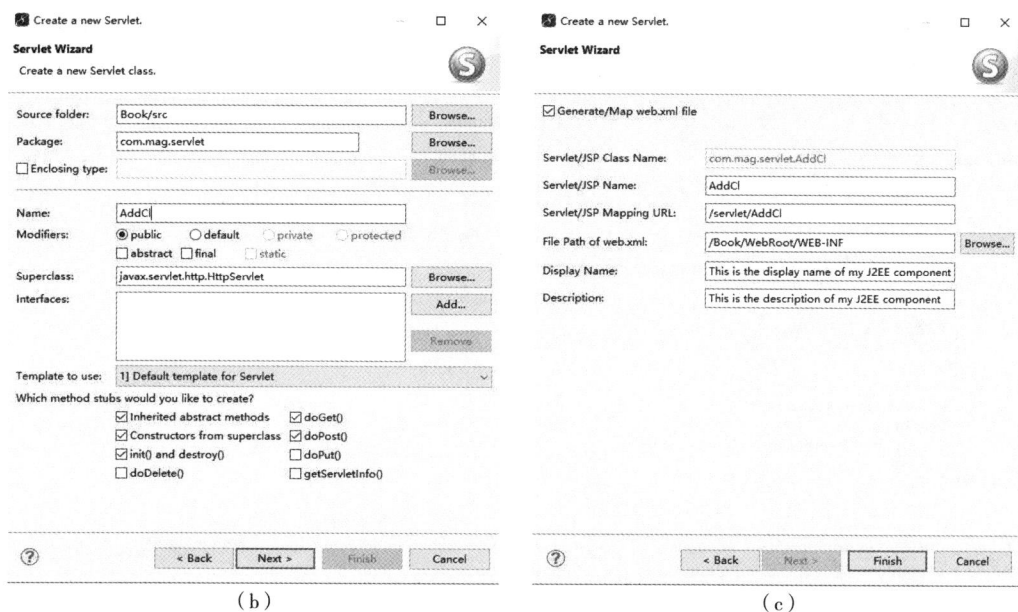

（b）　　　　　　　　　　　　　（c）

图 5 - 10　创建"Servlet"类"AddCl. java"流程

5.1.4　创建显示层 JSP 文件

JSP(Java Server Pages)是由 Sun Microsystems 公司主导创建的一种动态网页技术标准。JSP 应用于网络服务器上,可以响应客户端发送的请求,并根据请求内容动态地生成 HTML、XML 或其他格式文档的 Web 网页,然后返回给请求者。

在 WebRoot 下创建 JSP 文件夹。右击"WebRoot"选择"New Folder"选项,输入文件夹名称。如果没有,选择"New"→"Other…"选项。创建 JSP 文件夹流程如图 5 - 11 所示。

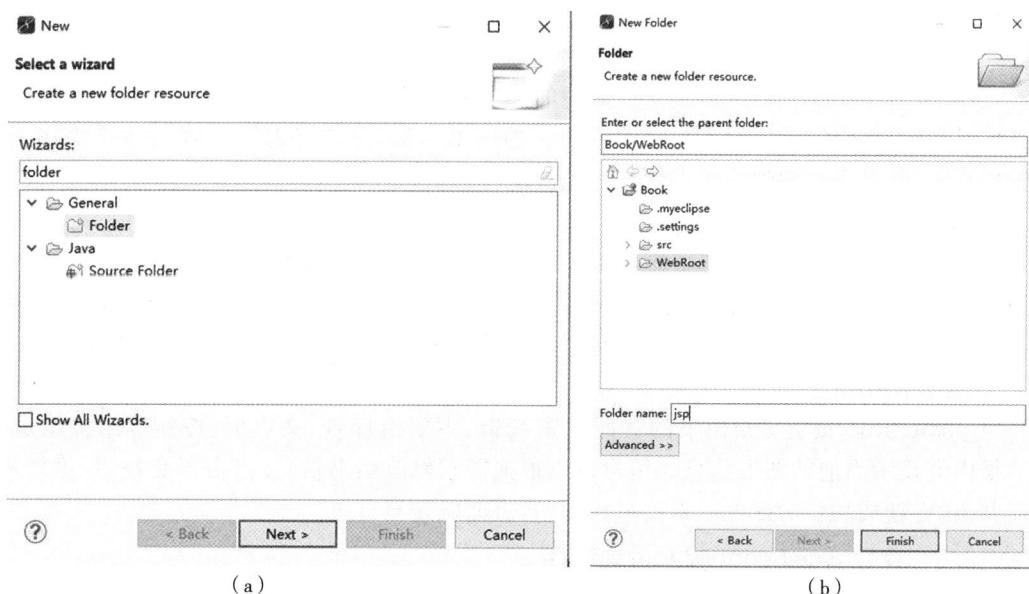

（a）　　　　　　　　　　　　　（b）

图 5 - 11　创建 JSP 文件夹流程

右击 JSP 文件夹,选择"New"→"JSP",输入 JSP 的名字。如果没有,选择"New"→"Other…"选项。创建 JSP 文件流程如图 5-12 所示。

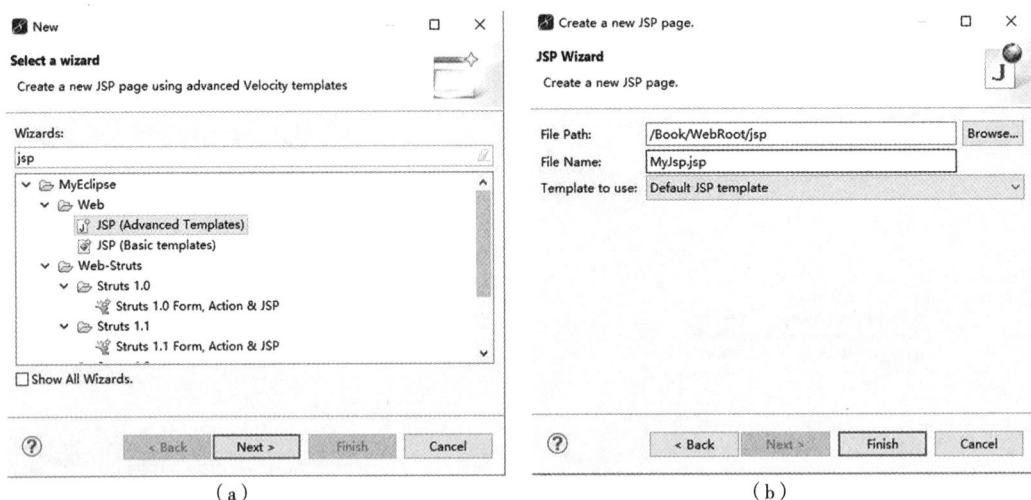

(a)　　　　　　　　　　　　　(b)

图 5-12　创建 JSP 文件流程

(1)图书管理页面 JSP

"BookManage. JSP"负责图书管理的页面元素和编辑,主要由表格、按钮等组件组成。通过表格的形式展现图书信息,包括图书编号、书名、类别、出版时间、作者、价格、促销价、库存和简介等信息。同时,用户可以修改和删除任意一条图书信息。

(2)按图书 ID 查询

"SearchByID. JSP"负责查询界面中的图书 ID 查询页面元素的编辑,主要由标签、文本框、按钮等组件组成。支持用户输入合法的图书 ID,点击查询按钮后,验证 ID 的合法性,页面跳转至图书管理页面,并显示查询到的图书信息。点击返回按钮,返回首页。

(3)按图书名称查询

"SearchByName. JSP"负责查询界面中的图书名称查询页面元素的编辑,主要由标签、文本框、按钮等组件组成。支持用户输入合法的图书名称,点击查询按钮后,页面跳转至图书管理页面,并显示查询到的图书信息。点击返回按钮,返回首页。

(4)新增图书

"AddBook. JSP"负责新增图书的页面元素编辑,主要由标签、文本框、按钮等组件组成。需要用户输入新增图书的相关信息,包括图书编号、书名、类别、出版时间、作者、价格、促销价、库存和简介等信息,点击新增按钮,页面跳转至确认新增页面,点击返回按钮,页面跳转至首页。

(5)更新图书信息

"Update. JSP"负责更新图书的页面元素编辑,主要由标签、文本框、按钮等组件组成。文本框内会显示当前的图书信息。用户可以根据需求修改图书信息,点击提交按钮,更新成功后弹出"更新成功!"对话框。点击返回按钮,页面跳转至首页。

5.1.5　建立 JavaScript 脚本语言程序

JavaScript 是一门跨平台、面向对象的脚本语言(不需要编译,直接解释运行)。它通过脚本命令来控制网页的行为,完成与用户的交互。

在 WebRoot 下创建 JS 文件夹。点击"WebRoot",选择"new"→"folder"选项,输入文件夹名。然后,右击 JS 文件夹,选择"new"→"file",新建 JavaScript 文件。如没有,选择"New"→"Other…"选项。JS 文件创建过程如图 5-13 所示。

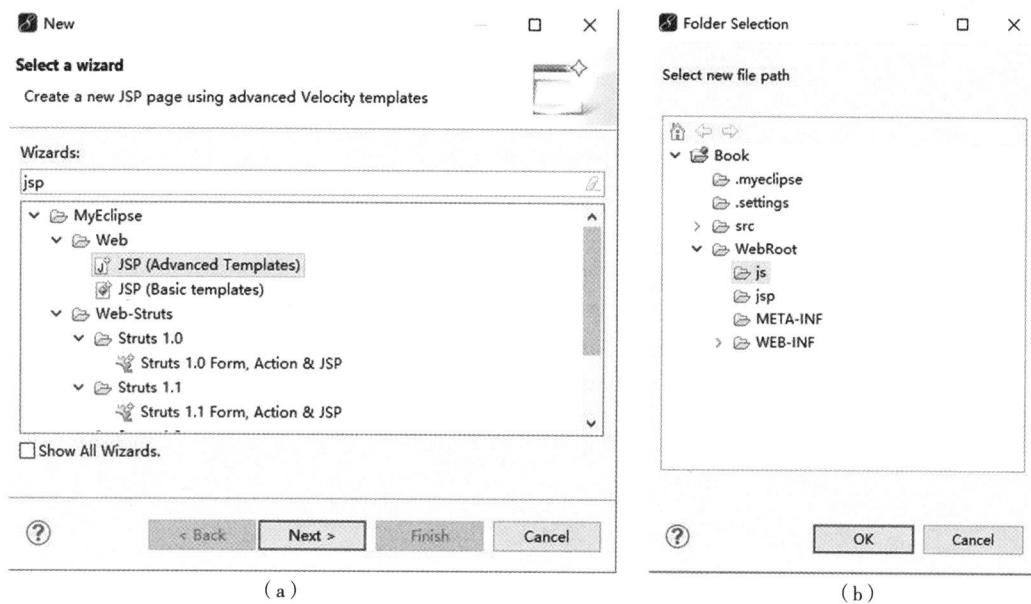

（a）　　　　　　　　　　　　　　（b）

图 5-13　JS 文件创建过程

"Checkadd. js"负责校验用户提交的新增图书信息是否合法。校验内容包括图书编号校验、图书名称校验、日期校验和价格校验。根据校验结果给出相应提示或发送新增图书请求。

"CheckID. js"负责校验用户输入的 ID 是否合法。根据校验结果给出相应提示或执行下一步操作。

"Checkupdate. js"负责校验用户提交的更新图书信息是否合法,包括图书名称校验、日期校验和价格校验。根据校验结果给出相应提示或发送更新图书请求。

"main. js"负责控制主页向其他页面跳转。点击不同的按钮,触发不同的事件,跳转至相应的页面。

"SearchBook. js"负责控制查询请求的提交,按照不同的查询方式,提交相应的查询请求。

5.1.6　主页和配置文件

（1）index. JSP

"Index. JSP"负责主页元素的编辑,主要由图片、按钮、标签等元素组成。用户可以根据自身需求点击不同的功能按钮,进入相应的页面,完成相关操作。

（2）web. xml

Web. xml 用来初始化项目的配置。在 web. xml 中我们可以配置"servlet"（响应请求）、"servletmapping"（定义"servlet"和"url"之间的映射）、"filter"（过滤器）、"filtermapping"（过滤器与 url 之间的映射,即过滤器在哪些"url"中起作用）、"welcome-file-list"（首页设置）。其中必须配置的是"servlet"和"servletmapping",保证前后端的请求能够被接收并响应,并提供网站的入口,即"welcome-file-list"。过滤器是可选项,用来过滤乱码。具体的配置如代码所示:部分代码需要根据自己的业务需求做出改变。

```xml
<? xmlversion = "1. 0" encoding = "UTF - 8"? >
<web-appversion = "2. 5"
    xmlns = " http://java. sun. com/xml/ns/javaee"
    xmlns:xsi = " http://www. w3. org/2001/XMLSchema-instance"
    xsi:schemaLocation = " http://java. sun. com/xml/ns/javaee
    http://java. sun. com/xml/ns/javaee/web-app_2_5. xsd">

<servlet>
<description>This is the description of my J2EE component</description>
<display-name>This is the display name of my J2EE component</display-name>
<servlet-name>SearchBook</servlet-name>
<servlet-class>com. mag. servlet. SearchBook</servlet-class>
</servlet>
<servlet>

    <! --配置过滤器,配置顺序就是调用顺序-->
    <filter>
        <filter-name>MyFilter</filter-name>
        <filter-class>com. mag. filter. MyFilter</filter-class>
        <init-param>
            <param-name>encoding</param-name>
            <param-value>utf-8</param-value>
        </init-param>
    </filter>
    <! --过滤器映射-->
    <filter-mapping>
        <filter-name>MyFilter</filter-name>
        <url-pattern>/ * </url-pattern>

    </filter-mapping>
    <servlet-mapping>
    <servlet-name>SearchBook</servlet-name>
    <url-pattern>/SearchBook</url-pattern>
    </servlet-mapping>

    <welcome-file-list>
    <welcome-file>index. JSp</welcome-file>
    </welcome-file-list>
    </web-app>
```

5.2 项目部署

项目部署是指在软件开发完毕后,将开发软件安装到服务器上长期运行。Tomcat 是 Apache 软件基金会推出的一款免费开源的 Web 应用服务器,支持 JSP、Servlet 等 Java Web 应用开发。除了使用 http 协议之外,还可用其他的协议支持。我们这里将项目部署到 Tomcat 服务器上,在本地运行调试。

(1)项目部署

点击服务器按钮左侧的部署按钮 🖥️,打开部署对话框,选择要部署的项目(Book)。点击"Add",在弹出对话框中,"Server"选择"MyEclipse Tomcat",点击"Edit server connectors"可以查看"Tomcat"的具体信息,包括端口号、安装路径等,点击"Finish"完成部署。这里,也可通过"Remove"从"tomcat"中移除项目,"Browse"浏览项目在"tomcat"中的具体位置。部署项目过程如图 5-14 所示。

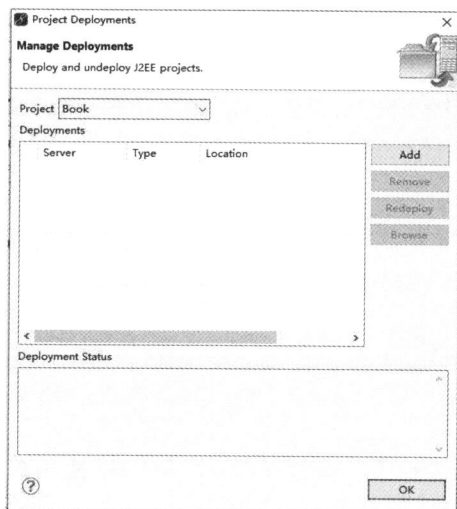

（a）

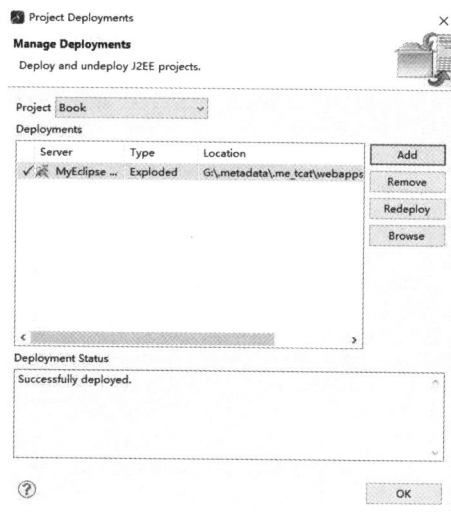

（b）

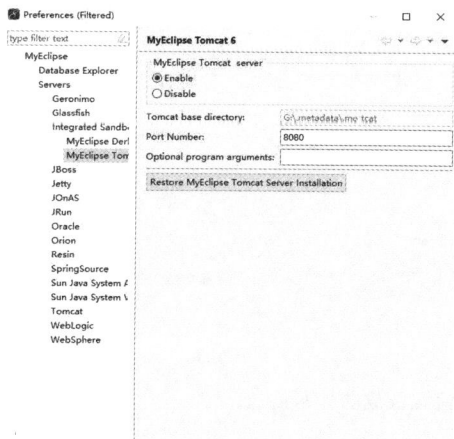

（c）

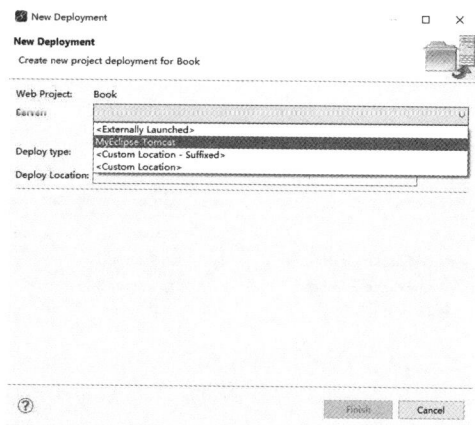

（d）

图 5-14 部署项目过程

（2）部署成功测试

项目部署成功后,启动外部 Tomcat 服务。点击服务器图标 右侧的下拉箭头,选择 "Tomcat 6.x"目录内的"Start"选项,启动服务器。启动 Tomcat 服务的流程及成功提示信息如图 5-15 所示。

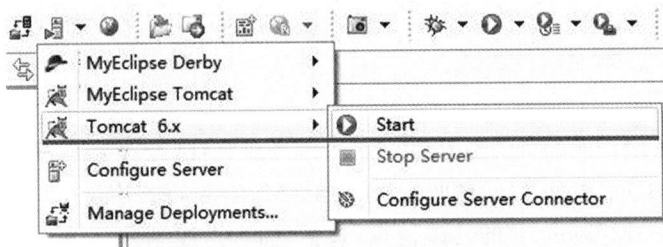

（a）

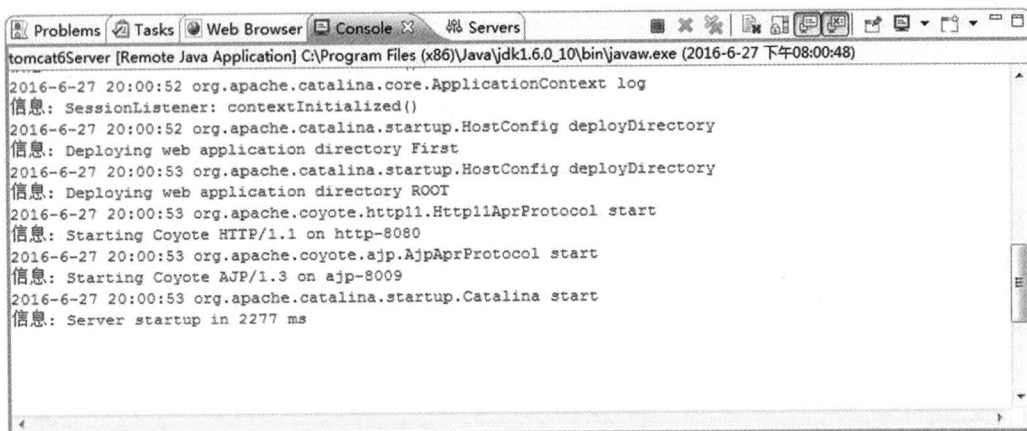

（b）

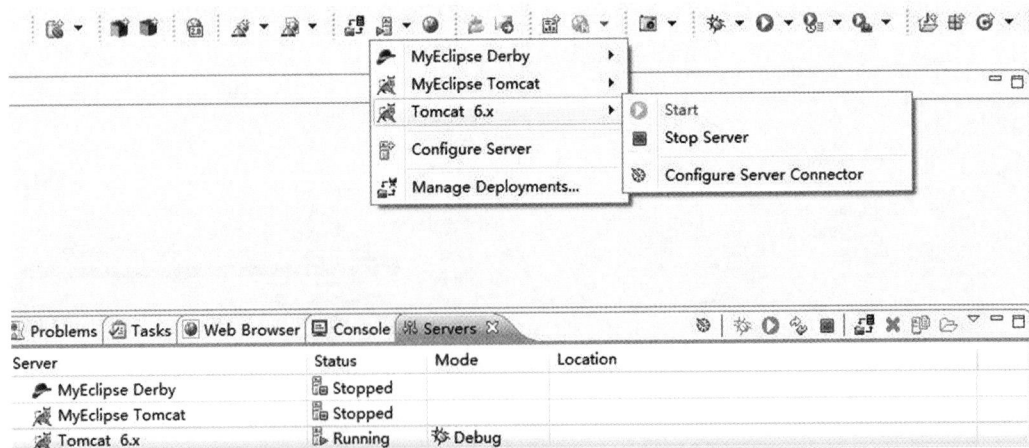

（c）

图 5-15 启动 Tomcat 服务的流程及成功提示信息

打开浏览器,输入"http://localhost:8080/Book/",部署成功测试的页面如图 5-16 所示,说明项目已经可以通过浏览器访问,部署成功。

图 5-16　部署成功测试

5.3　Web 程序调试

5.3.1　调试 Java 代码

鼠标双击需要调试的代码左边的蓝色区域设立断点,添加用户设置断点如图 5-17 所示。

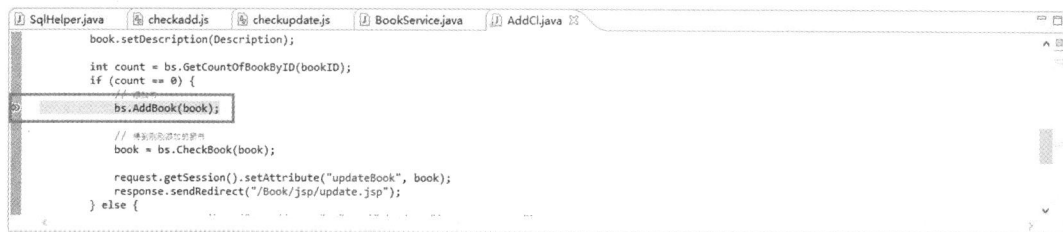

图 5-17　添加用户设置断点

首先查看是否在 Debug 模式:

(1)点击"Configure Server"。

(2)检查是否选中"Debug mode",如不是,选中它。

(3)调试时选择"MyEclipse Tomcat",错误提示更全面,调试更方便。

(4)正常运行项目至断点处。

Debug 操作如图 5-18 所示。变量列表如图 5-19 所示,右上角可以查看执行到断点处的所有变量信息。

（a）　　　　　　　　（b）　　　　　　　　（c）

（d）

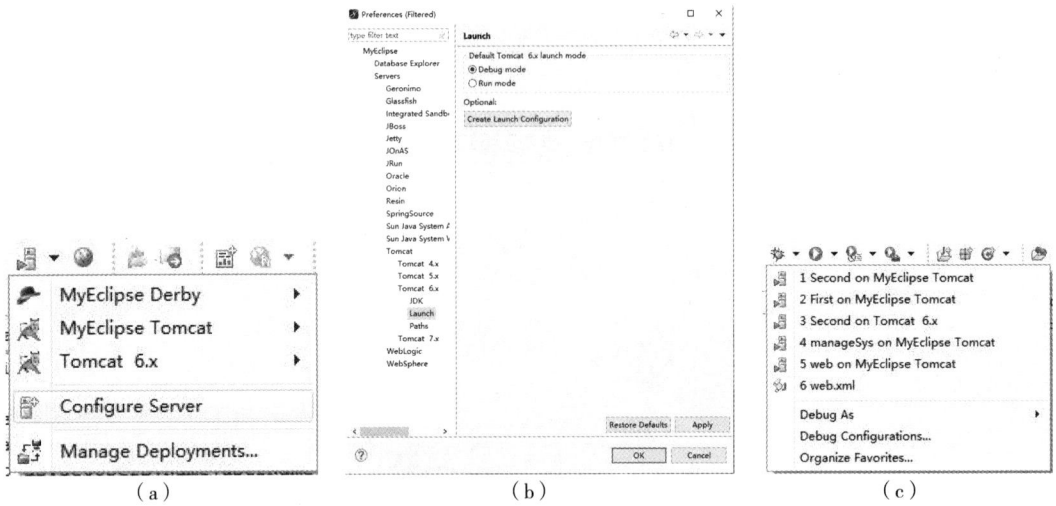

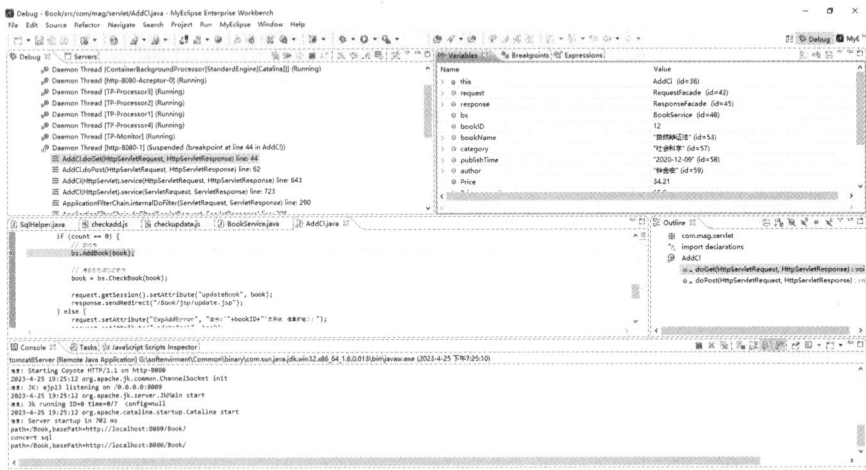

图 5 - 18　Debug 操作

图 5 - 19　变量列表

可以点击具体的变量,查看它的内部信息。点击"book",可以看到"book"变量内部的详细信息。变量检查如图 5-20 所示。

∨ ◎ book	Books (id=61)
> ▣ author	"钟金宏" (id=59)
▣ bookID	12
> ▣ bookName	"自然辩证法" (id=53)
> ▣ category	"社会科学" (id=57)
> ▣ Description	"无" (id=60)
▣ Price	34.21
▣ Pricepromotion	12.0
> ▣ publishTime	Date (id=77)
▣ Stock	123

图 5-20　变量检查

可以通过"Window"→"Show View",选择自己需要的窗口。自定义窗格如图 5-21 所示。

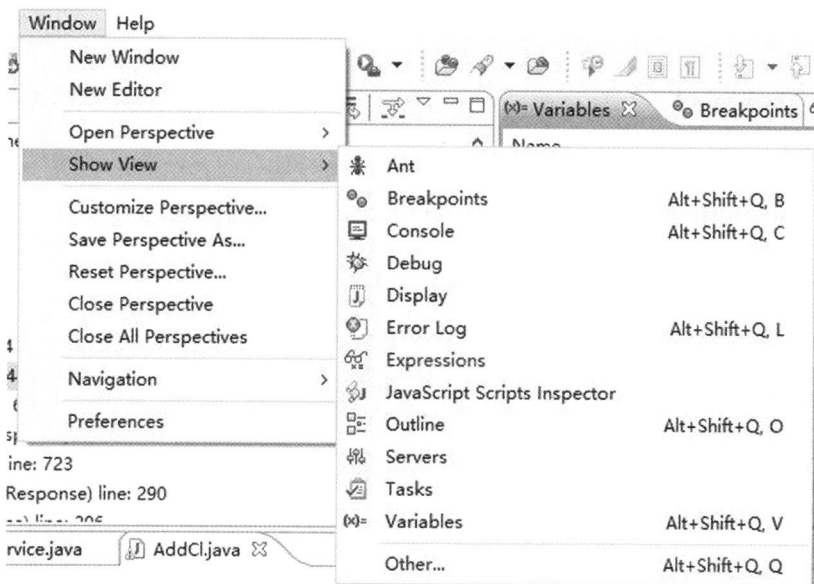

图 5-21　自定义窗格

Debug 完成后,点击右上角,选择"MyEclipse Java Enterprise",退出"Debug"界面,返回正常模式。退出"Debug"界面操作如图 5-22 所示。

图 5-22　退出"Debug"界面操作

5.3.2　调试 JSP

JSP 页面中含有 Java 代码的地方是可以添加断点的,JSP 代码 Debug 如图 5-23 所示,可以用 Debug 模式调试,方法和正常的 Java 代码一样。

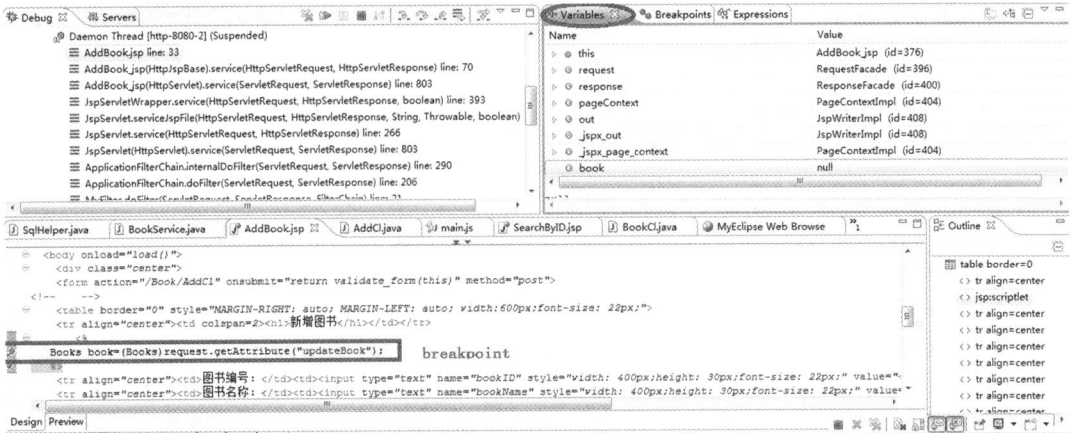

图 5-23　JSP 代码 Debug

我们可以在 JSP 的"<％％>"标签中写入相关 Java 测试代码,如打印路径,输出到后台,控制台输出如图 5-24 所示,控制台输出路径信息如下。

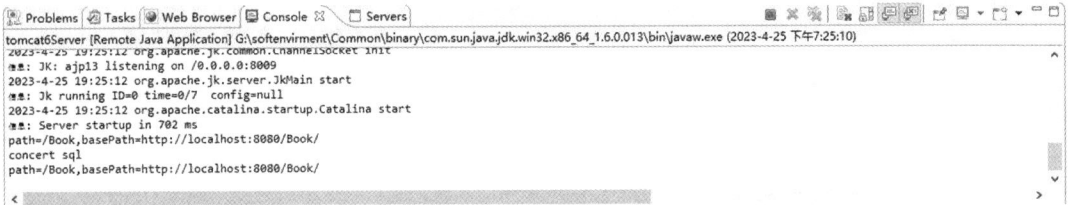

图 5-24　控制台输出

```
< %
String path = request. getContextPath ( );
String basePath = request. getScheme ( ) +"://"
        + request. getServer Name ( ) +":" + request. getServerPort ( )
        + path +"/";
    System. out. println(" path = " + path +",basePath = " + basePath);
% >
```

一般可以在 JSP 中加入测试弹窗,检测变量值变化情况和程序执行状况,语法是"alert( )"。将这个语句插入你认为程序可能出问题的部分附近,它会弹出一个小窗口暂停程序,在一定程度上排查错误。

如果是 JSP 里的某个值出问题了,你就可以在"alert"的括号里写它的 ID 来取出这个值显示在弹窗里,在页面上就可以看到了,从而判断这个值是否正常。

另外,括号里还可以添加诸如 0,1,2,3,4 的数字或符号来确定你的流程中哪步出了问题,这样就可以省去不少时间。因为你每次添加一个 alert 语句都需要保存 JSP 文件,然后刷新页面来测试。除了"alert ( )",也可以使用"console. log ( )"将信息打印到前端(浏览器)的控制台中。

下面给出了新增图书的弹窗测试。

```
<%
String message = " Warning Info …";
out. println("<SCRIPT LANGUAGE = 'JavaScript'>");
out. println("<! - - ");
out. println(" alert('" + message + "')");
out. println("//- ->");
out. println("</SCRIPT>");
%>
```

弹窗效果如图 5 - 25 所示。

图 5 - 25　弹窗效果

5.3.3　调试 JS 代码

在外部浏览器打开主页,进入调试页,按"F12",设置断点,进行网页调试,浏览器 debug 如图 5 - 26 所示。

图 5 - 26　浏览器 debug

按"F5",刷新浏览器,可以看到代码执行到断点位置停了下来。光标放在变量名上,可以显示出变量值,变量值查看如图 5-27 所示。

图 5-27　变量值查看

点击图 5-27 中圈内按钮,可以进行单步调试。光标键移至"value"处,可看到变量值。变量值具体内容如图 5-28 所示。

图 5-28　变量值具体内容

5.4　运行测试

(1)运行配置

鼠标右击项目"Book",选择"Run As"→"Run Configuration",在弹出对话框中选择要运行的项目及服务器。项目运行配置过程如图 5-29 所示。

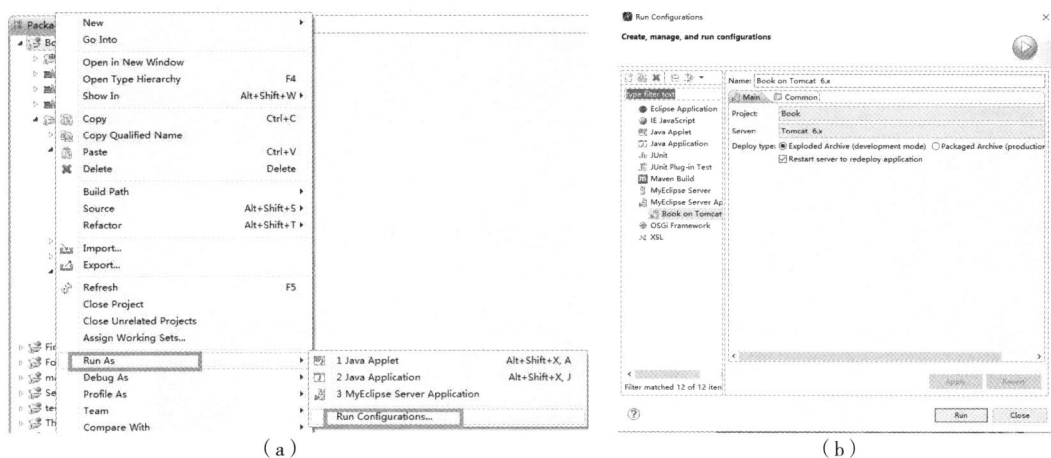

（a）　　　　　　　　　　　　　　　　　（b）

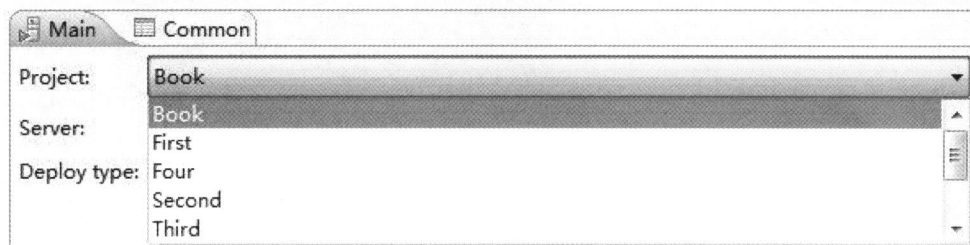

（c）

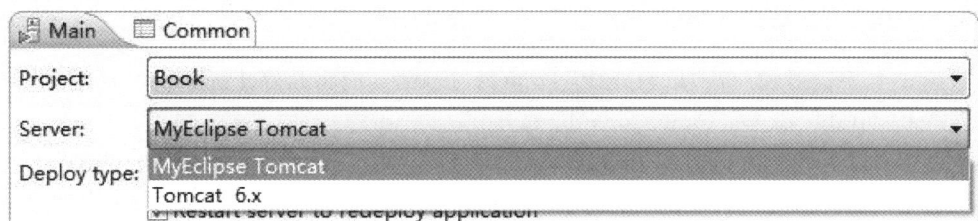

（d）

图 5-29　项目运行配置过程

（2）运行程序

如果选择在外部的"Tomcat 6.x"上运行，这需要在浏览器上输入地址：

```
http://localhost:8080/Book/
```

如果选择在"MyEclipse Tomcat"上运行，点击"Apply"和"Run"，在"MyEclipse"中显示系统主界面。"MyEclipse"内部运行效果如图 5-30 所示。

无论哪种方式，点击终止程序运行页面中的红色方形按钮，程序终止运行，如图 5-31 所示。

（3）常见运行错误

① 严重："StandardServer.await:create[8005]"

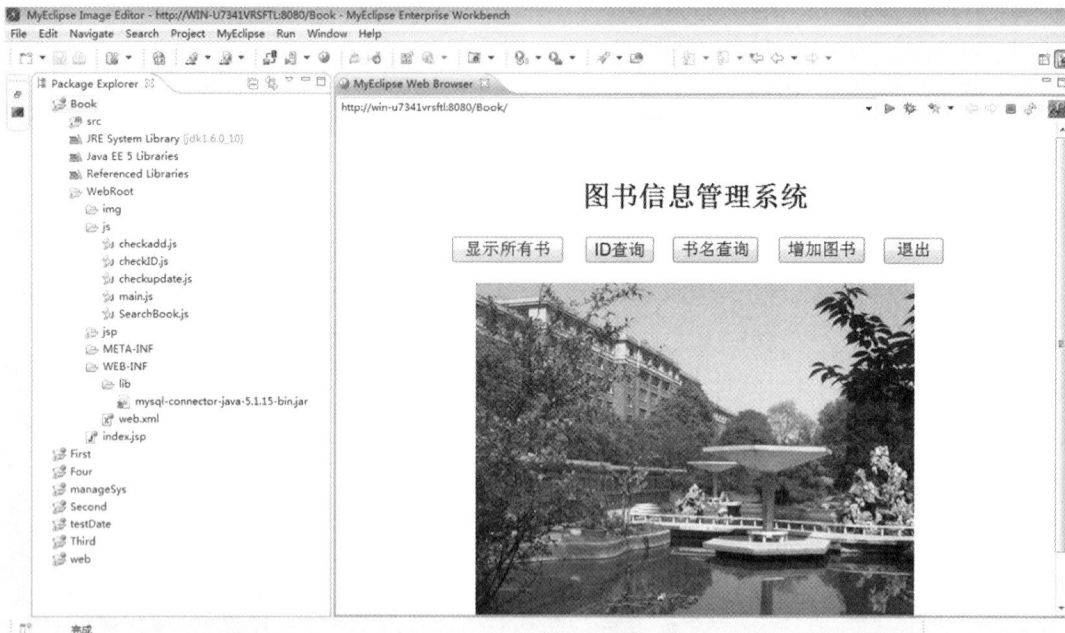

图 5 - 30　MyEclipse 内部运行效果

图 5 - 31　终止程序运行

"Tomcat"不能启动,说明已有一个"Tomcat"在运行,应将其停止。

② "no suitable driver found for jdbc mysql"

这可能是以下几个方面出现了问题:

a. 连接"url"格式出错,应为"jdbc:mysql://localhost:3306/XX""root""XXXX";

b. 驱动字符串出错,应为"com. mysql. jdbc. Driver";

c. 文件". classpath"中没有加入合适的 mysql_jdbc 驱动。用文本编辑器打开"F:\Workspaces\MyEclipse 8.5\Book"下的文件". classpath",如图 5 - 32 所示。

图 5 - 32　文件". classpath"

③ 主页缺失

注意在"Book"目录下一定要有"index. JSP",如部署后没有,会导致请求资源无法找到的错误。缺失主页的错误如图 5-33 所示。

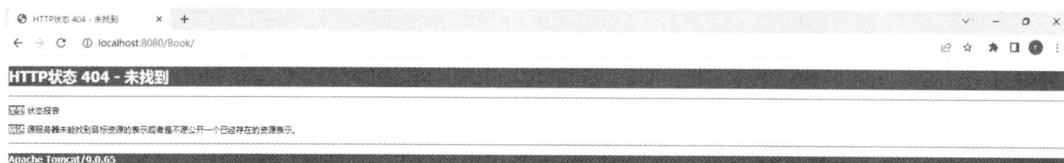

图 5-33 缺失主页的错误

5.5 工程文件关系解读

查询相关功能的文件关系解读及数据流向如图 5-34 所示。新增、删除、修改关系图相类似,感兴趣的同学可以根据查询的关系图画出相应的新增、删除和修改关系图。

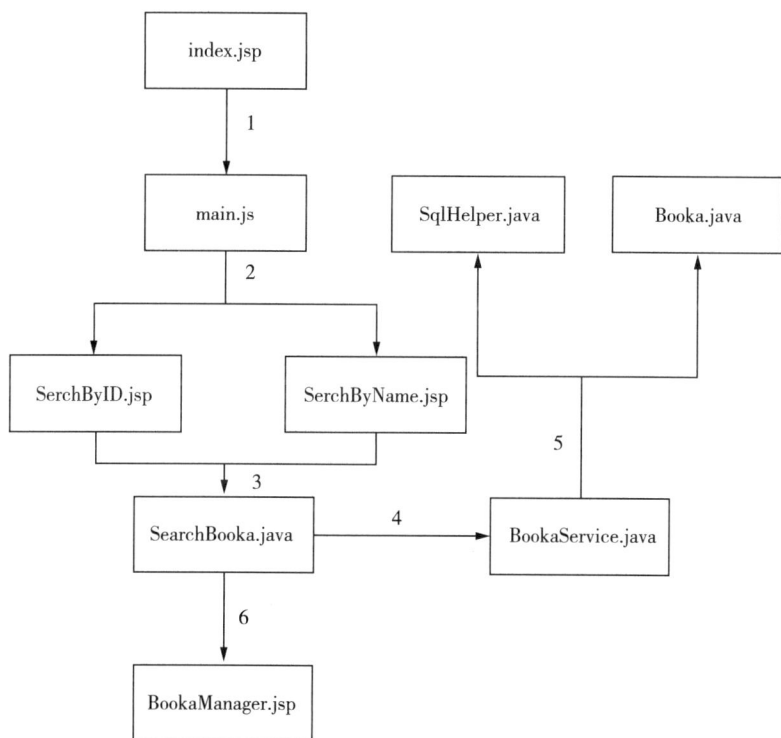

图 5-34 查询相关功能的文件关系解读及数据流向

① 点击"index. jsp"中不同的按钮(显示,增加,查找)会调用"main. js"中的"is_submit"函数。图 5-35 所示的是点击 ID 查询时,调用"is_submit(2)"方法。

② "is_submit"函数根据用户点击的按钮返回相应的 JSP 页面,页面跳转如图 5-36 所示,图中 yy 框部分即当"value"值为 2 时,跳转到"/Book/JSp/SearchByID. jsp"路径对应的页面相关代码。

```
<td>
    <input type="button" id="querrybyid" style="..." value="ID查询"
        onclick=is_submit(2); />
</td>
```

图 5-35 "is_submit"函数

```
function is_submit(value) {
    var form1 = document.getElementById( elementId: "form1");//$("form1");
    if (value == 1) {
        //var id = $("#id").val();
        form1.action = "/Book/SearchBook?type=allbook";
        //form1.attr("action", form1.action);
        form1.submit();
    }
    if (value == 2) {
        form1.action = "/Book/jsp/SearchByID.jsp" ;
        form1.submit();

    }
}
```

图 5-36 页面跳转

③ 按要求输入查询关键字后,点击按钮后将查询请求通过"action"路径返回给后端(SearchBook.java)。向后端发送请求如图 5-37 所示。

```
<form action="/Book/SearchBook?type=ByID" name="formid" id="formid" onsubmit="return validate_form()" method="post">
    <h1 align="center">                                    返回给后端
        图书查询
    </h1>
    <table border="0"
        style="...">
        <tr align="center">
            <td>图书编号: </td>              获取查询关键字
            <td>
                <input type="text" id="bID" name="bID" onkeyup="(this.v=function(){this.value=this.value.replace(/[^0-9]+/,'');}).call(this)
                    style="..." />
            </td>
        </tr>
        <tr>
            <td><br></td>
        </tr>

        <tr align="center"><td colspan=2><input type="submit" style="..." value="查询" />
<a href="/Book/index.jsp">返回</a></td></tr>
```

图 5-37 向后端发送请求

④ 控制层代码如图 5-38 所示。接收到前端的请求后,"SearchBook"根据不同的请求内容调用"BookService"中相应的业务,并将"BookService"中业务的执行结果返回给前端。

⑤ 业务层代码如图 5-39 所示,图中显示了"BookService"调用"Books"对象和"SqlHelper"类完成数据库的连接和"sql"查询的相关代码。

⑥ 获得查询结果之后,返回给前端"BookManager.jsp"显示。

```
response.setContentType("text/html");
BookService bs = new BookService();
String type = request.getParameter( s: "type");
```

调用service层

```
if ("ByID".equals(type)) {
    ArrayList<Books> al = new ArrayList<~>();
    String id = request.getParameter( s: "bID");
    al.add(bs.GetBookById(id));
    request.getSession().setAttribute( s: "BookList", al);
    request.getSession().setAttribute( s: "ison",  o: "ByID");
    response.sendRedirect( s: "/Book/jsp/BookManage.jsp");
}//= =
```

重定向返回前端

图 5 - 38　控制层代码

```
//检验书是否存在的函数
public Books CheckBook(Books book)
{
```

调用pojo层获取book对象

```
    String sql="select * from book where bookID=?";
    String parameters[]={book.getBookID()+""};
    ResultSet rs=SqlHelper.executeQuery(sql, parameters);
```

调用数据库连接，查询功能

```
    try {
        if(rs.next())
        {
            book.setBoookID(rs.getInt( columnIndex: 1));
            book.setBookName(rs.getString( columnIndex: 2));
            book.setCategory(rs.getString( columnIndex: 3));
            book.setPublishTime(rs.getDate( columnIndex: 4));
            book.setAuthor(rs.getString( columnIndex: 5));
            book.setPrice(rs.getDouble( columnIndex: 6));
            book.setPricepromotion(rs.getDouble( columnIndex: 7));
            book.setStock(rs.getInt( columnIndex: 8));
            book.setDescription(rs.getString( columnIndex: 9));
        }
    } catch (SQLException e) {
        // TODO Auto-generated catch block
        e.printStackTrace();
```

图 5 - 39　业务层代码

5.6　导入/导出已有工程

5.6.1　导入已有工程

导入工程支持我们将编写好的"java"项目导入"MyEclipse"中，并在此基础上进行进一步的开发操作或者对已有项目进行修改。导入已有项目流程图如图 5 - 40 所示。

① 点击"file"，选择"import…"选项，或"File"→"import…"选项，如图 5 - 40(a)所示。

② 选择项目"Book"所在目录，如图 5 - 40(b)所示。

③ 确定导入项目的信息，如图 5 - 40(c)所示。

④ 查看项目结构，如图 5 - 40(d)所示。

（a）

（b）

（c）

（d）

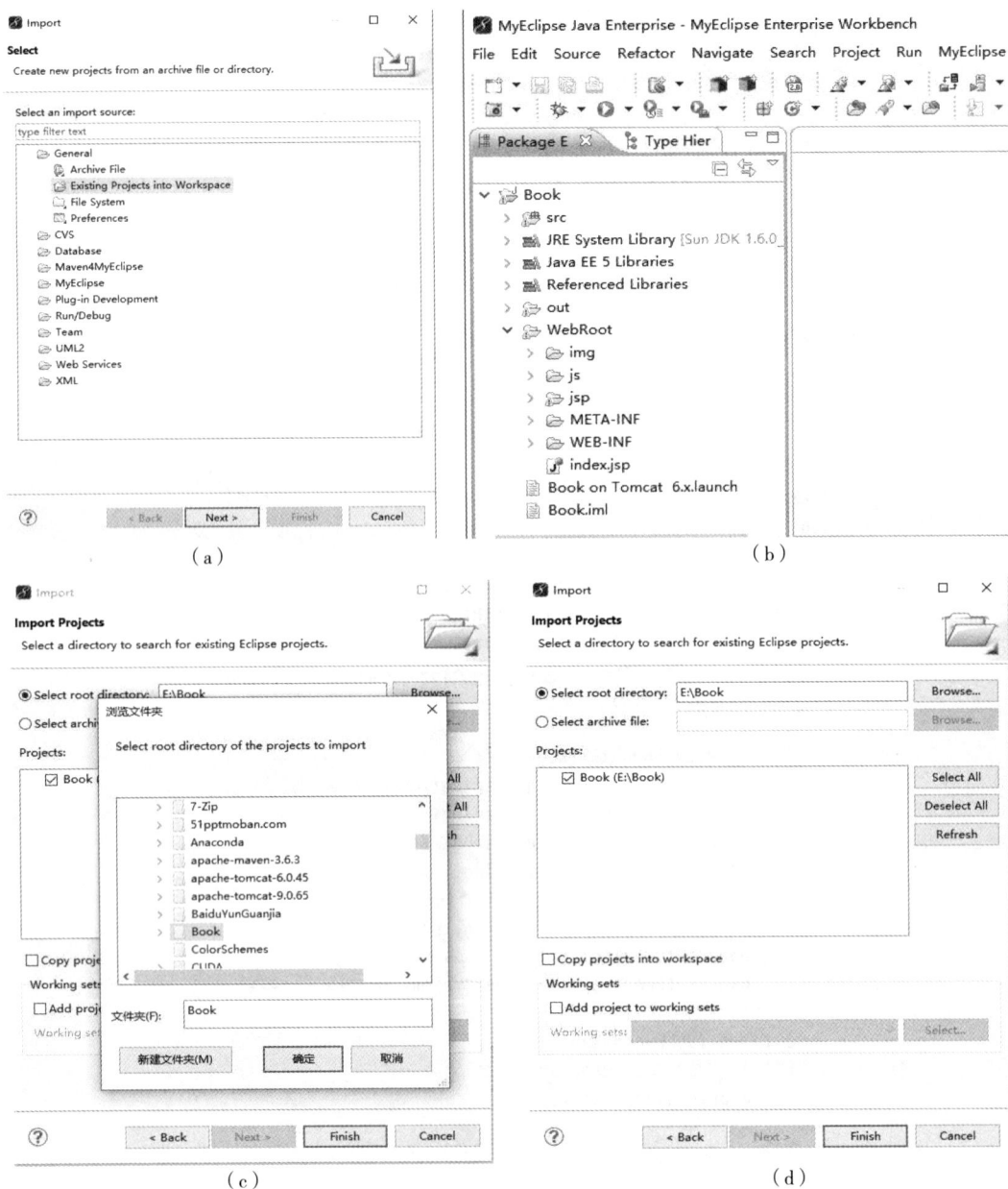

图 5-40 导入已有项目流程图

5.6.2 导出已有工程

当我们在 MyEclipse 中完成项目的编写后，我们需要将项目打包，打包后的项目可以单独放到服务器上，在配置环境允许的情况下可以独立运行。以下是导出已有工程的步骤，导出项目流程图如图 5-41 所示。

① 点击"file"，选择"Export…"选项，或"File"→"Export…"选项，如图 5-41(a)所示。

② 输入保存的路径和文件名，点击"Finish"，如图 5-41(b)所示。

③ 以压缩包形式保存的项目，如图 5-41(c)所示。

④ 导入项目中，如图 5-41(d)所示。

⑤ 展开项目结构图,如图 5 - 41(e)所示。

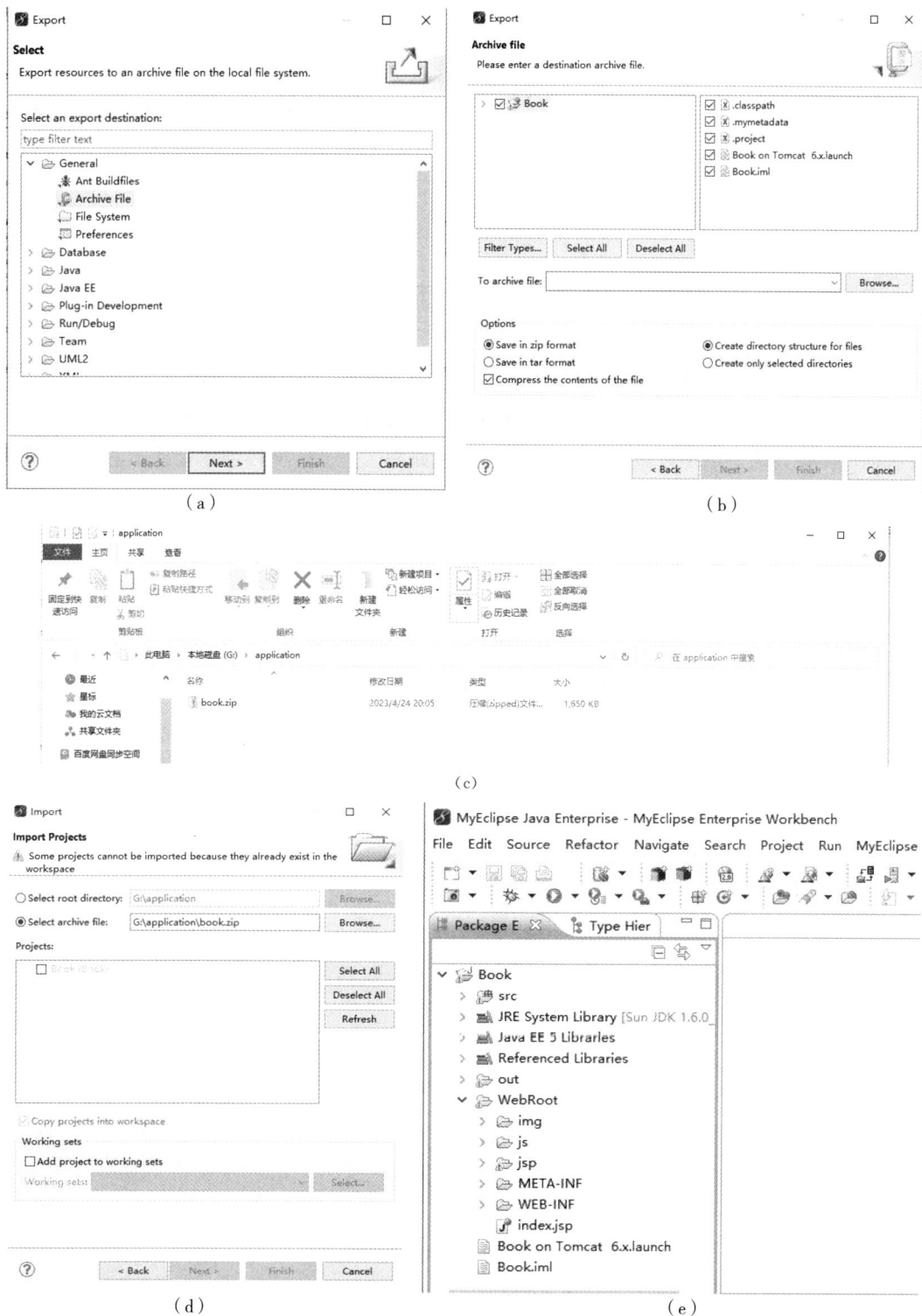

（a）

（b）

（c）

（d）

（e）

图 5-41　导出项目流程图

第6章　基于IDEA的系统实现演示

6.1　图书馆管理项目构建流程

6.1.1　JAVA WEB 项目创建

操作过程为:点击"New Project"→选择"javax"项目,Project SDK 选择我们安装的"jdk"→不勾选从模板创建→给项目命名,指定项目的存放路径。JAVA 项目创建操作流程如图6－1所示。

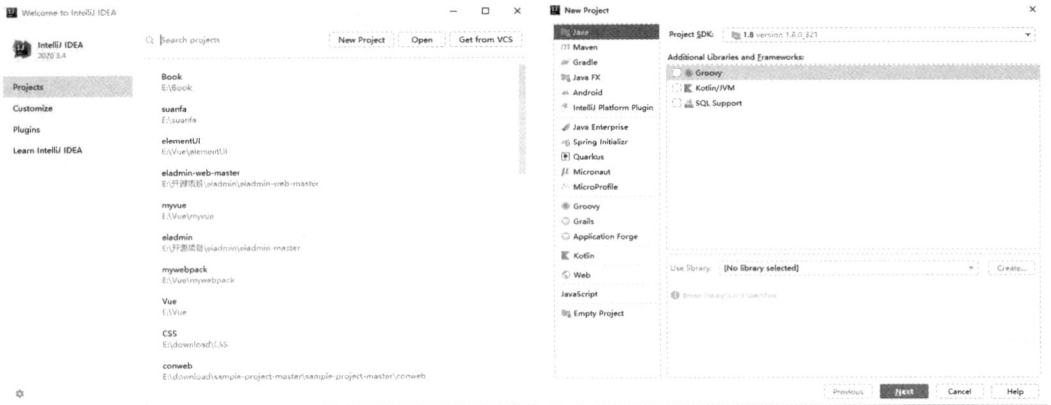

（a）　　　　　　　　　　　　　　　（b）

（c）　　　　　　　　　　　　　　　（d）

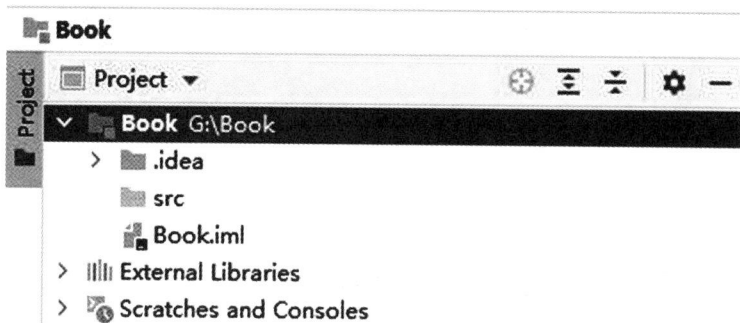

（e）

图 6-1　JAVA 项目创建

接下来我们需要给它加入 web 框架。鼠标右击"Book"，选择"Add Framework Support.."选项勾选"Web Application"，点击"ok"后可以看到原来的"Book"项目的结构发生了变化，即多了一个 web 文件夹。Web 项目创建操作流程如图 6-2 所示。

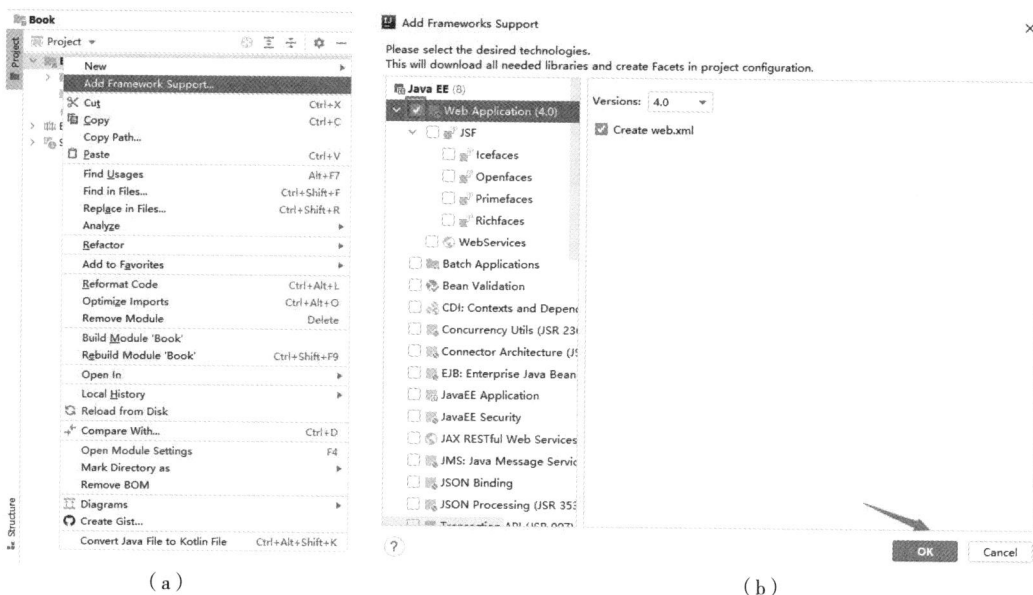

（a）　　　　　　　　　　　　　　（b）

图 6-2　Web 项目创建

复制文件"mysql-connector-java-5.1.15-bin.jar"，在"IDEA"中的"WEB-INF"文件夹下新建一个"lib"文件夹。鼠标右击创建好的 lib 文件夹，粘贴刚刚复制的文件。外部依赖导入如图 6-3 所示。

6.1.2　项目结构设计

依据 MVC 分层架构的思想，每层之间职责独立，我们给每层（servlet，service，domain）分别创建一个 package，将一些公共类、工具类（util，filter）单独抽取出来以方便日后的管理和维护。

鼠标右击"src"文件夹，点击"new"，新建"Package"，取名为"com.mag.util"，其中"."表示"package"的结构。创建包过程如图 6-4 所示。

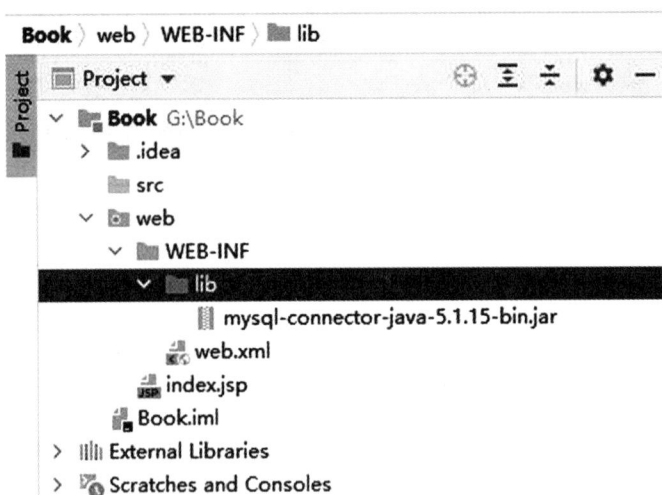

图 6 - 3 　外部依赖导入

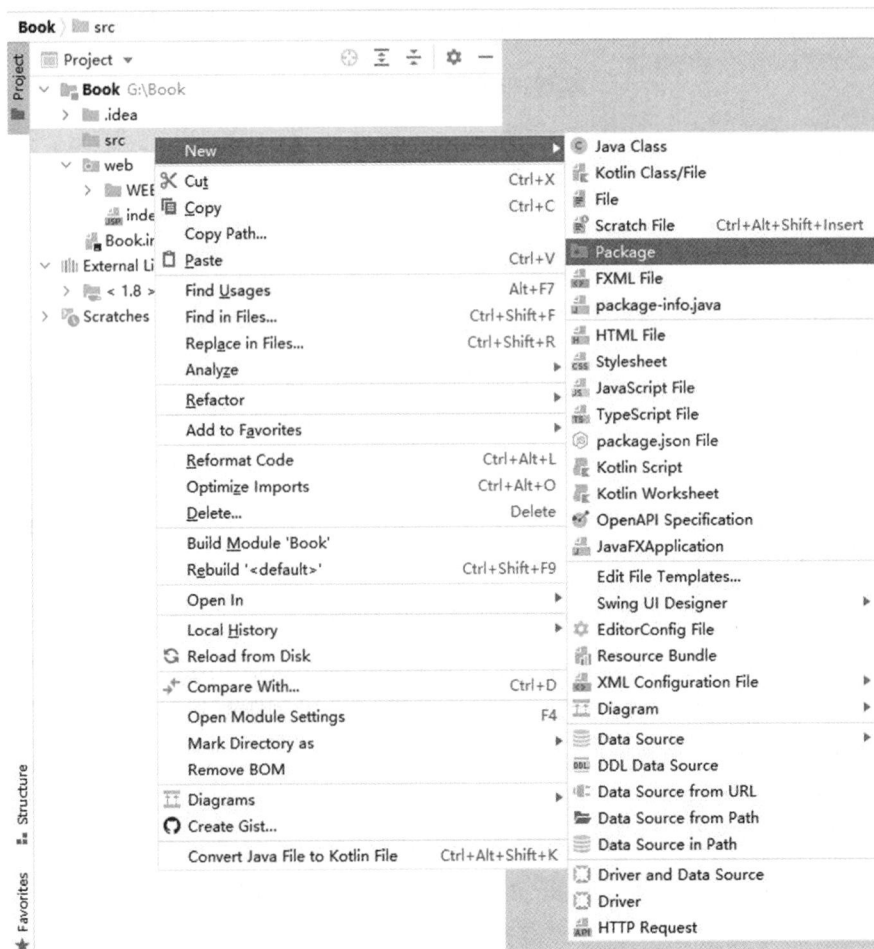

图 6 - 4 　创建包过程

（1）创建公共类"SqlHelper"

鼠标右击"util"文件夹，点击"new"，新建"java"文件，取名为"SqlHelper"。SqlHelper
创建操作流程如图 6 - 5 所示。其余的"service""servlet""domain"层根据自己的项目功能
需求自行设计。

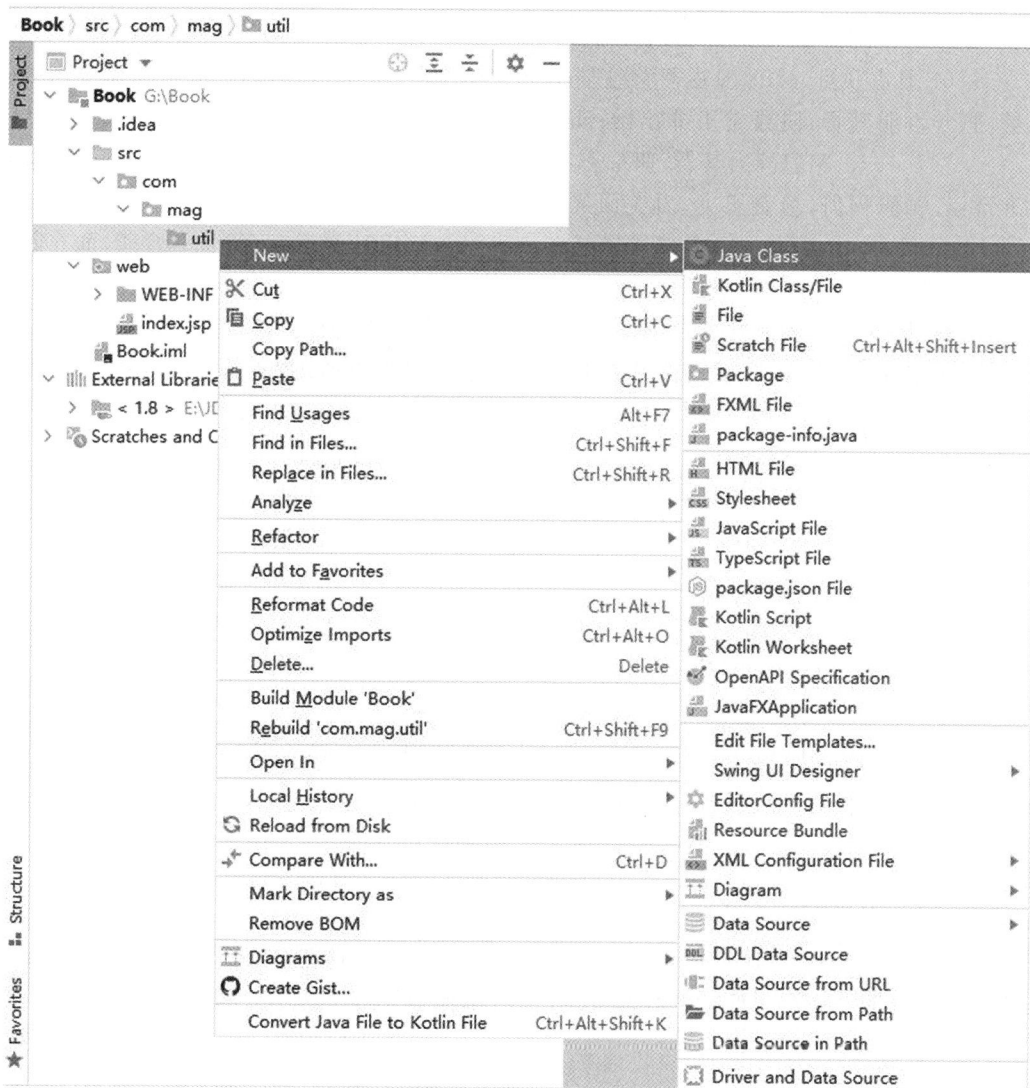

图 6 - 5　"SqlHelper"创建操作流程

（2）创建数据库连接信息配置文件

"Database"配置文件如图 6 - 6 所示，鼠标右击"src"，点击"new"，新建"File"，取名为
"dbinfo. properties"。

（3）创建显示层 JSP 文件

JSP 文件创建操作流程如图 6 - 7 所示。鼠标右击"web"，点击"new"，新建空文件夹，取
名为"JSP"。鼠标右击"JSP"文件夹，点击"new"，新建"JSP"，取名为"BookManager"。

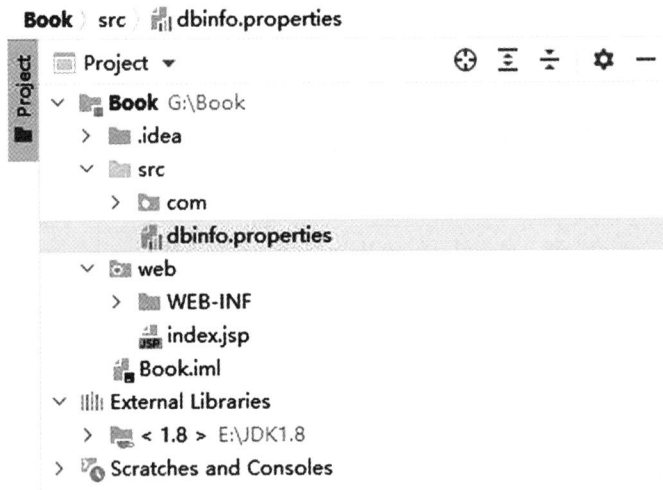

图 6-6 Database 配置文件

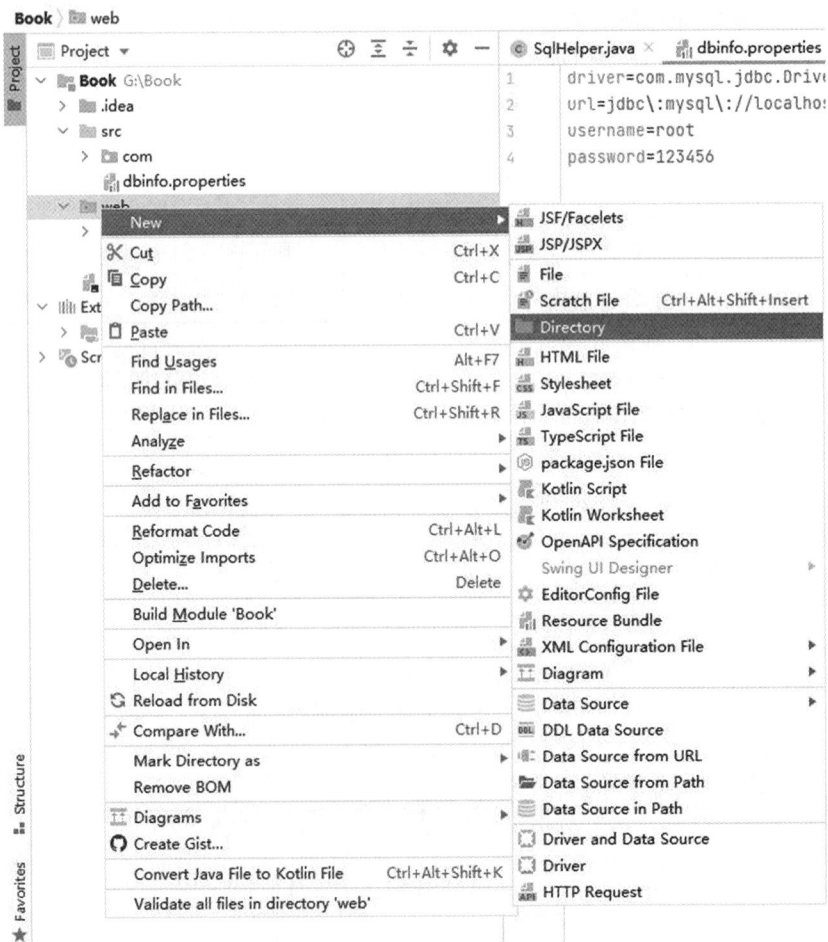

(a)

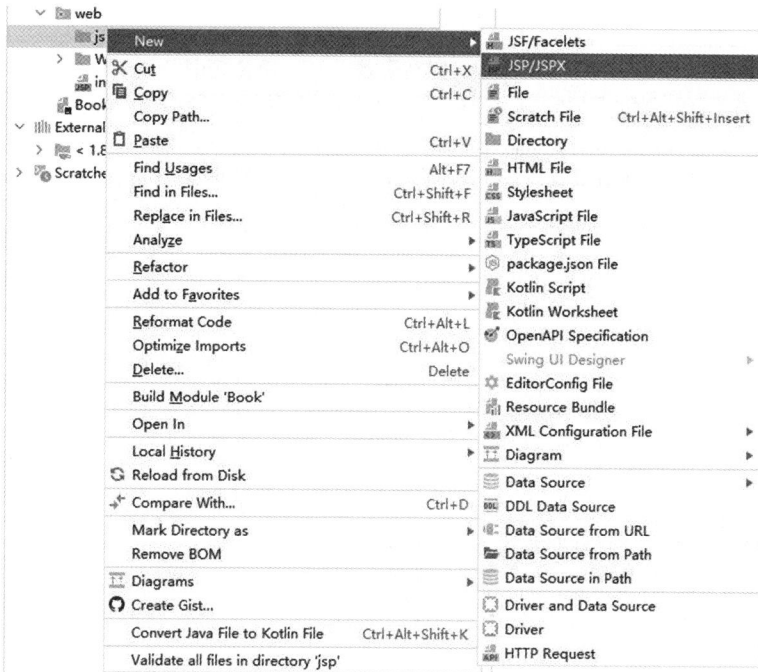

（b）

图 6 - 7　JSP 文件创建操作流程

（4）创建"JavaScript"脚本语言文件

"JS"文件创建操作流程如图 6 - 8 所示。鼠标右击"web"，点击"new"，新建空文件夹，取名为"JS"。鼠标右击"JS"文件夹，点击"new"，新建"JavaScript"文件，取名为"main. js"。

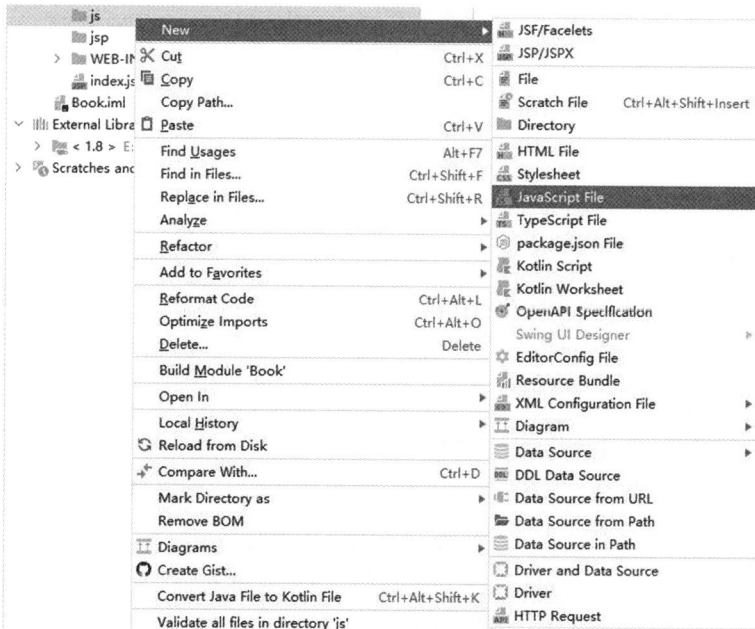

图 6 - 8　"JS"文件创建操作流程

（5）基于注解配置"Servlet"

"xml"文件配置"Servlet"的方式在"MyEclipse"开发环境中已经提到过，这里使用基于注解的配置方式配置"Servlet"。"@WebServlet"注解在"javax. servlet-api"依赖包中，使用前需要在项目中导入。"@WebServlet"是作用在"Servlet"类上的注解，请求访问此"Servlet"的路径。如图书管理系统中的"AddCl"类是负责处理新增图书的"Servlet"，添加"@WebServlet("/AddCl")"后表示该"Servlet"的访问路径为"http：//localhost：8080/Book/AddCl"。

6.1.3 项目部署

项目部署是指在软件开发完毕后，将开发软件安装到服务器上进行长期运行。我们这里将项目部署到 tomcat 服务器上，在本地运行调试。在 IDEA 中，项目部署步骤如图 6-9 所示。

（1）点击"Add Confgurations"，展开"Templates"，找到"Tomcat"选择"local"，点击"configure"选择"tomcat"路径，如图 6-9(a)所示。

（2）点击"create configuration"选项，如图 6-9(b)所示。

（3）点击"fix"（系统会自动帮你 fix），因为我们网页的首页是"Book"，所以我们需要修改"Application context：/Book"，如图 6-9(c)所示。

（4）最后点击"ok"，完成项目到 Tmocat 服务器上的部署，如图 6-9(d)所示。

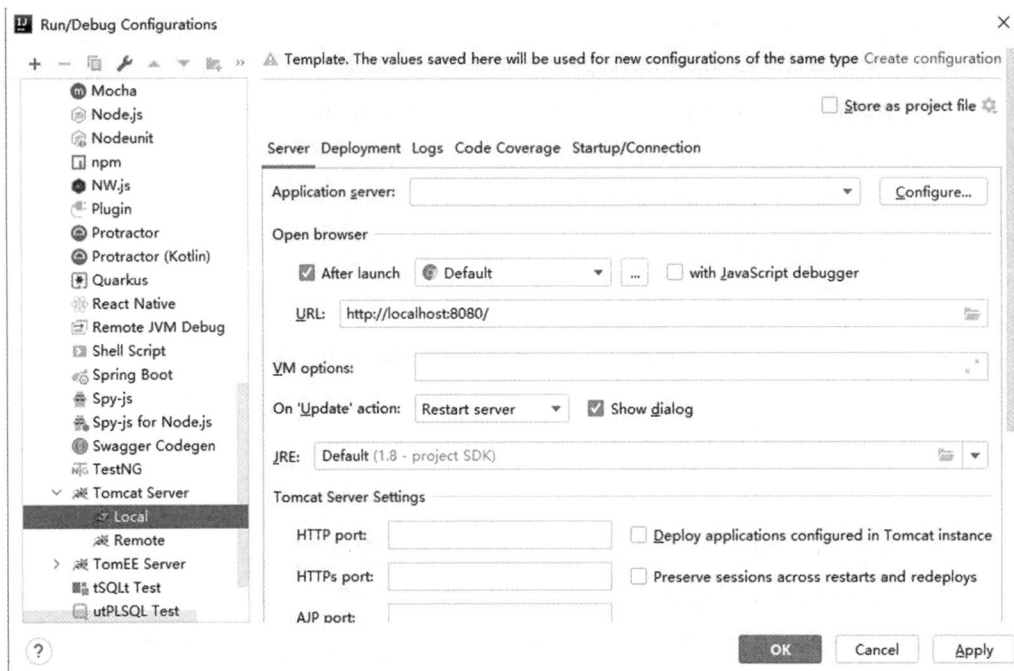

(a)

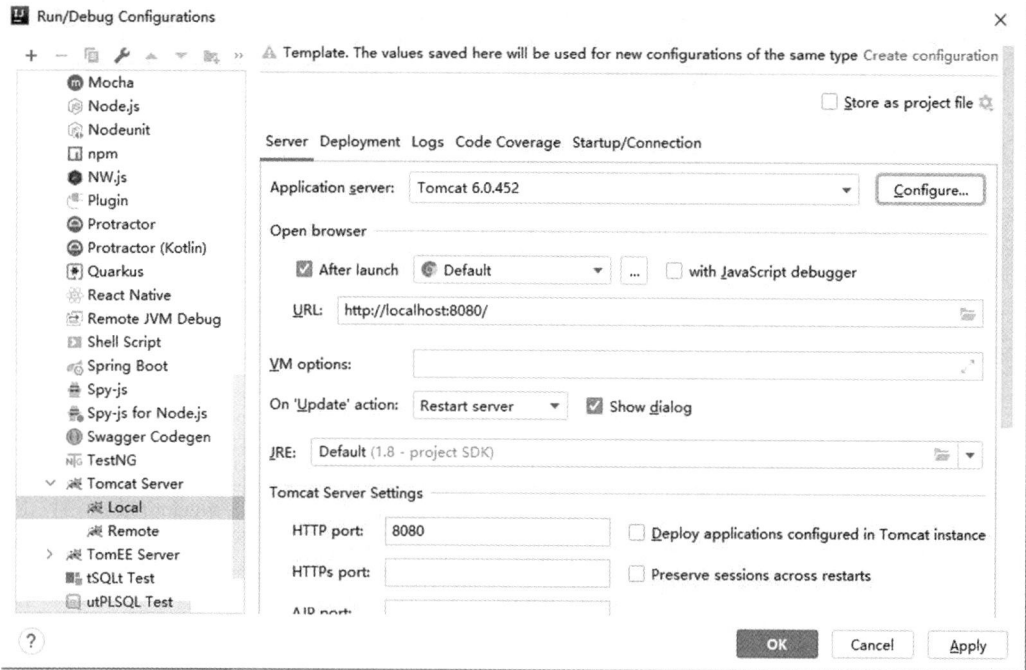

（b）

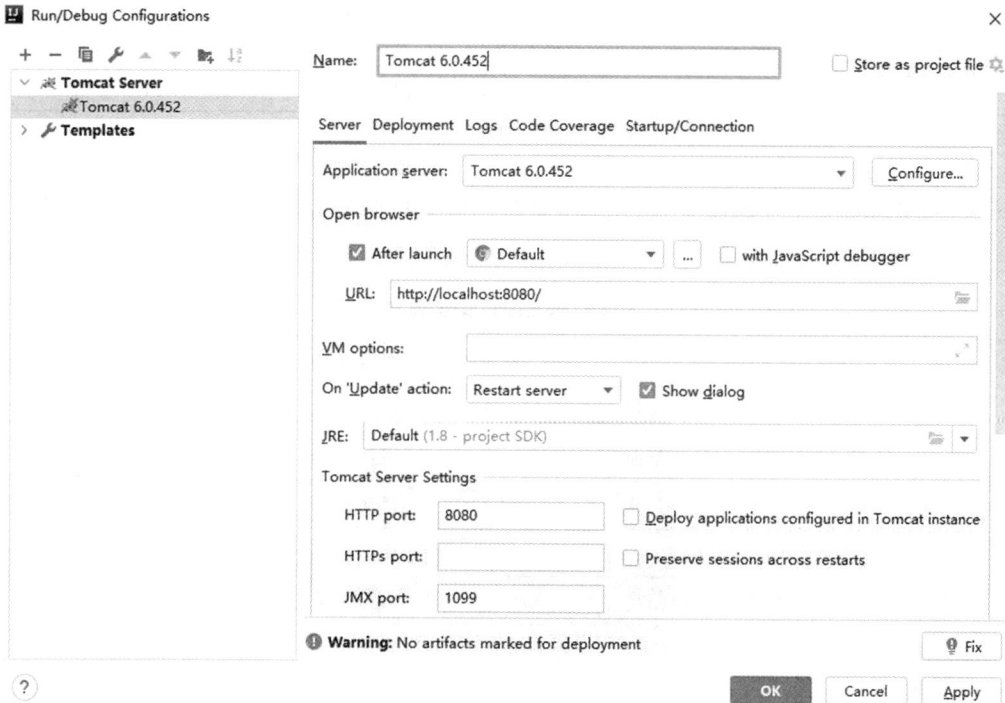

（c）

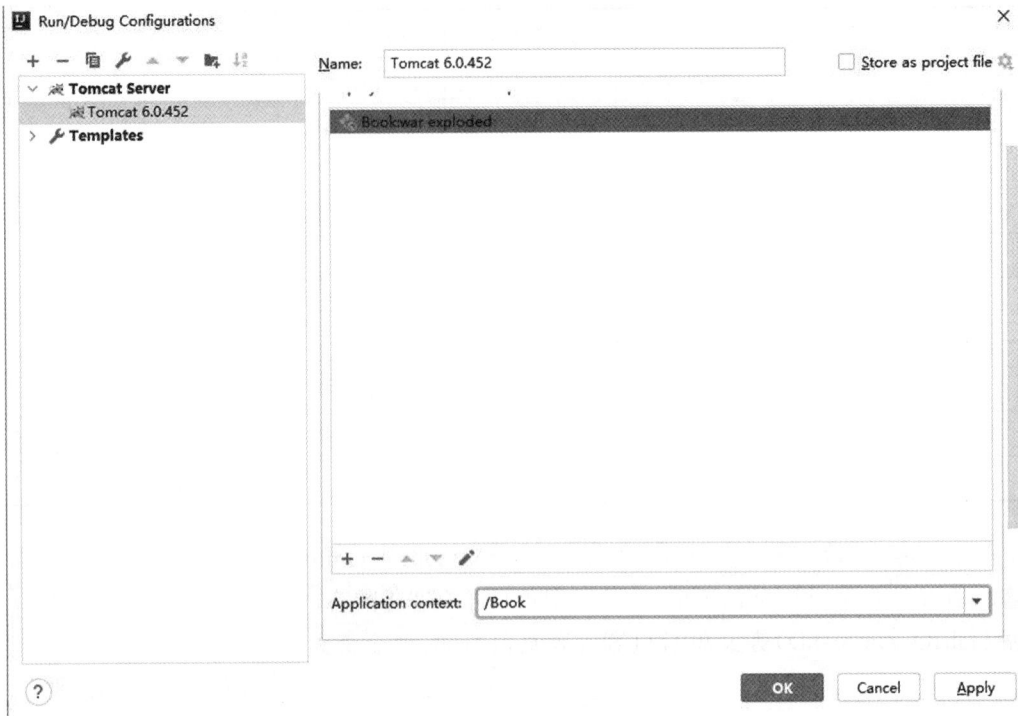

（d）

图 6-9　项目部署

6.1.4　运行测试

点击启动按钮，等程序启动后在浏览器上输入地址"http://localhost:8080/Book/"。回车后就可以在浏览器中看到如图 6-10 所示的项目效果图了。

图 6-10　项目效果图

点击图 6-11 中终止按钮，程序终止运行。

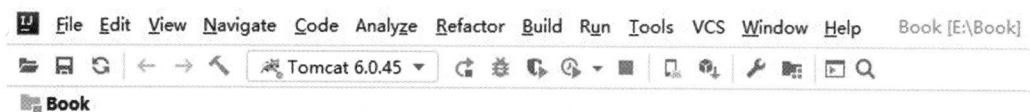

图 6-11 终止程序运行

6.2 IDEA 程序调试

在需要调试的代码段前端打上断点（即鼠标左击），点击三角形绿色按钮右边甲壳虫状的绿色按钮进行"debug"调试，我们这里是在添加图书处新增断点，因此我们需要正常运行程序，待程序执行新增图书后才能跳转到"debug"页面。"IDEA_debug"如图 6-12 所示，图中的每行代码后面都有变量存放的值。

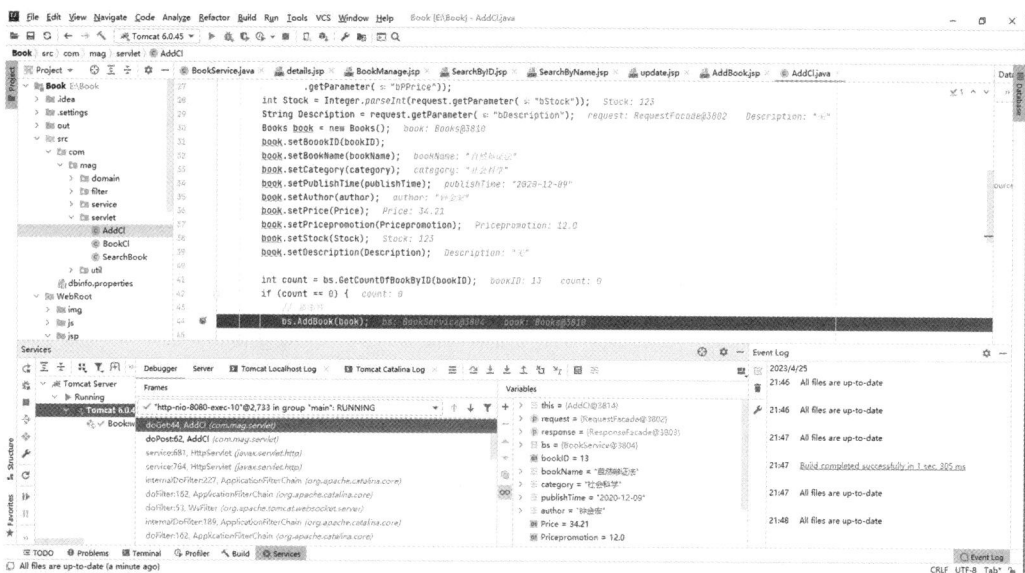

图 6-12 "IDEA_debug"

也可以在"Variables"窗口中查看每个变量的值，"Variables_debug"如图 6-13 所示。

图 6-13 "Variables_debug"

点击"book",可查看"book"变量中的详细信息,如图 6 - 14 所示。

图 6 - 14　book 详细信息

点击终止按钮,结束调试,返回正常页面,中断调试如图 6 - 15 所示。

图 6 - 15　中断调试

6.3　导入/导出已有 Web 项目

6.3.1　导入已有工程

导入工程支持我们将编写好的 Java 项目导入 IDEA 中,并在此基础上进行下一步的开发操作或者对已有项目进行修改。

首先,点击"file"→"project from exiting Sources"导入外部项目,相关的操作流程如图 6 - 16所示。

(1)找到"Book"项目在计算机中的所在路径,我们这里的"Book"是存放在 E 盘的"application"目录下。

(2)"Book"的"demo"是用"MyEclipse"编写的,"MyEclipse"是"Eclipse"的扩展,所以我们导入基于外部框架的项目,选中"Import project from external model",选择"Eclipse",导入我们的"Book"项目。

(3)确定"Myeclipse"的项目目录。

(4)导入"book"项目。

(5)使用默认的项目编码方式。

(6)导入"jdk",找到自己"jdk"安装的路径,给添加的"jdk"命名。这里一般以"jdk"版本格式命名,这里导入的是"jdk1.8,name"就设置为"jdk1.8"。

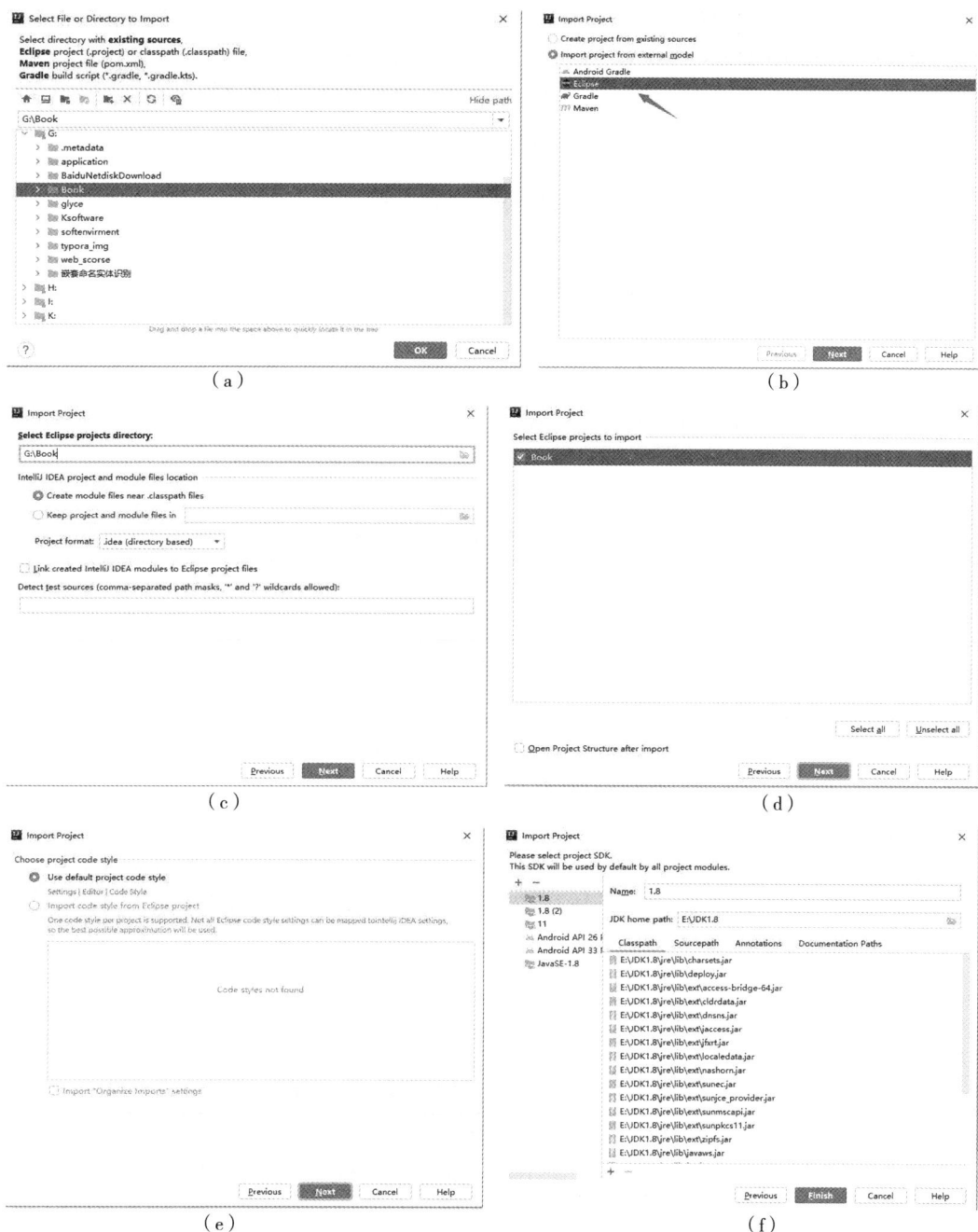

（a）

（b）

（c）

（d）

（e）

（f）

图 6-16　项目导入操作流程

点击"finish"后我们的项目就导入进来了，这时候可以看到项目结构如图 6-17 所示，但还不是 Web 项目，需要进行修改。相关流程如图 6-18 所示。

（1）选择 file→Project Structure 选项。

（2）将项目改为"Web"项目。点击右边的"Facets"→"＋"→"Web"，选中"book"。

（3）这是系统默认的"Web"项目路径，我们需要将它换成自己的。

（4）配置"web. xml"路径。

（5）"WEB-INF"在"Book"→"WebRoot"目录下。

（6）"web. xml"在"Book"→"WebRoot"→"WEB-INF"目录下。

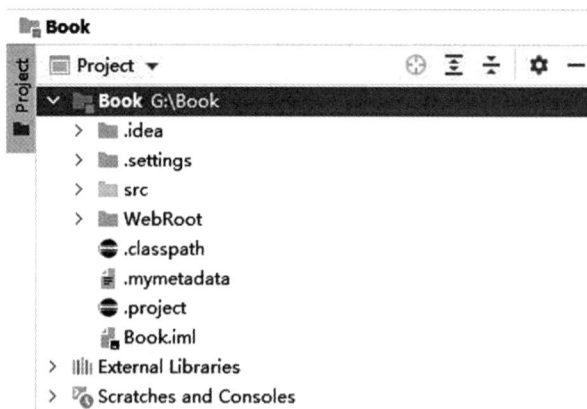

图 6-17　项目结构图

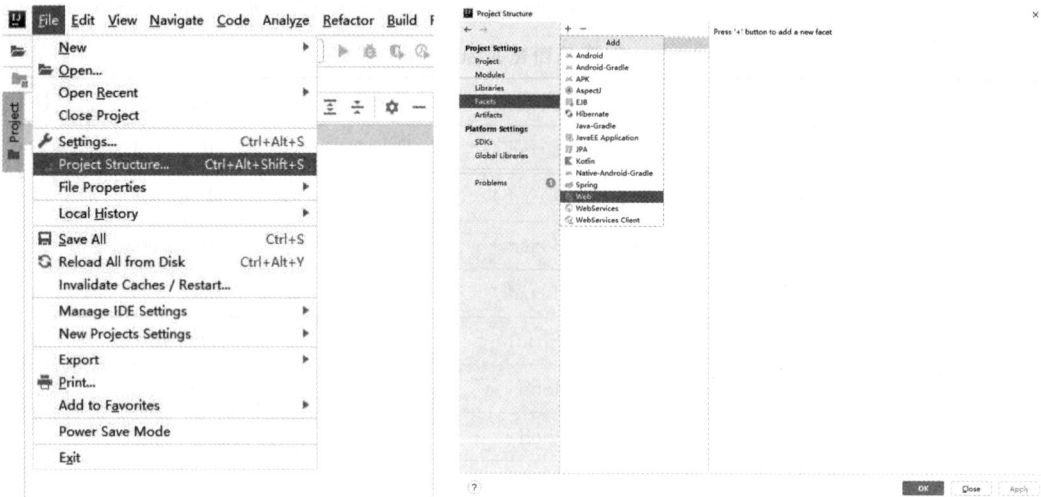

（a）　　　　　　　　　　　　　　（b）

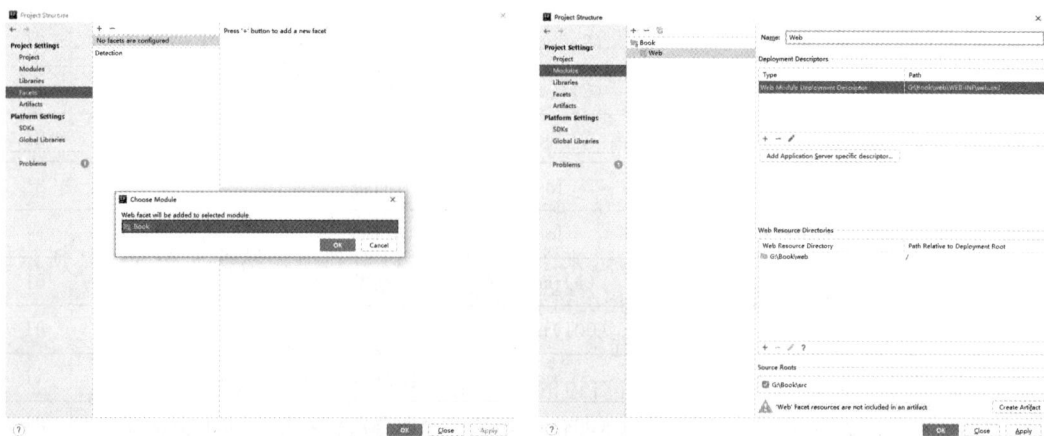

（c）　　　　　　　　　　　　　　（d）

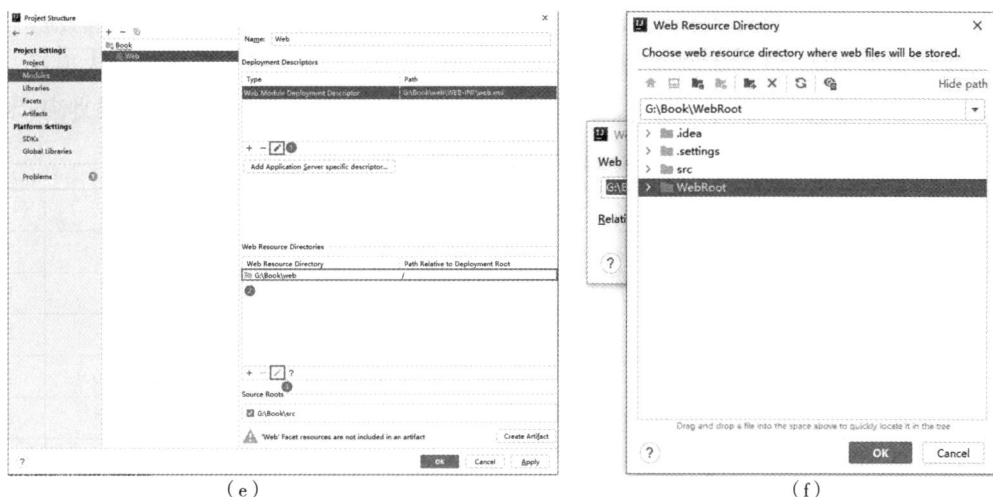

（e）　　　　　　　　　　　　　　　　　　（f）

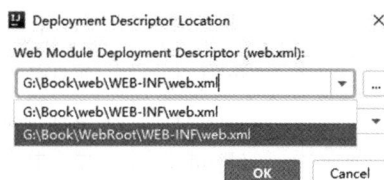

（g）

图 6-18　添加 web 框架

修改完成后我们需要对项目进行打包及 Tomcat 的配置操作步骤如图 6-19 所示。

（1）点击"artifacts"→"＋"→"Web Application Exploded"→"From Modules"，选择"book"。

（2）全部完成后，点击"apply"。

（3）这样"book"项目就可以在"IDEA"中运行了. 在运行之前我们还需要配置一下"Tomcat"，点击菜单栏上的"Add configuration"。

（4）点击"＋"，在"Templates"中找到"tomcat local"服务。

（5）如果是第一次配置，需要配置 Tomcat 所在路径，点击下面"Fix"。

（6）我们网页的首页是"Book"，所以我们需要修改路径"Application context：/Book"。

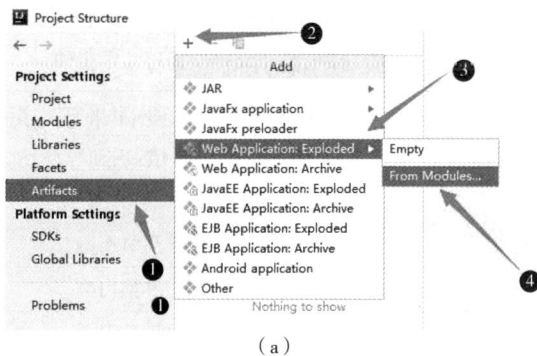

（a）

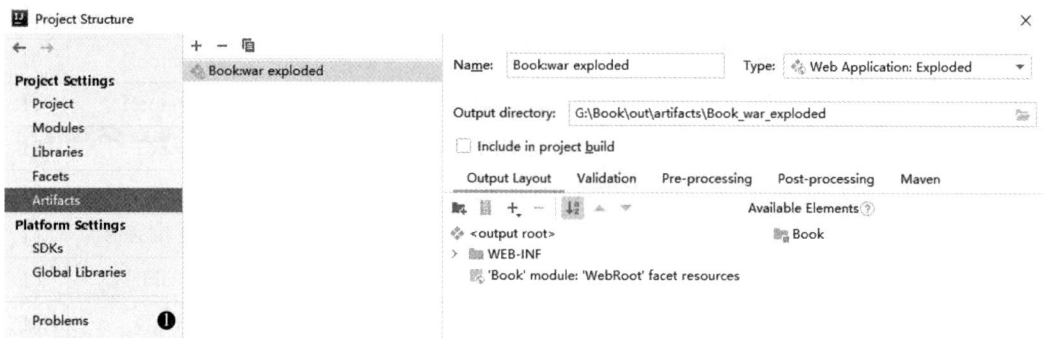

（b）

（c）

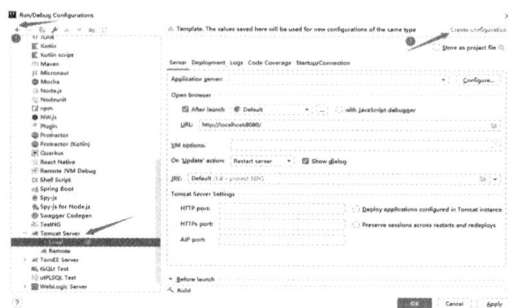

（d）

（e）

（f）

图 6-19　项目打包及 Tomcat 配置操作步骤

到这里"Tomcat"就配置完成了，但是对于这个项目来说，我们还缺失一个 jar 包（servlet-api. jar），我们手动导入这个包，具体步骤如下，依赖包导入及项目运行流程如图 6-20 所示。

（1）打开项目结构，选择"Libraries"，点击"＋"，选择"java"。

（2）在"tomcat"文件下的"lib"文件夹中找到"servlet-api. jar"。

（3）点击"Apply"。

（4）导入完成后就可以运行了。

（a）

（b）

（c）

（d）

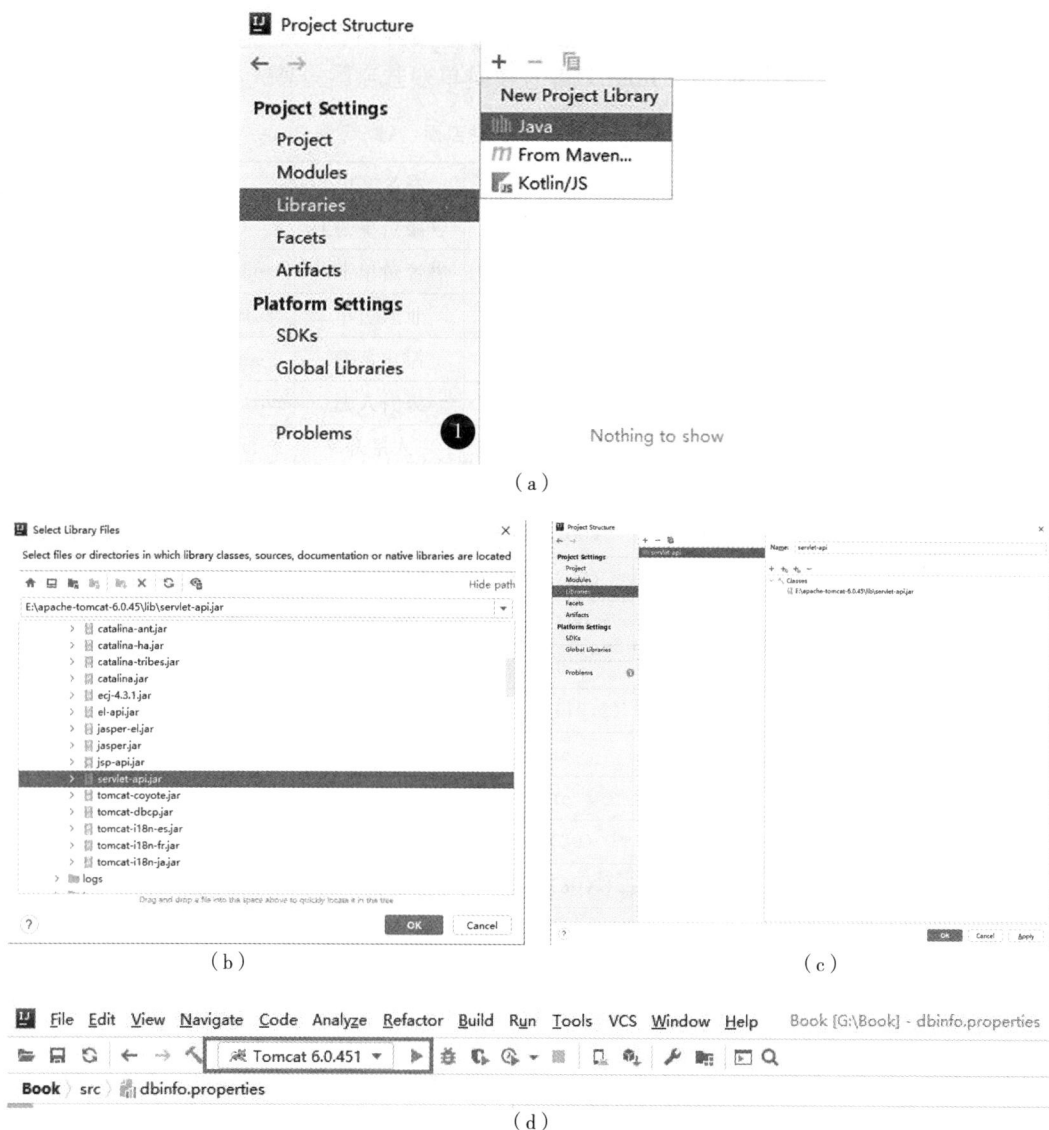

图 6-20　依赖包导入及项目运行流程

6.3.2　导出已有工程

在"IDEA"中完成项目的编写后,将项目打包,打包后的项目可以单独放到服务器上,在软件环境允许的情况下单独运行。

项目导出操作流程如图 6-21 所示。鼠标右击"file",选择"Export",选择以"Eclipse"项目导出,也可以导出压缩包。选择导出"Eclipse"项目,勾选需要导出的项目"Book",选择导出路径。

导出的项目结构如图 6-22 所示。项目中有"src,web"等文件夹,其中 src 存放着项目后端"java"程序的资源,"web"存放着"JSP""JS""img"等前端资源。

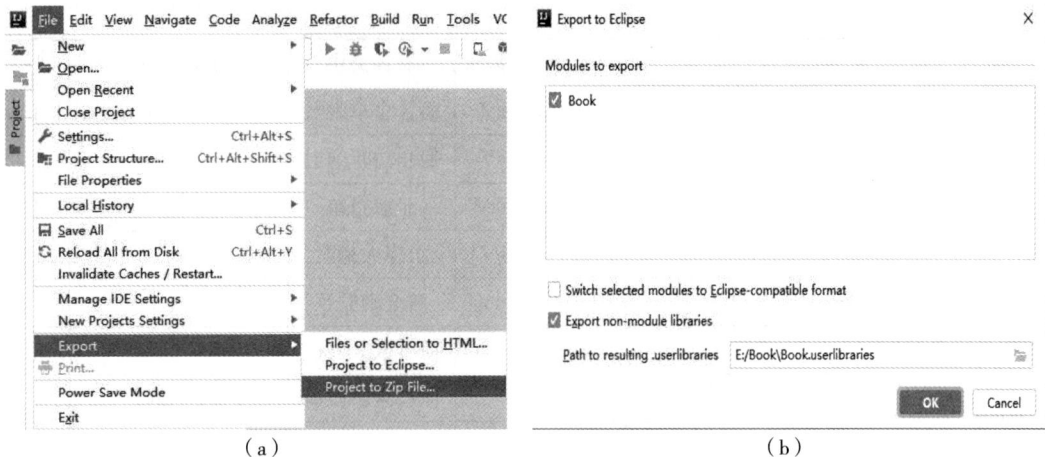

（a）　　　　　　　　　　　（b）

图 6 - 21　项目导出操作流程

图 6 - 22　项目结构

如果选择导出为压缩包，同样需要选择导出路径。其导出路径选择如图 6 - 23 所示。

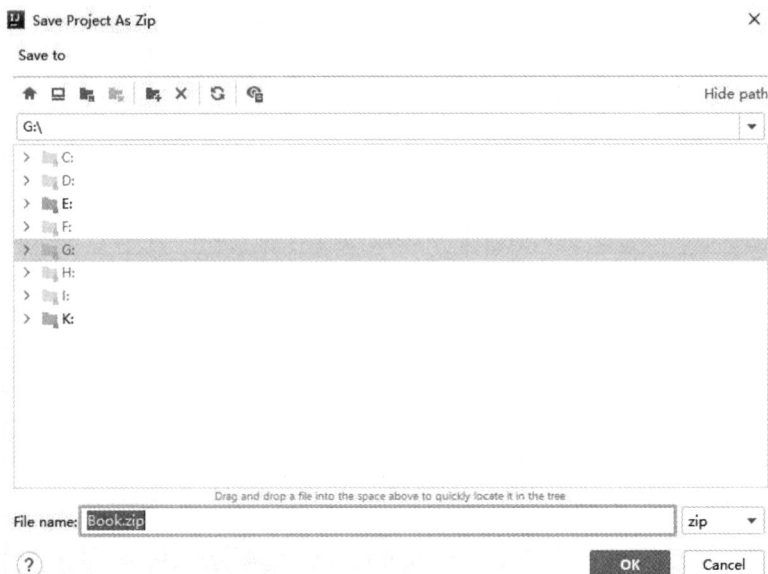

图 6 - 23　压缩包导出路径选择

　　打开压缩包查看项目结构,项目组成如图 6-24 所示。可以发现与我们原来在"IDEA"中开发的项目结构(新建项目的时候输入了项目路径,可以去查看比较)相同。也就是说如果以压缩包的形式导出,导出是"IDEA"格式的项目。

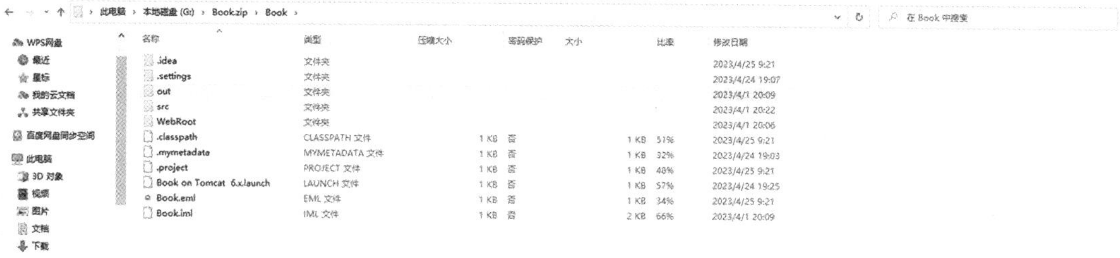

图 6-24　项目组成

第7章 实训任务安排

7.1 任务概述

(1)实践目的

实践定位是信息系统(IS)开发的入门训练,针对仅有编程语言(Java)基础的信息管理与信息系统专业学生,旨在增强学生对 IS 及其开发的感性认知、实际体验,带着问题开启后续课程学习,从而消除或减弱学生在 IS 开发类课程学习中的盲目性。同时,提高学生的编程素养、编程能力和信息系统开发能力。

(2)实践任务

从候选表中,选择其一,开发一个 Web 应用程序,实现对所选表的新增、删除、修改、查询等操作,并在 Web 中进行动态展示。

(3)任务要求

① 采用数据库管理系统,如"MySQL""SQL Server""Access"等,管理维护数据。

② 后台采用编程语言 Java,开发 Servelet 应用。

③ 前台采用 JSP 页面,响应客户端请求,生成动态网页;可能涉及"html""css""div"等页面设计技术;采用 JavaScript 语言,开发客户端程序,服务本应在客户端处理的业务或响应。

(4)实施方案

① 每个学生从候选任务列表中,选择一个任务,不能雷同。

② 为了互帮互学,成立互助组,每组 20 人左右,这也是实践结束时的考核分组。设立组长一名,职责:组内互助、组织组内互评、沟通协调。

③ 实践时间跨度一般为 3 周,考虑到时间非专用性质,可适当延长 1～2 周。

④ 实践期间,建议每天撰写实训日志,简短记录当日进展与问题、来日计划。最后,可以将不少于 10 天的实训日志放入实践报告中。

⑤ 实践结束时,每个学生需参加现场验收,并提交一份电子版实践报告。电子版命名规则:学号姓名＋IS 开发实训报告。另外,需要将自己的项目导出成压缩文件,并命名为"学号姓名＋IS 开发实训代码"。

(5)考核方案

考核形式:社会贡献(10％)、组内互评(10％)、现场验收(40％)、实践报告(40％)。

① 社会贡献(10%)

为这次实践做出额外贡献,如班长、乐于助人的同学,设立优秀、良好两个等级,优秀占比 30%,剩下为良好;名单由两个班讨论确定,班长提交给老师。

② 组内互评(10%)

现场考核前,考核组开展组内互评,给出组内成绩排名。

③ 现场验收(40%)

由老师确定成绩,侧重答辩、现场验收的表现;把控优秀占比 25%、良好占比 40%。

测试时,可先让项目直接运行,看其实现的功能;给出非正常数据,看其能否处理,是否有错;询问业务流程设计,判断合理性;询问功能实现原理,看其代码理解。

从业务流程设计的合理性、功能完善与扩展、界面美化、实现特色、代码理解、运行正确性等方面,综合评价,给出分数。

④ 实践报告(40%)

由老师确定成绩,与现场验收成绩不一定对应,侧重报告本身质量,比如成果展示度、逻辑结构合理性、语言流畅性、格式规范性与美观度;把控优秀占比 25%、良好占比 40%。

⑤ 打分约定

每组:优秀占比 25%,良好占比 40%。

为便于评价,采用 5 级制打分。5 级与百分制对应关系如下:

优+100,优 95,优-90;

良+89,良 85,良-80;

中+79,中 75,中-70;

及+69,及 65,及-60;

小于 60,不及格

7.2　数据库表

为适合本实验的要求和目的,这里列出的数据表已做简化和改变,可能不符合 3NF,实施时可以按 3NF 拆成多张表来完成;不拆亦可,但最好分多个页面更新表,不要在同一个页面更新,信息多单个页面难以容纳。每个同学选一个,不能重复,可考虑随机选择。

(1)家禽类商品信息表(Fowl Product Info)

针对家禽及其制成品类商品,涉及其基本信息、上下架信息、仓储信息、物流信息、页面显示等,家禽类商品信息表(Fowl Product Info)见表 7-1 所列。

表 7-1　家禽类商品信息表(Fowl Product Info)

序号	字段名称	中文名称	数据类型	备注
1	Product ID	商品编号	Char(3)	数字、字母,主键
2	Product Name	商品名称	Char(20)	

（续表）

序号	字段名称	中文名称	数据类型	备注
3	Inner Category	类别名称	Char(10)	见表后
4	Price	单价	Double(3,1)	
5	Unit Price	计价单位	Char(4)	只、份
6	Specification	规格参数	Char(100)	长 * 宽 * 高,cm
7	Weight	重量	Double(3,1)	考虑运费,g
8	Detailed Info	产品详情	Text	存超文本脚本;储藏方法、保质期、产地、烹饪技巧
9	Pictures Product	商品图片	Char(100)	存图片目录和文件名,以";"分隔
10	Video Product	宣传视频	Char(100)	存图片目录和文件名,点击才读取
11	Upshelf Date	上架时间	Datetime	设定的上架时间或点击上架时的时间
12	OffShelf Date	下架时间	Datetime	下架时自动填写,上架时自动置 null
13	Stock Level	库存量	Int	售出需自动扣除,增加库存人工完成
14	Category Show	显示类别	Char(10)	存储"是否新品、掌柜推荐"等,用于页面上的显示控制
15	Is Cold Chain	冷链储运	Bool	储运要求
16	Is Vacuum Package	真空包装	Bool	
17	Manufacturer	制造商	Char(40)	商品制造商
18	Warehouse	所在仓库	Char(40)	商品所在仓库

（2）会员信息表（Member Info）

会员信息表涉及会员名、手机号、邮箱、住址、职业等，还记录了该卡目前的使用状态，如等级、余额、积分等。会员信息表（Member Info）见表7-3所列。

表7-2　会员信息表（Member Info）

序号	字段名称	中文名称	数据类型	备注
1	Member ID	会员名	Char(20)	检查是否重复
2	Password	密码	Char(8)	加密存储
3	Name	姓名	Char(12)	
4	User ID	用户标识	Char(30)	唯一识别即可
5	Mobilephone	手机号码	Char(12)	
6	Telephone	固定电话	Char(13)	
7	Email	电子邮件	Char(30)	
8	QQ Number	QQ 号码	Char(15)	

（续表）

序号	字段名称	中文名称	数据类型	备注
9	Zip Code	邮编	Char(6)	
10	Address	详细地址	Char(100)	会员自己住址
11	Occupation	职业	Char(16)	
12	Income	收入水平	Char(20)	3000～5000
13	Rank Member	会员级别	Char(6)	（分 5 级）默认铜冠
14	Current Score	积分	Int(10)	当前积分量
15	Balance E Account	电子帐号余额	Decimal(5,2)	存钱
16	Join Date	加入日期	Date	
17	Is Freezed	是否冻结	Bool	若被冻结则不能购物,可浏览
18	Remark	备注	Text	

（3）客户收货地址表（Receive Address）

客户收货地址表涉及地址信息、收货人信息、个性化偏好、地址使用情况等。客户收货地址表（Receive Address）见表 7-3 所列。

表 7-3　客户收货地址表（Receive Address）

序号	字段名称	中文名称	数据类型	备注
1	Address ID	地址编号	Char(1)	限 10 个,主键
2	Member ID	会员名	Char(20)	
3	Country	国家或地区	Char(60)	默认中国,中国台湾,中国香港
4	Province	所在地区	Char(20)	省
5	City	城市	Char(20)	市
6	District	区县	Char(20)	区
7	Detailed Address	详细地址	Char(60)	
8	Zip Code	邮编	Char(6)	
9	Receiver	收货人	Char(12)	
10	Email	电邮	Char(30)	
11	Telephone	电话	Char(20)	
12	Mobilephone	手机	Char(20)	
13	Self Pickup	是否自提	Bool	

（续表）

序号	字段名称	中文名称	数据类型	备注
14	Receive Duration	收货时段	Char(100)	填在家时段,方便送货上门
15	Is Default	默认地址	Bool	
16	Use Frequence	使用频次	Int(6)	自动累计
17	Confidence	信任度	Double(3,1)	最高 10 分
18	Edit Date	录入日期	Date	

（4）网站用户信息表（User Info）

网站用户信息表涉及到个人基本信息、联系方式、金融方面信息、账户本身信息等。网站用户信息表（User Info）见表 7-4 所列。

表 7-4 网站用户信息表（User Info）

序号	字段名称	中文名称	数据类型	备注
1	User ID	用户名	Char(30)	唯一标识患者,需要查重,登录名
2	User Password	密码	Char(20)	登录密码,加密存储
3	User Name	姓名	Char(30)	用户真实姓名
4	User Nickname	昵称	Char(20)	用户昵称
5	User MPhone	手机	Char(20)	注册时核实,找回密码用
6	Telephone	固定电话	Char(20)	个人用户填自己,单位填联系人
7	Postal Address	通信地址	Char(100)	个人用户填自己,单位填联系人
8	Zip Code	邮编	Char(6)	个人用户填自己,单位填联系人
9	Email	邮箱	Char(50)	个人用户填自己,单位填联系人
10	Category	用户类别	Char(8)	患者、医生、医院、设备公司
11	Is Authentication	通过认证	Bool	未通过 0,通过 1
12	Is Freezed	冻结用户	Bool	冻结 0,不冻结 1
13	Current Score	当前积分	Int(20)	当前积分,新用户为 0
14	Current Balance	当前余额	Double(5,2)	电子账户余额
15	Wechat	微信号	Char(50)	个人用户填自己,单位填联系人
16	QQ Number	QQ 号	Char(20)	个人用户填自己,单位填联系人
17	Alipay	支付宝号	Char(50)	个人用户填自己,单位填联系人
18	Register Time	注册时间	Datetime	

（5）患者信息表（Patient info）

患者信息表涉及到患者基本信息、病历信息、监护人信息、电子账户余额等。患者信息表（Patient info）见表 7-5 所列。

表 7 - 5　患者信息表(Patient info)

序号	字段名	中文名称	数据类型	备注
1	Patient ID	患者 ID	Char(30)	主键
2	Name	姓名	Char(30)	
3	Gender	性别	Char(2)	0——男;1——女
4	ID Card	身份证号	Char(18)	身份证号
5	ID Card Picture	身份证图片	Char(100)	存正反照片 Url,含文件名
6	Patient Birthday	出生日期	Date	
7	Face Photo	患者头像	Char(50)	存照片路径,含文件名
8	Patient Resident	患者住址	Char(100)	用户地址
9	Current Balance	当前余额	Double(5,2)	电子账户余额
10	Duration	患病时长	Int(5)	天
11	Pathogeny	病因	Char(300)	
12	Present Status	当前状态	Text	
13	Is Walk	能否行走	BOOL	
14	Record Recovery	康复历史	Char(200)	
15	Guardian Name	监护人	Char(30)	监护人姓名
16	Guardian MPhone	监护人手机	Char(20)	
17	Guardian Email	监护人邮箱	Char(30)	
18	Guardian Wechat	监护人微信	Char(20)	

(6)优惠券发放与使用规则表(Rule CouponIssue Use)

优惠券发放与使用规则表涉及到规则的基本信息、使用条件及约定、制定人、审批人等方面信息。优惠券发放与使用规则表(Rule CouponIssue Use)见表 7 - 6 所列。

表 7 - 6　优惠券发放与使用规则表(Rule CouponIssue Use)

序号	字段名称	中文名称	数据类型	备注
1	CouponRule ID	规则编号	Char(4)	可以包含数字、字母,纯数字
2	Rule Title	规则名称	Char(40)	活动名称
3	Rule Type	规则类型	Char(4)	发放、使用
4	Reason	制定理由	Char(100)	
5	Assign Condition	发放条件	Int(3)	自动根据消费额发放
6	Use Condition	使用条件	Int(4)	
7	Is Aggregate	是否累计	Bool	
8	Money Single Coupon	单张金额	Double(3,1)	

（续表）

序号	字段名称	中文名称	数据类型	备注
9	Begin Time	开始时间	Datetime	发放,使用
10	End Time	结束时间	Datetime	超出,自动停止发放和使用
11	Rule Description	规则描述	Char(40)	发放和使用规则文字描述
12	Rule BuildTime	制定时间	Datetime	
13	Administrator ID	制定人	Char(30)	管理员 ID
14	Is Enabled	是否启用	Bool	默认不启用
15	Auditor	审核人	Char(30)	勾选是否启用
16	Date Audit	审核时间	Datetime	
17	Advice	审核意见	Char(100)	
18	Remark	备注	Char(100)	

（7）客户订单父表（Customer Order）

在企业销售信息系统中,存储着客户的订单明细父表,便于后续对订单进行处理。客户订单父表涉及收货人信息、成交金额、配送信息等。客户订单父表（Customer Order）见表7-7所列。

表7-7 客户订单父表（Customer Order）

序号	字段名称	中文名称	数据类型	备注
1	Order ID	订单编号	Char(20)	主键
2	Member ID	订货人	Char(20)	会员用户名,Member Info
3	Receiver	收货人	Char(30)	没有订货人,默认一致
4	Receive Address	收货地址	Char(100)	收货地址表,没有,带出来
5	Telephone	联系电话	Char(20)	从会员信息中带出,支持修改,
6	Mobilephone	联系手机	Char(20)	Receive Address
7	Order State	订单状态	Char(10)	只存后台状态
8	Submit Date	下单时间	Datatime	系统当前日期时间
9	Operator	接单人	Char(30)	操作员 Fxh OperatorInfo
10	Original Money	标准金额	double(6,2)	不含运费,标准价算的
11	Discounted Money	折后金额	double(6,2)	计入常规优惠后的总金额,不包括审批让利
12	Payed Money	成交金额	double(6,2)	审批让利后的总金额,默认与折后金额一致
13	Approver	审批人	Char(12)	
14	Is Emergency	是否加急	Bool	加急订单,不能免运费
15	Condition Free	免运费条件	Int	达到多少金额,自动免运费

（续表）

序号	字段名称	中文名称	数据类型	备注
16	Logistics Charge	配送费	double(3,2)	配送费
17	Final Total Money	最后总金额	double(6,2)	实收配送费＋成交金额
18	Remark	顾客留言	Char(100)	

只存后台状态，前台状态仅有 3 个不同，建议做判断，订单父表不存前台状态。前后台状态对比表见表 7-8 所列。

表 7-8　前后台状态对比表

前台状态	后台状态
未付款	未付款
关闭交易	关闭交易
已付款	未发货
已付款	已安排配送
已发货未付款	已发货未付款
未确认收货	已发货
未评价	未评价
交易成功	交易成功
申请退款	申请退款
退款成功	退款成功

（8）公司设备信息表（Device Info）

公司设备信息表表涉及到设备自身信息、生产信息、销售价格与库存等方面信息。公司设备信息表表（Device Info）见表 7-9 所列。

表 7-9　公司设备信息表表（Device Info）

序号	字段名称	中文名称	数据类型	备注
1	Device ID	设备号	Int/char(20)	自动增加、输入，主键
2	Device Company	设备公司	Char(30)	User ID
3	Device Name	设备名称	Char(40)	
4	Device Picture	设备图片	Char(100)	存 url,含文件名
5	Device Function	设备类别	Char(40)	训练、测量
6	Device Description	设备简介	Text	存设备详情网址或 Html 文本
7	Device Guide	使用指南	Text	保养指导、常见问题处理
8	After Sales	售后服务	Text	存网址或 Html 文本
9	Sale Site	销售网址	Char(100)	网址
10	Standard Price	指导价	Double(6,2)	单位:万元

（续表）

序号	字段名称	中文名称	数据类型	备注
11	Current Price	当前价	Double(6,2)	单位：万元
12	Is Stop	是否停产	Bool	停产、在产、
13	Is Sale	是否在售	Bool	停售、在售
14	Production Time	生产时间	Date	
15	Production Address	生产地点	Char(100)	
16	Current Stock	库存水平	Int(6)	
17	Weight	重量	Double(4,1)	单位：千克
18	Specification	规格	Char(100)	长＊宽＊高

（9）客户订单明细表（Detailed Order）

客户订单明细表记录客户订单中包含的商品信息、交易信息，以及客户对该商品的个性化要求。客户订单明细表（Detailed Order）见表7-10所列。

表7-10　客户订单明细表（Detailed Order）

序号	字段名称	中文名称	数据类型	备注
1	Record ID	序号	Int/char(20)	自增、输入，主键
2	Order ID	订单编号	Char(9)	外键
3	ProductID	商品编号	Char(5)	
4	Product Name	商品名称	Char(30)	
5	Web Link	商品网址	Char(100)	
6	Pic Url	商品小图	Char(100)	
7	Is Gift	是否赠品	Bool	
8	Original Price	标准单价	Double(4,1)	不可编辑
9	Real Price	成交单价	Double(4,1)	初始值是标准单价
10	Reduced Money	优惠金额	Double(3,1)	
11	Is Vaccum	真空包装	Bool	
12	Is Keep Warm	是否保温	Bool	
13	Quantity	购买数量	Int	程序中要显示单价＊数量，加列
14	Increased Score	增加积分	Int	
15	Purchasing Date	购买日期	Date	
16	Special Requirement	特殊要求	Char(100)	加饭等，宰杀与否
17	Provider	供货商	Char(60)	
18	Remark	备注	Char(100)	操作人员可以输入促销活动

（10）客户购物评价表（VDice Of Customer）

客户购物评价表记录客户对一次购物的商品、物流、服务等方面的评价，以及交易的总体评价，客服的响应等。客户购物评价表（VDiceOf Customer）见表 7-11 所列。

表 7-11 客户购物评价表（VDice Of Customer）

序号	字段名称	中文名称	数据类型	备注
1	VOC ID	主键	Int/char(20)	自动编号 int/或 char
2	Customer ID		Char(10)	
3	Customer Name	用户名	Char20	
4	Nick Name	昵称	Char20	
5	Order ID	订单号	Char(20)	
6	Assess Transcation	交易评价	Char(4)	好评、中评、差评
7	VOC Content	评价内容	Text	
8	Pictures	图片	Char(100)	图片 Url
9	Videos	视频	Char(100)	视频 Url
10	Is Open	公开头像昵称	Bool	
11	Store	店铺	Char(50)	随订单自动带出
12	Description	描述相符	Int(1)	星
13	Logistic	物流速度	Int(1)	星
14	Service	服务态度	Int(1)	星
15	VOC Date	提交时间	Datetime	
16	Responser	响应人	Char(30)	
17	Response Time	响应时间	Datetime	
18	Response Content	响应内容	Char(200)	

（11）退货申请与处理表（Return Money）

退货申请与处理表，记录商家对此次退货申请的响应，以及退货申请的处理进展、客户反馈。退货申请与处理表（Return Money）见表 7-12 所列。

表 7-12 退货申请与处理表（Return Money）

序号	字段名称	中文名称	数据类型	备注
1	Return ID	退款编号	Int/Char(20)	主键
2	Order ID	订单编号	Char(9)	系统自动提交
3	After Sale	售后类型	Char(20)	退货退款、仅退款等
4	Location Good	货物位置	Bool	适用仅退款、收到、未收到
5	Way Return	退货方式	Char(40)	适用退货退款
6	Reason	退款原因	Char(40)	7 天无理由，根据淘宝设定
7	Payed Money	退款金额	Double(8,2)	
8	Desscription	退款说明	Text	
9	Certification	凭证	Char(200)	图片 Url

（续表）

序号	字段名称	中文名称	数据类型	备注
10	Date Apply	申请时间	Datetime	系统填写
11	State	售后进展	Char(8)	申请退款、商家审核、已退款、
12	Vedor	商家	Char(30)	系统自动
13	Is Received	收到退货	Bool	退货是否收到
14	Outcome	处理结论	Char(30)	
15	Return Money	退款金额	Double(8,2)	
16	Date Return	退款时间	Datetime	系统自动
17	Account Return	退回账户	Char(30)	银行账户、支付宝等
18	Assessment	服务评价	Char(100)	

（12）酒店客房信息表（Room Info）

酒店客房信息用于客户线上查看、预订，涉及房间基本信息、状态、售价及折扣等方面信息。酒店客房信息表（Room Info）见表 7 - 13 所列。

表 7 - 13　酒店客房信息表（Room Info）

序号	字段名称	中文名称	数据类型	备注
1	House ID	建筑编号	Char(20)	隶属建筑，联合主键
2	Room ID	客房编号	Char(12)	客房编号，联合主键
3	Room Type	房型	Char(10)	类型：标间、套房
4	Bed Type	床型	Char(10)	双人床（大床圆，方）
5	Capacity	额定人数	Int(1)	额定人数
6	Has Shower	是否有淋浴间	Bool	
7	Has Visiting Room	会客间	Bool	
8	Phone	客房电话	Char(20)	
9	Price	单价	Double(5,2)	
10	Member Price	会员价	Double(5,2)	
11	Discount	折扣	Double(3,2)	
12	Is Street	是否背街	Bool	
13	Is Sun	是否向阳	Bool	
14	Has Computer	是否有电脑	Bool	
15	Current Status	状态	Varchar(4)	空闲、预订、住人
16	Pic Url	客房图片	Varchar(100)	
17	Shelf Date	上架日期	Date	
18	Description	客房描述	Varchar(200)	

（13）酒店入住单（Bill Check In）

酒店入住单表用于记录客人的入住登记信息，涉及顾客基本信息、入住离店时间、是否加床、应收款等。酒店入住单（Bill Check In）见表 7 - 14 所列。

表 7 - 14　酒店入住单（Bill Check In）

序号	字段名称	中文名称	数据类型	备注
1	Record ID	序号	Int/Char(20)	主键
2	Room ID	客房号	Char(12)	
3	House ID	建筑编号	Char(20)	
4	Customer Name	顾客姓名	Varchar(30)	
5	Certification	证件名称	Varchar(10)	
6	Certification ID	证件号	Varchar(18)	
7	Telephone	联系电话	Varchar(20)	
8	Wechat	微信号	Char(30)	
9	InRoom Date	入住日期	Datetime	
10	Out Room Date	离店日期	Datetime	
11	In Person Num	入住人数	Int(1)	
12	Discount	折扣	Demical(3,1)	
13	Discount Reason	折扣原因	Varchar(60)	
14	Is Add Bed	是否加床	Bool	
15	Add Bed Price	加床价格	Demical(3,1)	
16	Pre Payment	预收款	Demical(6,2)	
17	Account Receive	应收款	Demical(8,2)	
18	Operator	操作员	Varchar(10)	

（14）酒店预定单（Bill Book）

酒店预订单用于记录客人提前预定信息，涉及客人的基本信息、入住信息、客房信息、收款信息等。酒店预定单（Bill Book）见表 7 - 15 所列。

表 7 - 15　酒店预定单（Bill Book）

序号	字段名称	中文名称	数据类型	备注
1	Book ID	预定单号	Int/Char(20)	自增 Int 或 Char，主键
2	Book Person	预定人	Varchar(30)	
3	Certi Card Name	证件名	Varchar(10)	
4	Certi Card ID	证件号	Varchar(18)	
5	Telephone	联系电话	Varchar(20)	
6	Room Type	客房类型	Varchar(10)	
7	In Room Date	抵店日期	Date	
8	Out Room Date	离店日期	Date	
9	In Person Num	入住人数	Int(5)	

（续表）

序号	字段名称	中文名称	数据类型	备注
10	Room Num	客房数	Int(3)	
11	Room Price	客房单价	Demical(5,1)	
12	Discount	折扣	Double(3,2)	
13	Pre Payment	预收款	Demical(8,2)	
14	Special Require	特殊要求	Varchar(100)	
15	Pic_pay	电子凭据	Varchar(100)	
16	Operator	操作员	Char(30)	
17	Date Book	预定日期	Date	
18	Is Agree	定金退还	Bool	因客户原因不能入住，

（15）个人信用卡信息表（Credit Info）

个人信用卡信息表存储着信用卡持有人的信息，便于对用户信息进行管理，涉及用户基本信息，信用卡的信息、经手人等。个人信用卡信息表（Credit Info）见表 7-16 所列。

表 7-16　个人信用卡信息表（Credit Info）

序号	字段名称	中文名称	数据类型	备注
1	Credit ID	信息卡号	Varchar(12)	主键
2	Card Holder	持卡人	Char(30)	
3	Gender	性别	Bool	F——女,T——男
4	Address	户籍地址	Char(200)	
5	Certi Card Name	证件名	Varchar(10)	
6	Certi Card ID	证件号	Varchar(18)	
7	Mobile Phone	手机	Varchar(20)	
8	Email	Email	Char(40)	
9	ORG	单位	Char(40)	
10	Valid Date	卡有效期	Date	
11	Day Bill	账单日	Date	
12	Day Repay	还款日	Date	
13	Upper Limit	信用额度	Int	
14	Bank Name	银行名称	Char(40)	
15	Annual Fee	年度服务费	Int	
16	Transaction PIN	交易密码	Char(9)	数字,加密存储
17	Query PIN	查询密码	Char(20)	数字、字母
18	Register Date	注册日期	Datetime	
19	Handler	经手人	Char(30)	

（16）酒店挂账单位信息表（Credit Org）

酒店挂账单位信息表用于对挂账单位信息进行登记、管理，涉及挂账单位基本信息、信用额度、授权书、经办人等。酒店挂账单位信息表（Credit Org）见表 7-17 所列。

表 7-17　酒店挂账单位信息表（Credit Org）

序号	字段名称	中文名称	数据类型	备注
1	Company ID	挂帐单位编号	Int/char(10)	自增 Int/char(10)
2	Company Name	挂帐单位名称	Varchar(40)	
3	Company Address	单位地址	Varchar(60)	
4	Company Phone	联系电话	Varchar(40)	
5	Legal Representative	法人代表	Char(30)	
6	Person Contact	联系人	Char(30)	
7	Phone Contact	联系人电话	Char(40)	
8	Agreement Url	挂账协议	Char(100)	图片 Url
9	Persons Authorized	受权挂账人	Char(200)	姓名＋身份证用","隔开
10	Pic Authorize	授权书	Char(100)	图片 Url
11	Upper Limit	信用额度	Int	
12	Current Limit	当前额度	Demical(10,2)	
13	Begin Date	协约开始日期	Date	
14	End Date	协约结束日期	Date	
15	Company Handler	对方经办人	Char(30)	
16	My Handler	我方经办人	Char(30)	
17	Is Confirm	是否核实	Bool	
18	Approver	批准人	Char(30)	

（17）授权挂账人信息表（Authorized Persons）

授权挂账人信息表用于对挂账人信息的登记和管理，涉及挂账人基本信息，挂账金额、有效期限、授权书、经办人等。授权挂账人信息表（Authorized Persons）见表 7-18 所列。

表 7-18　授权挂账人信息表（Authorized Persons）

序号	字段名称	中文名称	数据类型	备注
1	Record ID	编号	Char(2)	主键
2	ID	挂帐人身份证号	Varchar(18)	
3	Pic ID	身份证图片	Char(100)	Url
4	Name	挂帐人姓名	Varchar(30)	
5	Phone	联系电话	Varchar(40)	
6	Mobile Phone	手机	Varchar(40)	
7	Email	Email	Char(40)	

序号	字段名称	中文名称	数据类型	备注
8	Company Name	挂帐单位名称	Varchar(60)	
9	Company Phone	挂帐单位电话	Varchar(40)	
10	Company Address	单位地址	Varchar(100)	
11	Position	挂帐人职位	Varchar(20)	
12	Upper Limit	可挂帐金额	Demical(10,2)	
13	Begin Date	协约开始日期	Date	
14	End Date	协约结束日期	Date	
15	Pic Authorize	授权书	Char(100)	图片 Url
16	Is Confirm	是否核实	Bool	
17	Handler	经手人	Varchar(30)	
18	Date Handle	办理日期	Date	

（18）居民小区来客登记表（Guest Register）

居民小区来客登记表用于记录小区访客的信息，涉及访客的基本信息、来访事由、访问人、进入及离开日期等。居民小区来客登记表（Guest Register）见表 7 - 19 所列。

表 7 - 19　居民小区来客登记表（Guest Register）

序号	字段名称	中文名称	数据类型	备注
1	Record ID	编号	Int/Char(3)	自动编号，主键
2	Guest Name	来客姓名	Char(20)	
3	Guest Phone	来客电话	Char(40)	
4	Certification	证件	Char(10)	
5	Certificate ID	证件号	Char(40)	
6	Health Code	健康码	Char(6)	绿、黄、红
7	Temperature	体温	Float(4,1)	
8	Organise	所在单位	Char(30)	
9	Traffic	所乘车辆	Char(12)	步行、自行车、摩托车、轿车
10	Number Vehicle	车牌号	Char(20)	
11	Num Peer	同行人数	Int(2)	
12	Time Visit	来访日期	Datetime	
13	Reason Visit	来访缘由	Char(60)	
14	Landlord Visit	所访人	Demical(30)	
15	Destination Visit	所访地点	Char(30)	
16	Is Confirm	是否核实	Bool	
17	Leave Time	离开时间	Datetime	
18	Operator	登记人	Char(30)	

(19)小区商用房一览表(Commerce Houses)

小区商用房一览表用于对小区中商用房信息的登记和管理,涉及商用房的基本信息、租赁信息、物业信息等。小区商用房一览表(Commerce Houses)见表7-20所列。

表 7-20 小区商用房一览表(Commerce Houses)

序号	字段名称	中文名称	数据类型	备注
1	Property ID	物业 ID	Char(10)	主键
2	Property Name	物业名称	Char(20)	
3	Area	面积	Double(7,2)	
4	Pictures	物业图片	Char(100)	Url
5	Description	物业描述	Char(200)	
6	Category	类别	Char(8)	
7	Is Spare	是否空闲	Bool	
8	Landlord Name	租赁人	Char30	
9	Phone Owner	租主电话	Char20	手机
10	Email	租主电邮	Char30	
11	Wechat	租主微信	Char30	
12	Years Lease	租赁年限	Int	
13	Rent Unit Area	租金	Double(5,2)	单位面积租金
14	Mode Pay	缴费方式	Char(6)	年度,一次性
15	Discount Rent	折扣租金	Double(3,2)	对应折扣
16	Total Rent	总租金	Double(9,2)	自动计算,根据面积、年限等
17	Dospit	押金	Double(9,2)	一次性交,不用押金
18	Fee UnitArea	物业费	Double(4,1)	每平米

(20)小区住房一览表(Houses Info)

小区住房一览表用于登记和管理小区住房信息,涉及住房的价格、物业信息、产权年限、业主信息、物业费等。小区住房一览表(Houses Info)见表7-21所列。

表 7-21 小区住房一览表(Houses Info)

序号	字段名称	中文名称	数据类型	备注
1	Property ID	物业 ID	Char(10)	主键
2	Property Name	物业名称	Char(20)	
3	Area	面积	Double(7,2)	
4	Pictures	物业图片	Char(100)	Url
5	Description	物业描述	Char(200)	
6	Category	类别	Char(10)	多层、别墅、洋房、高层
7	Unit Price	单价	Double(7,2)	售卖价格

（续表）

序号	字段名称	中文名称	数据类型	备注
8	Discount Price	折扣	Double(3,2)	
9	Total Value	总价	Double(13,2)	自动计算
10	Limit Years	产权年限	Int(3)	70
11	Is Spare	是否售出	Bool	
12	Landlord Name	业主	Char30	
13	Phone Owner	业主电话	Char20	手机
14	Email	业主电邮	Char30	
15	Wechat	业主微信	Char30	
16	Fee Unit Area	物业费	Double(4,1)	每平方米
17	Total Charge	应收总额	Double(9,2)	月物业费,自动计算
18	Discount	折扣	Double(3,2)	

（21）小区物业费收缴记录表（Property Fee）

小区物业费收缴记录表用于记录业主物业费的缴纳情况。每月一条记录,无论是否缴费,涉及缴费日期、应缴税额、欠费信息、缴费信息及经手人等。小区物业费收缴记录表（Property Fee）见表 7－22 所列。

表 7－22　小区物业费收缴记录表（Property Fee）

序号	字段名称	中文名称	数据类型	备注
1	Record ID	缴费记录	Int/char(10)	主键,自增 Int
2	Property ID	物业 ID	Char(10)	外键
3	Due Date	应缴日期	Datetime	每月个固定的缴费日期
4	Due Expense	当月费用	Decimal(6,2)	每月物业费
5	Arrears	累计欠费	Decimal(6,2)	累计欠费,初始、清除后为 0
6	Ratio Delay	滞纳金率	Float(4,3)	
7	Penalty	累计罚金	Decimal(6,2)	累计惩罚,初始、清除后为 0
8	Total Arrears	总欠费	Decimal(6,2)	Arrears＋Penalty＋Due Expense
9	Is Pre Pay	是否预缴	Bool	默认不预交
10	Months Prepay	预缴月数	Int(2)	默认 0
11	Discount	预缴折扣	Decimal(3,2)	仅针对预缴
12	Fee Prepay	预缴费用	Decimal(6,2)	默认 0,自动计算,DueExpense ＊ MonthsPrepay ＊ Discount
13	Actual Pay	实际缴费	Decimal(6,2)	ActualPay ＞ ＝ TotalArrears, Arrears、Penalty 清零,实缴应

（续表）

序号	字段名称	中文名称	数据类型	备注
14	Resident Pay	缴费人	Char(30)	
15	Pay Date	缴费日期	Datetime	
16	Pay Method	支付方式	Char(20)	转账,现金,支付宝,微信,代扣
17	Account	支付账户	Char(30)	银行账户,支付宝号
18	Operator	经手人	Char(20)	

（22）小区业主信息表（Landlord Info）

小区的业主信息表用于对业主信息的登记和管理,涉及业主基本信息、住房信息、物业费收缴信息、以及业主委员会角色等。小区业主信息表（Landlord Info）见表 7 - 23 所列。

表 7 - 23　小区业主信息表（Landlord Info）

序号	字段名称	中文名称	数据类型	备注
1	Record ID	业主编号	Int 或 Char(10)	主键
2	Landlord Name	业主姓名	Char(30)	
3	Landlord ID	身份证	Char(18)	
4	Landlord Tel	业主电话	Char(20)	
5	Mobile Phone	手机	Char(20)	
6	Email	电子邮件	Char(30)	
7	Wechat	微信	Char(30)	
8	Organization	工作单位	Char(60)	
9	Resident Num	常住人口	Int(1)	
10	House Num	业主楼号	Char(5)	
11	Room Num	业主房号	Char(5)	
12	House Area	房屋面积	Decimal(6,2)	
13	Category	房屋类别	Char(8)	别墅、洋房、小高层等
14	Is Mailbox	实体邮箱	Bool	实体邮箱
15	Buy Date	买入时间	Date	
16	Fee	物业费	Decimal(6,2)	月度
17	Date Collection	起收时间	Date	物业费
18	Role	业主委员会角色	Char(8)	默认会员

（23）小区房屋信息表（House Info）

小区房屋信息表用于登记小区房屋的基本信息,涉及房屋编号、楼号、房型、面积、开发商、建筑时间、使用年限等。小区房屋信息表（House Info）见表 7 - 24 所列。

表 7 - 24 小区房屋信息表(House Info)

序号	字段名称	中文名称	数据类型	备注
1	Record ID	房屋编号	Int/char(10)	自增 Int/Char(10),主键
2	House Num	楼号	Char(5)	
3	Room Num	房号	Char(5)	
4	House Layout	房型	Char(20)	三室二厅
5	Pic Layout	房型图	Char(100)	Url
6	House Type	房屋类型	Char(10)	别墅、洋房
7	Is Garage	附带车库	Bool	
8	House Area	房屋面积	Double(5,2)	
9	Area Available	使用面积	Double(5,2)	
10	Description	房屋描述	Char(100)	临水、采光
11	Developer	开发商	Char(60)	
12	Construction Company	建筑公司	Char(60)	
13	Build Time	建筑时间	Date	
14	Years Right	产权年限	Int(3)	
15	Is Sold	房屋状态	Bool	
16	Actual Price	售出价格	Double(10,2)	
17	Date Sold	售出日期	Date	
18	Buyer	业主	Char(30)	

(24)小区网上报修表(Online Repair Request)

小区网上报修表用于记录对报修申请的响应情况,涉及报修人基本信息、报修内容、维修人、维修进展、修理费用等。小区网上报修表(Online Repair Request)见表 7 - 25 所列。

表 7 - 25 小区网上报修表(Online Repair Request)

序号	字段名称	中文名称	数据类型	备注
1	Record ID	报修编号	Int/Char(10)	自增 Int/Char(10),主键
2	Applicant	报修人	Char(30)	
3	Phone	联系电话	Char(20)	手机
4	Location	位置	Char(30)	楼号＋房号
5	RepairItem	报修内容	Char(200)	
6	Pic Problem	问题图片	Char(100)	Jpg 的 URL,可上传多张
7	Submit Time	报修时间	Datetime	自动添加
8	Is Public	公共设施	Bool	
9	Responser	响应人	Char(30)	

（续表）

序号	字段名称	中文名称	数据类型	备注
10	Response Time	响应时间	Datetime	
11	Response Content	响应内容	Char(100)	
12	Repair Man	修理人	Char(30)	
13	Repair Phone	修理人电话	Char(20)	
14	Fee Threshold	上门费	Int(3)	
15	Repair Time	修理时间	Datetime	
16	Repair Fee	修理费用	Double(4,2)	
17	Detailed Fee	费用明细	Char(100)	
18	Pic Repaired	修后图片	Char(50)	

（25）公务车辆信息表（Official Viechle Info）

公务车辆信息表用于记录公务车辆的运营信息，涉及车辆的基本信息，车辆状态、累计里程、收费标准、年检情况等。公务车辆信息表（Official Viechle Info）见表 7-26 所列。

表 7-26　公务车辆信息表（Official Viechle Info）

序号	字段名称	中文名称	数据类型	备注
1	Viechle ID	车牌号	Char(20)	主键
2	Viechle Type	车型	Char(20)	SUV、MPV、轿车、商务车
3	Purpose Viechle	功能定位	Char(20)	
4	Capacity	载客量	Int(2)	
5	Owner	隶属单位	Char(30)	
6	Mileage	累计里程	Double(8,2)	单位：千米
7	Buy Date	购买时间	Datetime	
8	Price Buy	采购价	Double(5,2)	
9	Appearance	外观	Char(20)	颜色之类
10	Status Viechle	车辆状态	Char(8)	出差、检修
11	Is Annual Inspection	年检情况	Bool	
12	Is Insurance	保险情况	Bool	
13	Person Suitable	适用对象	Char(30)	哪一级别公务人员
14	Local Charge	市内收费标准	Int(2)	元
15	Setup Price Local	市内起步价	Int(2)	
16	Unit Local	市内计费单位	Char(8)	次，小时
17	Charge Out City	市外收费标准	Int(3)	
18	Unit For Fee	市外计费单位	Char(8)	天

(26)车辆维修记录表(Viechle Repair)

车辆维修记录表用于记录车辆的送修及维修情况,涉及车辆的类型、送修人、故障类型、修理情况、费用情况、取车时间等。车辆维修记录表(Viechle Repair)见表 7-27 所列。

表 7-27　车辆维修记录表(Viechle Repair)

序号	字段名称	中文名称	数据类型	备注
1	Record ID	序号	Int/char(10)	主码
2	Viechle ID	车牌号	Char	
3	Category Repair	维修分类	Char	正常检修、保养,事故维修
4	Repair Reason	维修原因	Char	详细原因
5	Sender	送修人	Char	
6	Date Send	送修日期	Date	
7	Work Days	修理工作日	Int(2)	预计修理工作日
8	Failed Part	失效部件	Char	多个部件
9	Pic Fail	修前图片	Char	Url
10	Repair Part	修理情况	Char	
11	Pic Repair	修后图片	Char	Url
12	Repair Fee	维修费用	Double	单位:元
13	Pic Fee	费用发票	Char	电子发票 Url
14	Repair Site	维修公司	Char	
15	Repair Site Phone	维修点电话	Char	
16	Is Inspect	是否检测	Bool	
17	Time Takeback	取车时间	Date	
18	People Fetch	取车人	Char	

(27)客户货运任务信息表(Freight Task Info)

客户货运任务信息表用于记录客户委托托运的货物信息,涉及任务编号、客户信息、货物信息、运输要求、运输价格、付款信息等。客户货运任务信息表(Freight Task Info)见表 7-28 所列。

表 7-28　客户货运任务信息表(Freight Task Info)

序号	字段名称	中文名称	数据类型	备注
2	Customer	客户名称	Char	
3	Person Contact	联系人	Char	
4	Phone	联系电话	Char	
5	Material	材料名称	Char	
6	Specification	材料尺寸	Char	
7	Weight	总重量	Double(10,3)	
8	Source	物料所在地	Char	

（续表）

序号	字段名称	中文名称	数据类型	备注
9	Destination	目的地	Char	
10	Begin Date	起运时间	Date	
11	End Date	完工时间	Date	单位:天
12	Is Emergency	是否加急	Bool	
13	Days Transport	往返天数	Int(2)	
14	Total Price	成交价	Double(8,4)	
15	Prepayment	预付款	Double(8,4)	
16	Date Prepay	预付日期	Date	
17	Date Final Pay	尾款日期	Date	
18	Status Task	任务状态	Char	

（28）公务车司机档案表（Drivers Info）

公务车司机档案表用于对公务车司机信息进行查看、管理,涉及司机的个人基本信息,如姓名、年龄、住址、联系方式等,以及工作信息,如工资、安全记录、当前状态等。公务车司机档案表（Drivers Info）见表 7-29 所列。

表 7-29 公务车司机档案表（Drivers Info）

序号	字段名称	中文名称	数据类型	备注
1	Driver ID	司机编号	Int/char(10)	主码
2	Driver Name	姓名	Char	
3	Driver Sex	性别	Bool	
4	Age	年龄	Int	
5	ID Numbers	身份证号	Char	
6	Pic IDN	身份证图片	Char	
7	Driver Phone	电话	Char	
8	Address	住址	Char	
9	Belong Org	工作单位	Char	
10	License Number	驾驶证号码	Char	
11	Pic License	驾驶证图片	Char	
12	Driving Years	驾龄	Int	
13	Salary Hour	小时工资	Double(3,1)	
14	Safety Info	安全记录	Char	
15	Last Time	上次归来时间	Datetime	
16	Current Status	当前状态	Char	出任务,休假
17	Update Time	信息更新时间	Datetime	
18	MEMO	备注	Char	

(29)物料采购申请表(Application Purchasing)

物料采购申请表涉及物料名称、数量、采购价格、订单总金额、交货期等。物料采购申请表(Application Purchasing)见表 7-30 所列。

表 7-30　物料采购申请表(Application Purchasing)

序号	字段名称	中文名称	数据类型	备注
1	Request ID	请购单号	Int	主键
2	Department	申请部门	Char	
3	Material Name	物料名称	Char	
4	Requirements	物料要求	Char	
5	Quantity	需要数量	Int	
6	Reason	采购理由	Char	
7	Price	初询单价	Double	
8	Total Buiness	估计总金额	Double	
9	Delivery Date	交货期	Date	
10	Brand	品牌	Char	
11	Candidates	候选供应商	Text	多个供应商
12	Favorite Supplier	第一选择	Char	
13	Request Man	申请人	Char	
14	Request Phone	申请人电话	Char	
15	Is Submit	是否提交	Bool	
16	Request Date	提交日期	Date	
17	Director	主管	Char	
18	Approve Date	批准日期	Date	

(30)物资入库记录表(Materials Info)

物资出入库记录表用于对出入库货物盘点信息的登记,涉及物资的编号、品牌、数量、入库操作的时间、入库检查等。物资入库记录表(Materials Info)见表 7-31 所列。

表 7-31　物资入库记录表(Materials Info)

序号	字段名称	中文名称	数据类型	备注
1	Record ID	入库编号	Int/Char(10)	主码,采购批次编号
2	Material ID	物资编号	Char	
3	Material Name	物资名	Char	
4	Material Brand	品牌	Char	
5	Material Size	规格	Char	
6	Category	类别	Char	
7	Unit Measure	计量单位	Char	如件、个

（续表）

序号	字段名称	中文名称	数据类型	备注
8	Date Production	生产时间	Date	
9	Expiry Date	失效日期	Date	
10	Supplier	供应商	Char	
11	In Price	采购单价	Double	
12	Qunantity	采购量	Int	
13	People Purchase	采购人	Char	
14	Date Buy	采购时间	Date	
15	Date Purchasing	入库时间	Date	
16	Is Inspection	入库检测	Bool	
17	UnitsIn	入库量	Int	
18	Inspector	检测人	Char	

（31）供货商信息表（Supplier Info）

供货商信息表用于记录为企业提供服务的供货商信息，涉及供货商名称、联系方式、公司信息、联系人、产品类型、交付质量、效率等信息。供货商信息表（Supplier Info）见表 7-32 所列。

表 7-32 供货商信息表（Supplier Info）

序号	字段名称	中文名称	数据类型	备注
1	Supplier ID	供货商 ID	Char(7)	主键
2	Supplier Name	名称	Char(60)	
3	Supplier Address	通信地址	Char(60)	
4	Web Site	网址	Char(100)	
5	Supplier Phone	公司电话	Char(20)	
6	Fax Supplier	公司传真	Char(20)	
7	Official Email	公务邮箱	Char(30)	
8	Person Contact	联系人	Char(30)	
9	Phonc Contact	联系人电话	Char(20)	
10	Date Bulid	关系建立时间	Date	开始合作时间
11	Goods Supply	供应物品	Char(100)	
12	Date First Supply	首次供货时间	Date	
13	Accumulative Time	累计供货次数	Int(4)	
14	Accumulative Level	累计供货量	Int(6)	
15	Num Fault	累计次品数	Int(3)	
16	Num Backlogging	延期交货次数	Int(3)	累计

（续表）

序号	字段名称	中文名称	数据类型	备注
17	Total Money	累计交易额	Double(12,4)	万元
18	No Fault Rate	良品率	Double(3,2)	平均,自动计算
19	Delivery On Time	准时交货率	Double(3,2)	平均,自动计算

（32）供应商评价表（Supplier Evaluation Expert）

供应商评价表用于定期对所属供应商进行评估和管理,涉及供应商生产能力、管理能力、交货水平、服务水平等方面的得分情况。供应商评价表（Supplier Evaluation Expert）见表7-33所列。

表7-33 供应商评价表(Supplier Evaluation Expert)

序号	字段名称	中文名称	数据类型	备注
1	Evaluation ID	评价编号	Int/Char(2)	主键,自增 Int/Char
2	Supplier	供应商	Char	
3	Is Stragetic Parnter	战略伙伴	Bool	
4	Delivery Performance	交货表现	double(4,3)	百分制,实际数据
5	Defect Rate	质量	double(4,3)	百分制,实际数据,良品率
6	Price	价格	Double(6,2)	实际数据
7	Technical Capability	技术能力	double(4,1)	百分制,专家打分
8	Financial Position	财务状况	Int	五级制,专家打分
9	Reputation	业界声誉	Int	五级制,专家打分
10	Communication System	信息交流系统	Int	五级制,专家打分
11	Management And Organization	管理和组织	Int	五级制,专家打分
12	Production Flexibility	生产柔性	Int	五级制,专家打分
13	Warranties And Claim Policies	担保和索赔政策	Int	五级制,专家打分
14	Response Time	响应时间	Int	五级制,专家打分
15	Lead Time	订货提前期	Int	五级制,专家打分
16	Desire Business	合作意愿	Int	五级制,专家打分
17	Geographical Location	地址位置	Int	五级制,专家打分
18	Expert	专家姓名	Char	
19	Time Submit	提交时间	Datetime	

（33）客户联系人信息表（Customer Contacter）

客户联系人信息表用于对客户信息进行记录、查看、管理,涉及客户名称、性别、年龄、职位、联系方式、公司名称、资产总额、联系方式等。客户联系人信息表（Customer Contacter）见表7-34所列。

表 7－34　客户联系人信息表（Customer Contacter）

序号	字段名称	中文名称	数据类型	备注
1	Contact ID	联系人编号	Int/Char(5)	自增 Int/Char,主键
2	Company	公司	Char	相关客户
3	Mainpage	公司主页	Char	
4	Company Asset	公司总资产	Double(8,2)	单位:亿元
5	Contact Name	客户联系人	Char	姓名
6	Genter	性别	Bool	
7	Age	年龄	Int	
8	Department	所在部门	Char	部门
9	Position	联系人职务	Char	称呼
10	Office Phone	办公电话	Char	办公电话
11	Mobile Phone	移动电话	Char	移动电话
12	Fax	传真	Char	传真
13	Email	电子邮箱	Char	电子邮箱
14	QQ	QQ	Char	
15	Wechat	微信	Char	
16	Address Contact	通信地址	Char	
17	Zip Code	邮编	Char	邮编
18	Time Update	更新时间	Datetime	

（34）大客户信息表（Group Customers Info）

大客户信息表用于对重大客户信息进行登记、查看、管理,涉及客户名称、描述、联系方式、采购次数、总额、时间、联络人信息等。大客户信息表（Group Customers Info）见表 7－35 所列。

表 7－35　大客户信息表（Group Customers Info）

序号	字段名称	中文名称	数据类型	备注
1	Customer ID	客户编号	Char(7)	主码
2	Customer Name	客户名称	Char(40)	
3	Customer	客户描述	Char(100)	
4	Web Site	网址	Char(100)	
5	Address Contact	通信地址	Char(60)	
6	Zip Code	邮编	Char(6)	
7	Official Email	邮箱	Char(30)	
8	Official Phone	办公电话	Char(20)	
9	CEO	主管	Char(30)	
10	Person Contact	联系人	Char(30)	

（续表）

序号	字段名称	中文名称	数据类型	备注
11	Telephone Contact	联系人电话	Char(20)	
12	Servicer	联络人	Char(30)	
13	Is Update	是否更新	Bool	
14	Time Update	更新时间	Datetime	最近更新时间
15	First Buy Date	首次采购时间	Date	以下为记录性统计数据
16	Last Buy Date	上次采购时间	Date	
17	Total Times	总交易次数	Int(5)	
18	Total Business	累计交易额	Double(10,2)	单位:万元

（35）茶叶产品信息表（Tea Product Info）

茶叶产品信息表用于记录茶叶从生产、采摘、加工再到销售的重要信息,涉及品牌、类别、产地、采摘时间、产品描述、销售许可证、价格、保质期等。茶叶产品信息表（Tea Product Info）见表7-36所列。

表7-36 茶叶产品信息表（Tea Product Info）

序号	字段名称	中文名称	数据类型	备注
1	Tea ID	茶叶编号	Int	主键、标识列
2	Tea Name	茶叶名称	Char(50)	
3	Brand	品牌	Char(20)	
4	Is Green	茶叶类别	Bool	红茶,绿茶
5	Picking Season	采摘时节	Date	
6	Tea Provenance	茶叶产地	Char(60)	
7	Tea Description	产品描述	Char(200)	存产品详情网站或网页
8	Tea Storage	储藏方法	Char(50)	
9	Drink Style	饮用方法	Char(100)	
10	Unit Price	茶叶单价	Double(6,2)	
11	Standard	计价单位	Char(4)	
12	Company	生产公司	Char(50)	
13	Production Place	生产地点	Char(100)	
14	Production Date	生产日期	Date	
15	Shelf Life	保质期	Int(3)	单位:月
16	License Number	许可证号	Char(30)	工业产品生产许可证
17	Expiry Date	许可证有效期	Date	
18	Pic License	许可证图片	Char(100)	Url

(36)产品销售记录表(Sale Records)

产品销售记录表用于记录整个销售流程中的重要信息,涉及产品名称、单价、数量、总金额、付款信息、交货信息、销售人员、审核人员信息等。产品销售记录表(Sale Records)见表7-37所列。

表7-37 产品销售记录表(Sale Records)

序号	字段名称	中文名称	数据类型	备注
1	Sale ID	销售编号	Int/Char(15)	主键,自增 Int/Char(15)
2	Product ID	产品编号	Char	
3	Product Name	产品名称	Char	产品
4	Unit Price	单价	Double	产品单价
5	Sale Num	销售数量	Int	销售产品数量
6	Discount	折扣	Double	折扣
7	Total Business	总金额	Double	最终金额,自动计算
8	Company	客户	Char	相关客户
9	Is VIP	VIP客户	Bool	
10	Prepayment	预付款	Double	
11	Surplus Pay	尾款日期	Date	
12	Delivery Date	交货时间	Date	
13	Sale Person	销售员	Char	销售员
14	Ratio Personel	销售提成	Double	提成比例
15	Sale Date	销售日期	Date	
16	Echelon	销售进展	Char	
17	Is Pass	审核结论	Bool	
18	Auditor	交易审核人	Char	

(37)产品售后服务记录表(Feedback After Sale)

产品售后服务记录表用于记录从服务响应、修理、再到回访整个修理流程的信息,涉及客户的基本信息、报修内容、维修过程、回访情况等。产品售后服务记录表(Feedback After Sale)见表7-38所列。

表7-38 产品售后服务记录表(Feedback After Sale)

序号	字段名称	中文名称	数据类型	备注
1	Service ID	服务编号	Int/Char(15)	主,自增 Char(15)
2	Customer	客户名称	Char(60)	相关客户
3	Address	客户地址	Char(100)	
4	Phone Customer	客户电话	Char(20)	
5	Service Content	报修内容	Char(100)	
6	Product	相关产品	Char(50)	相关产品
7	Time Application	报修时间	Datetime	

（续表）

序号	字段名称	中文名称	数据类型	备注
8	Is Assignment	是否安排	Bool	
9	Service Staff	服务人员	Char(100)	可能多人
10	Phone Staff	师傅电话	Char(20)	
11	Time Service	服务时间	Datetime	
12	Detailed Service	服务情况	Char(200)	
13	Service Fee	服务费用	Double(5,2)	
14	Is Ok	是否解决	Bool	问题是否解决
15	Satisfy	顾客满意度	Int(2)	10分制
16	Return Visit	回访人	Char(30)	
17	Time R Visit	回访时间	Datetime	
18	Assessment	服务评价	Char(100)	

（38）员工个人信息表（Employee Info）

员工个人信息表用于对所属员工信息进行记录、查看、管理,涉及员工姓名、编号、性别、学历、联系方式、职位、部门、入职时间、工龄、薪资等。员工个人信息表（Employee Info）见表7-39所列。

表7-39 员工个人信息表（Employee Info）

序号	字段名称	中文名称	数据类型	备注
1	Employee ID	员工编号	Char	唯一标识不同的员工
2	Name	姓名	Char	
3	Sex	性别	Char	
4	Self ID	身份证号	Char	
5	Birth Place	籍贯	Char	
6	Education	学历	Char	
7	Degree	学位	Char	
8	Personal Phone	个人电话	Char	手机
9	Email	员工邮箱	Char	
10	Current Dept	当前部门	Char	
11	Official Phone	办公电话	Char	
12	Current Job	当前工作	Char	
13	Position	职务	Char	
14	Technical Title	职称	Char	
15	Join Date	入职时间	Date	
16	Is On Duty	是否在职	Bool	
17	Working Age	工龄	Int	
18	Salary	薪水	Double(8,2)	

（39）员工工作简历表（Employee Resume）

员工工作简历表用于对员工工作情况的记录，涉及员工的工作经历、部门信息、技术等级、奖惩情况，证明人等。员工工作简历表（Employee Resume）见表 7-40 所列。

表 7-40　员工工作简历表（Employee Resume）

序号	字段名称	中文名称	数据类型	备注
1	Record ID	记录号	Int/Char(12)	自增 Int/Char(12)
2	Employee ID	职工号	Char(10)	
3	Name	姓名	Char(30)	
4	Begin Date	起始年月	Date(6)	
5	End Date	截至年月	Date(6)	
6	Is Oversea	是否出国	Bool	默认 0
7	Organization	所在单位	Char(60)	
8	Department	所在部门	Char(40)	
9	Job	从事工作	Char(80)	
10	Position	党政职务	Char(20)	
11	Technical Title	技术职务	Char(20)	
12	Technical Level	技术等级	Int(2)	
13	Achievements	主要业绩	Char(100)	贡献
14	Honours	获得荣誉	Char(100)	奖励之类
15	Has Punish	有无处分	Bool	
16	Salary	享受待遇	Double(5,1)	
17	Certifier	证明人	Char(30)	
18	Comments	其它	Char(100)	

（40）网站团体用户合同记录表（Contract Group）

网站团体用户合同记录用于登记网站及团体用户之间的合同信息，涉及工作职责、年费的缴纳、合同是否延长、经办人签名等。网站团体用户合同记录表（Contract Group）见表 7-41 所列。

表 7-41　网站团体用户合同记录表（Contract Group）

序号	字段名称	中文名称	数据类型	备注
1	Contract ID	合同 ID	Int/Char(20)	自动 Int/Char(20)，主键
2	Group ID	用户 ID	Char(30)	User ID
3	User Name	用户名	Char(60)	
4	Certification	资格证件	Char(60)	URL
5	Email	电邮	Char(30)	
6	Link Man	联系人	Char(30)	
7	Phone Contact	联系电话	Char(20)	

(续表)

序号	字段名称	中文名称	数据类型	备注
8	Services	服务项目	Char(100)	
9	Is Prolong	合同延长	Bool	现有合同延长
10	Years Prolong	延长年限	Int2	
11	Contract File	合同文本	Char(100)	url,含签字后扫描件
12	Begin Date	开始日期	Date	
13	End Date	结束日期	Date	
14	Fee Eachyear	年度费用	Double(8,1)	
15	Pay Time	年费缴纳日	Datetime	
16	Contract Time	签订时间	Datetime	
17	Contract Handler	经办人	Char(30)	管理员 ID
18	Contract Status	合同状态	Char(10)	暂存、关闭、执行中、结束

(41)网站团体用户缴费记录表(Records Pay Group)

网站团体用户缴费记录表用于记录网站团体用户的缴费情况,涉及用户信息、应缴费、缴费账户、缴费时间、通知人、实缴费等。网站团体用户缴费记录表(Records Pay Group)见表 7-42 所列。

表 7-42　网站团体用户缴费记录表(Records Pay Group)

序号	字段名称	中文名称	数据类型	备注
1	Payment ID	缴费 ID	Int/Char(20)	自动 Int,主键
2	Group ID	用户 ID	Char(30)	User ID
3	User Name	用户名	Char(60)	
4	Phone User	用户电话	Char(20)	
5	Email	电邮	Char(30)	
6	Contract ID	合同 ID	Int/ char(20)	
7	Fee Contract	应缴费	Double(8,1)	
8	Time Contract	应交时间	Datetime	
9	Is Notice	是否通知	Bool	
10	Handler	通知人	Char(30)	
11	Notice Time	通知时间	Datetime	提前一月
12	Notice Content	通知内容	Char(60)	短信、电邮内容
13	Times Notice	催缴次数	Int1	记录电话催缴次数
14	Fee Receive	实缴费	Double(8,1)	
15	Account Source	缴费账户	Char(50)	支付宝
16	Time Receive	缴费时间	Datetime	
17	Is Feedback	缴费反馈	Bool	通知客户缴费收到
18	Remark	备注	Char100	

（42）网站管理员信息表（Administrators Info）

网站管理员信息表用于对管理员信息进行查看、管理，涉及管理人员姓名、年龄、职位、身份证号、联系方式、从业年限、薪资情况等。网站管理员信息表（Administrators Info）见表7-43所列。

表 7-43　网站管理员信息表（Administrators Info）

序号	字段名称	中文名称	数据类型	备注
1	Serial No.	编号	Int/Char(8)	自动，主键
2	Admin ID	用户名	Char(30)	唯一标识，查重
3	Admin PSW	密码	Char(20)	保密存储
4	Admin Name	姓名	Char(30)	
5	Admin Gender	性别	Bool	
6	Admin ID Card	身份证号	Char(18)	
7	Admin Email	邮箱	Char(30)	
8	Admin M Phone	手机	Char(20)	
9	Admin QQ	QQ	Char(20)	
10	Admin WeChat	微信	Char(50)	
11	Years Engage	从业年限	Int(2)	同行从业经历
12	Salary	薪水	Double(12,2)	
13	Auditor	审核人	Char(30)	真实姓名，超级管理员
14	Is Pass	审核结论	Bool	是否通过
15	Admin Role	角色	Char(20)	系统管理员，任务分配
16	Is On Duty	是否在岗	Bool	上岗、离职
17	Admin Begin Time	上岗时间	Datetime	
18	Admin End Time	离职时间	Datetime	

（43）门禁系统电子门信息表（Entrance Guard）

门禁系统电子门信息表用于记录电子门的基本信息和使用信息，涉及电子门的品牌、价格、安装时间、保修时间、以及电子门的功能信息等。门禁系统电子门信息表（Entrance Guard）见表7-44所列。

表 7-44　门禁系统电子门信息表（Entrance Guard）

序号	字段名称	中文名称	数据类型	备注
1	Door ID	门编号	Int/Char10	主键
2	Door Name	门名称	Char	可对应房间号
3	Location	位置描述	Char	建筑、楼层、房间
4	Brand	门品牌	Char	
5	Company	购自公司	Char	
6	Company Phone	售后电话	Char	
7	Door Money	门价格	Double	

（续表）

序号	字段名称	中文名称	数据类型	备注
8	Setup Date	安装时间	Date	
9	Warranty Time	保修时间	Int	单位：月
10	Type Door	门禁类型	Char	声控，指纹，虹膜，刷脸，刷卡
11	Is Normal	门状态	Bool	正常
12	Is Enable	是否启用	Bool	门禁是否启用
13	Pass Setting	通行设定	Bool	卡型，卡号
14	Legal Type	合法卡型	Char	教工，后勤，本科生，研究生
15	Legal Users	合法卡号	Char	通过卡注册实现，很多卡号
16	Illegal Pits	非法提示	Char	
17	Condition Warning	警报条件	Int	声光报警，比如连续多次尝试
18	Is Photo	是否拍照	Bool	仅限重要场所

（44）AppStore 中的 APP 信息表（APPs Info）

AppStore 中的 APP 信息表用于客户对 APP 的基本信息、安装信息的了解，涉及当前的版本信息、版本编号、安装包信息、APP 下载情况、评论情况、上架信息等。AppStore 中的 APP 信息表（APPs Info）见表 7 - 45 所列。

表 7 - 45　AppStore 中的 APP 信息表（APPs Info）

序号	字段名称	中文名称	数据类型	备注
1	APP ID	ID 编号	Int/Char(15)	主键，自增长
2	APP Name	标题名称	Char(50)	非空
3	APP Package Name	程序包名	Char(50)	非空
4	APP Version	版本名称	Char(50)	非空
5	APP Version Code	版本编号	Char(20)	非空
6	APP Support	支持版本	Char(50)	非空
7	APP Size	安装包大小	Char(50)	非空
8	APP Icon	URL 地址	Char(200)	非空
9	APP Rating	平均分数	Double(3,1)	非空
10	APP Url	URL 地址	Char(100)	非空
11	APP Type	应用类型	Char(50)	非空
12	Time Shelf Up	添加时间	Datetime	非空
13	Pics APP	宣传图片	Char(100)	
14	APP Author	作者信息	Char(50)	可空
15	APP Note	简要描述	Text	可空
16	APP DL Count	下载次数	Int	非空
17	APP CM Count	评论次数	Int	记录应用总共的，非空
18	Is Shelf Off	是否下架	Bool	

(45)高校基本信息表(University Inf)

高校基本信息表便于用户对高校情况的了解以及实力的评估,涉及高校名称、代码、校区地址、校庆日、学校等级、学生规模、主管部门等。高校基本信息表(University Inf)见表7-46所列。

表 7-46　高校基本信息表(University Inf)

编号	字段名称	中文名称	数据类型	备注
1	Record ID	序号 ID	Int/Char(4)	主键
2	University ID	学校代码	Char	10359
3	Chinese Name	学校中文名称	Char	
4	English Name	学校英文名称	Char	
5	Address	主校区	Char	
6	Zip Code	主校区邮编	Char	
7	School Day	校庆日	Date	建校日期
8	Is 211	是否 211	Bool	
9	Is 985	是否 985	Bool	
10	Is Top University	双一流大学	Bool	二者择一
11	Is Top Subject	双一流学科	Bool	二者择一
12	Superior Department	主管部门名称	Char	
13	Major Undergraduate	本科专业数	Int	
14	Major Postgraduate	硕士点数	Int	
15	Major Phd	博士点数	Int	
16	Size Undergraduate	本科生规模	Double	万人
17	Size Postgraduate	研究生规模	Double	万人
18	Main Page	主页地址	Char	

(46)学院基本信息表(Schools Info)

学院基本信息表用于对学院基本信息的记录、查看、管理,涉及学院名称、地址、固定资产、建院时间、学生规模、实验室数等。学院基本信息表(Schools Info)见表7-47所列。

表 7-47　学院基本信息表(Schools Info)

序号	字段名称	中文名称	数据类型	备注
1	School ID	学院编号	Char(2)	主键
2	Dept Name	名称	Char	
3	Brief Name	学院简称	Char	
4	Fixed Asset	固定资产	Double	单位:千万元
5	Establish Date	建院日期	Date	
6	Address	地址	Char	
7	Number Of Empolyee	员工数	Int	

（续表）

序号	字段名称	中文名称	数据类型	备注
8	Program Bachelor	本科专业数	Int	
9	Program Master	硕士点数	Int	
10	Number Of Laboratory	实验室数	Int	
11	Institute Num	研究所数	Int	
12	Size Of Bacheler	本科生规模	Int	
13	Size Of Master	研究生规模	Int	
14	Has PHD Program	博士点	Bool	
15	Has Post Doctor	博士后站	Bool	
16	Email	电邮	Char	
17	Main Page	主页	Char	
18	Introduction	院系介绍	Text	

（47）学生基本信息表（Students Info）

学生基本信息表用于对学生个人信息的记录、查看、管理，涉及学生姓名、院系、学制、班级、特长、籍贯、身份证号、联系方式等。学生基本信息表（Students Info）见表7-48所列。

表 7-48　学生基本信息表（Students Info）

序号	字段名称	中文名称	数据类型	备注
1	Student ID	学号	Char	自编，主键
2	Student Name	学生姓名	Char	人事档案中记载的姓名
3	Department	院系所部中心	Char	属于单位
4	Major	专业	Char	
5	Duration	学制	Int	单位：年
6	Entrance Date	入学年月	Date	格式：CCYYMM
7	Class Name	班级	Char	所在班级
8	Come From	籍贯	Char	
9	ID Card	身份证号	Char	
10	Gender	性别	Bool	
11	Birth Place	出生地	Char	
12	Residence	现在住址	Char	学生当前的常住地址
13	Phone	联系电话	Char	
14	Email	电子信箱	Char	
15	QQ	QQ号	Char	
16	Wechat	微信号	Char	
17	Current Balance	校园卡余额	Double	本次添加
18	Specialty	特长	Char	某一方面的特殊能力

(48)班级信息表(Classes Info)

班级信息表用于对班级的基本情况记录、查看、管理,涉及班级的名称、学院、建班时间、任职情况、荣誉情况、班级成员结构等。班级信息表(Classes Info)见表 7-49 所列。

表 7-49 班级信息表(Classes Info)

序号	字段名称	中文名称	数据类型	备注
1	Record ID	班级 ID	Int/Char(10)	主键,自增 Int/Char(10)
2	Class Name	班级名称	Char	
3	Class Alias	班级别名	Char	
4	Is Special	英才卓越班	Bool	默认 0
5	School	学院	Char	
6	Major	专业	Char	
7	Setup Date	建班年月	Date	
8	Monitor	班长	Char	
9	Secretary	团支书	Char	
10	Commissary Study	学习委员	Char	
11	Class Teacher	班主任	Char	可填辅导员
12	Class QQ	班级 QQ 群	Char	
13	Class We Chat	班级微信群	Char	
14	Size Of Class	人数	Int	
15	Number Of Girl Student	女生人数	Int	
16	Honors	班级荣誉	Text	
17	Members	班级成员	Text	学号姓名,以";"分隔学生
18	Current Balance	班费余额	Double	单位:元

(49)学生奖学金信息与发放记录表(Scholarship)

学生奖学金信息发放记录表用来记录奖学金的发放情况,涉及学生姓名、奖学金名称、获奖原因、奖学金金额、已发放金额、付款信息等。学生奖学金信息与发放记录表(Scholarship)见表 7-50 所列。

表 7-50 学生奖学金信息与发放记录表(Scholarship)

序号	字段名称	中文名称	数据类型	备注
1	Reward ID	奖励编号	Int/Char(12)	主键,学号+2,自增 Int
2	Student ID	学号	Char(20)	
3	Student Name	学生姓名	Char(30)	
4	Scholarship Name	奖学金名称	Char(40)	
5	Scholarship Rank	奖学金等级	Char(20)	
6	Scholarship Amount	奖学金金额	Double(8,2)	
7	Amount Paid	已发放金额	Double(8,2)	初始 0,后累加

（续表）

序号	字段名称	中文名称	数据类型	备注
8	Reward Reason	获奖原因	Char(100)	
9	Number Of Certificate	证书编号	Char(20)	
10	Pic Url	证书图片	Char(100)	存放地址
11	Scholarship Date	颁奖日期	Date	
12	Reward Org	颁奖单位	Char(60)	
13	Times Issue	发放次数	Int(1)	分几次发放
14	Is Campus Card	校园卡	Bool	校园卡接受
15	Bank Open	开户行	Char(100)	如是校园卡
16	Account To	接受账户	Char(30)	银行卡
17	Grant Time	发放时间	Date	约定的发放时间
18	Is Complete	发放结束	Bool	是否发放结束

（50）学生出国（境）学习信息表（Foreign Learning）

学生出国（境）学习信息表用于记录学生出国学习信息情况,涉及学生姓名、学习单位、派出单位、留学类型、应回日期、审批信息等。学生出国（境）学习信息表（Foreign Learning）见表 7-51 所列。

表 7-51 学生出国(境)学习信息表(Foreign Learning)

序号	字段名称	中文名称	数据类型	备注
1	Record ID	记录编号	Int/Char(12)	主键,自增 Int 或学号＋2 流水
2	Student ID	学号	Char(10)	
3	Student Name	学生姓名	Char(30)	
4	Phone	电话	Char(20)	
5	Email	电邮	Char(40)	
6	Receive Org	接受单位	Char(180)	
7	Foreign Major	接受专业	Char(60)	
8	Foreign Adress	通信地址	Char(180)	
9	Dispatch Org	派出单位	Char(60)	
10	Is Personel	是否自费	Bool	自费
11	Sponsor	资助项目	Char(60)	自费,不用写
12	Sponsor Fund	资助经费	Double(5,2)	单位:万元,自费,不用写
13	Approve Org	审批单位	Char(60)	
14	Approve Date	审批日期	Date	
15	Learning Content	学习内容	Char(200)	
16	Due Date Return	应回日期	Date	
17	Real Date Return	实回日期	Date	
18	Days Retent	滞留天数	Int(4)	

（51）杂志信息表（Journals Info）

杂志信息表便于用户对杂志信息进行了解，涉及杂志的名称、出版号、主办机构、联系方式、杂志等级、影响因子等。杂志信息表（Journals Info）见表 7 - 52 所列。

表 7 - 52　杂志信息表（Journals Info）

序号	字段名称	中文名称	数据类型	备注
1	Journal ID	杂志编号	Int/Char(20)	主键
2	Journal Name	杂志名称	Char(40)	
3	brief Name	简称	Char(10)	
4	JournalI SSN	ISSN 号	Char(9)	1007—9807
5	Journal CN	CN 号	Char(11)	CN23 - 1523/F
6	Organization	主办机构	Char(60)	
7	Brief Introduction	简介	Char(100)	
8	com Address	通信地址	Char(100)	
9	email	email	Char(30)	投稿
10	Phone	电话	Char(20)	咨询电话
11	Mainpage	主页	Char(100)	网址
12	Create Time	创办时间	Date	
13	Indexing	检索情况	Char(100)	SCI,EI,CSCD,CSSCI
14	Is Core	是否核心	Bool	核心,非核心
15	Physical Price	硬拷贝单价	Double(4,1)	订阅方式
16	Soft Price	软拷贝单价	Double(4,1)	订阅方式
17	Factor Influence	影响因子	Double(5,2)	
18	Periods	订阅时长	Int(2)	月数,要大于等于 2

（52）校园卡信息表（Campus Card Info）

校园卡信息表用于记录校园卡持有人以及状态信息，涉及学工号、姓名、所在部门、卡号、密码、余额、卡状态等。校园卡信息表（Campus Card Info）见表 7 - 53 所列。

表 7 - 53　校园卡信息表（Campus Card Info）

序号	字段名称	中文名称	数据类型	备注
1	Record ID	记录号	Int/Char(10)	主码,自增 Int 或 Person ID＋2
2	Card ID	卡号	Char5	
3	Password	密码	Char20	保密存储,查询、信息更新
4	Password Pay	支付密码	Char20	支付密码,保密存储
5	Card Type	卡类型	Bool	正式,临时
6	Status	卡状态	Char4	正常,挂失,注销,锁定

（续表）

序号	字段名称	中文名称	数据类型	备注
7	Max Limit	单次消费限制	Int	30元，超出需输入密码解锁
8	Is Online	线上转入	Bool	支付宝转入
9	Surplus	余额	Double(6,2)	否
10	Understanding	过渡金额	Double(6,2)	
11	E Account	电子账号余额	Double(8,2)	
12	Message	卡消息	Char100	
13	Card Date	建卡日期	Date	
14	Person ID	学工号	Char8	
15	Name	姓名	Char30	
16	Role	身份	Char8	大学生，教工，后勤，附属中小学生
17	ID Card	身份证	Char18	
18	Department	部门	Char30	

（53）外聘国外专家信息表（Foreign Experts Info）

外聘国外专家信息表用于对外聘专家信息进行记录、查看、管理，涉及专家姓名、性别、国籍、工作经历、受聘单位、岗位、聘用时间、薪酬信息等。外聘国外专家信息表（Foreign Experts Info）见表7-54所列。

表7-54　外聘国外专家信息表（Foreign Experts Info）

序号	字段名称	中文名称	数据类型	备注
1	Expert ID	专家编号	Int/Char(10)	自增In或/Char(10)
2	Name	姓名	Char(60)	
3	Gender	性别	Bool	
4	Engage Date	受聘日期	Date	
5	Engage Org	受聘单位	Char(60)	
6	Job	受聘岗位	Char(60)	
7	Requirements	工作要求	Char(100)	
8	Years Engage	拟聘年限	Int(2)	
9	Object Engage	外聘目的	Char(60)	
10	Resident Date	来华定居日期	Date	
11	From	来自国家或地区	Char(100)	
12	Foreign Org	原单位英文名	Char(180)	
13	Technical Title	专业技术职务	Char(20)	
14	Degree	学位	Char(60)	

（续表）

序号	字段名称	中文名称	数据类型	备注
15	Research Area	研究（或业务）领域	Char(100)	
16	Achievement	工作业绩	Char(100)	荣誉
17	Social Position	社会兼职	Char(100)	
18	Salary	工资	Double(6,1)	

（54）外聘国内专家情况信息表（Domestic Expert Info）

外聘国内专家信息表用于对外聘国内专家信息进行记录、查看、管理，涉及专家姓名、联系方式、工作经历、研究领域、受聘单位、受聘岗位、年限、待遇薪酬等。外聘国内专家情况信息表（Domestic Expert Info）见表 7 - 55 所列。

表 7 - 55　外聘国内专家情况信息表（Domestic Expert Info）

序号	字段名称	中文名称	数据类型	备注
1	Expert ID	专家编号	Int/Char(10)	
2	Name	姓名	Char	
3	English Name	英文姓名	Char	拼音
4	ID Card	身份证号	Char	
5	Current Org	现工作单位	Char	
6	Gender	性别	Bool	
7	Phone	电话	Char	
8	Social Position	社会兼职	Char	
9	Last Degree	最后学位	Char	
10	Technical Title	专业技术职务	Char	
11	Research Area	研究（或业务）领域	Char	
12	Achievement	工作业绩	Char	
13	Engage Org	受聘单位	Char	
14	Job	受聘岗位	Char	
15	Years Limit	拟聘年限	Int	
16	Requirements	工作要求	Char	
17	Salary	享受待遇	Double	
18	Engage Date	受聘日期	Date	

（55）学员电子作业表（EHomework Info）

学员电子作业表用于记录从作业发布、提交、再到批改以及最后修订的相关信息，涉及任务内容、提交信息、批改规则和分数、教师评语、学生修改情况等。学员电子作业表（EHomework Info）见表 7 - 56 所列。

表 7-56　学员电子作业表(EHomework Info)

序号	字段名称	中文名称	数据类型	备注
1	Record ID	编号	Int/Char(10)	唯一标识不同的单据
2	Student ID	学员 ID	Char	
3	Student Name	学员姓名	Char	
4	Task Content	任务标题	Char	
5	Task Document	任务内容	Char	任务文档 Url
6	Arrange Time	布置时间	Datetime	
7	Is Submit	是否提交	Bool	默认需要
8	Specified Time	应交时间	Datetime	要求的
9	Homework	学员作业	Char	作业文档 Url
10	Student State	作业说明	Char	学生提交作业时添加的说明
11	Submit Time	提交时间	Datetime	
12	Teacher ID	批改人	Char	
13	Comments	评语	Text	
14	Score Hundred	百分成绩	Double	百分制,二者择一
15	Score Five	五级成绩	Int	五级制,二者择一
16	Review Time	批改时间	Datetime	
17	Student Correct	学生订正	Char	作业订正文档 Url
18	Correct Time	订正时间	Datetime	

(56)学生宿舍用电缴费记录表(Power Usage Dormitory)

学生宿舍用电缴费记录用于记录学生宿舍电费缴纳情况,涉及宿舍号、人数、用电量、单价、应缴电费、缴费日期、收费人等。学生宿舍用电缴费记录表(Power Usage Dormitory)见表 7-57 所列。

表 7-57　学生宿舍用电缴费记录表(Power Usage Dormitory)

序号	字段名称	中文名称	数据类型	备注
1	Record ID	编号	Int/Char(20)	主码
2	Room ID	宿舍号	Char	否
3	Residents	人数	Int	
4	Contact Person	室长	Char	否
5	Phone	室长电话	Char	否,手机
6	Email	宿舍电邮	Char	通知、账单
7	Last Num	上次读数	Double	否
8	Current Num	本次读数	Double	否
9	Unit Price	电费单价	Double	否
10	Total Money	应缴纳电费	Double	自动计算

（续表）

序号	字段名称	中文名称	数据类型	备注
11	Date Bill	账单日	Date	发送电邮
12	Date Pay	缴费日	Date	否,约定缴费日期
13	Is Message	短信通知	Bool	短信
14	Is Call	电话通知	Bool	电话
15	Real Date Pay	实缴日期	Date	
16	Pay Person	缴费人	Char	
17	Fee Collector	收费人	Char	
18	E Receipt	电子收据	Char	图片,Url
19	Inform After Pay	缴费反馈	Char	通知已缴费

（57）博士后基本情况表（Postdoctor Info）

博士后基本情况表用于记录博士后的个人基本信息,涉及姓名、年龄、联系方式、专业、导师、论文信息、授予学位时间等。博士后基本情况表（Postdoctor Info）见表 7-58 所列。

表 7-58　博士后基本情况表（Postdoctor Info）

序号	字段名称	中文名称	数据类型	备注
1	Postdoctor ID	博士后编号	Char	主键
2	Name	姓名	Char	
3	Gender	性别	Bool	
4	Age	年龄	Int	
5	Self ID	身份证号	Char	
6	Marry State	婚姻状况	Bool	已婚,未婚
7	Phone	联系电话	Char	
8	Email	电子信箱	Char	
9	Wechat	微信	Char	
10	Come From	博士毕业单位	Char	
11	Major PHD	博士专业	Char	
12	Date PHD	授予时间	Date	
13	Dissertation	博士论文	Char	
14	Tutor	博士导师	Char	
15	Co Tutor	合作导师	Char	
16	Entrance Date	进站时间	Date	
17	Graduate Date	出站时间	Date	
18	Resident Address	住址	Char	
19	Salary	工资	Double	

(58)教职工基本信息表(Employee Info)

教职工基本信息表便于对教职工个人信息的记录、查看、管理,涉及职工的姓名、年龄、学历、入职时间、所在单位、薪资待遇等。教职工基本信息表(Employee Info)见表7-59所列。

表 7-59　教职工基本信息表(Employee Info)

序号	字段名称	中文名称	数据类型	备注
1	Employee ID	职工号	Char	主键
2	Employee Name	姓名	Char	
3	Gender	性别	Bool	
4	Self ID	身份证号	Char	
5	Birthpalce	籍贯	Char	
6	Address	现住址	Char	
7	Education	学历	Char	
8	Degree	学位	Char	
9	QQ	QQ	Char	
10	Wechat	微信	Char	
11	Email	电子信箱	Char	
12	Entrace Date	入职年月	Date	
13	Department	所在单位	Char	
14	Phone	联系电话	Char	
15	Current Major	从事专业	Char	
16	Years Work	工作年限	Int	
17	Salary	享受待遇	Double	
18	Is On Duty	是否在职	Bool	

(59)教师学习经历记录表(Education Degree Info)

教师学习经历记录表是教师学习经历的证明材料之一,涉及教师职工号、姓名、培训的时间、类型、培训机构,证书、学位授予情况等。教师学习经历记录表(Education Degree Info)见表7-60所列。

表 7-60　教师学习经历记录表(Education Degree Info)

序号	字段名称	中文名称	数据类型	备注
1	Record ID	学历编号	Int/Char(12)	主键,非空,自增 Int/Char(12)
2	Employee ID	职工号	Char(10)	非空
3	Employee Name	姓名	Char(30)	
4	Entrance Date	开始时间	Date	入学年月,非空
5	Graduate Date	结束时间	Date	毕业年月
6	Is Short Training	短期培训	Bool	
7	Is Full Time	全时学习	Bool	脱产,非脱产
8	Is Oversea	境外学习	Bool	出国(境)
9	Major	学习内容	Char(60)	学历教育填所学专业

（续表）

序号	字段名称	中文名称	数据类型	备注
10	Org Learning	学习机构	Char(30)	学校、培训机构
11	Duration	学制	Double(3,1)	用于学历教育
12	Period Learning	学习时间	Int(3)	天数，学历教育不填
13	Education	学历描述	Char(10)	本科、硕士、博士
14	Certification	证书	Char(60)	图片 Url
15	Degree	学位	Char(20)	非学历教育不填
16	Reward Date	授予日期	Date	学位或证书授予日期
17	Reward Nation	授予国家（地区）	Char(30)	学位或证书授予国家
18	Reward Org	授予单位	Char(60)	学位或证书授予单位
19	Reterence	证明人	Char(30)	

（60）教师职称变动信息表（Technical Title）

教师职称变动信息表用于记录教师职称变动情况，涉及职工号、姓名、证书信息、评定信息、聘任的岗位、聘任年限、薪资待遇等。教师职称变动信息表（Technical Title）见表 7-61 所列。

表 7-61 教师职称变动信息表（Technical Title）

序号	字段名称	中文名称	数据类型	备注
1	Record ID	记录号	Int/Char(12)	自增 Int 或 Char(12)，Employee ID＋2 流水
2	Employee ID	职工号	Char(10)	
3	Employee Name	姓名	Char(30)	
4	Technical Title	任职资格	Char(20)	职称
5	Certification ID	证书编号	Char(20)	
6	Pic Certification	证书图片	Char(60)	Url
7	Appraise Org	评审单位	Char(60)	
8	Appraise Date	评定日期	Date(8)	
9	Is Except	破格提拔	Bool	
10	Position Employ	聘任岗位	Char(20)	默认与 Technology Title 相同
11	Employer	聘任单位	Char(60)	
12	Is AllLife	是否终身	Bool	
13	Employ Date	聘任日期	Date	
14	Years Hire	聘任年限	Int	
15	Salary	享受待遇	Double(8,1)	
16	Requirements	工作要求	Char100	
17	E Contract	聘任合同	Char(60)	Url
18	Comments	备注	Char(100)	

(61)教师获奖登记表(Award Teacher Info)

教师获奖登记表详细记录了教师的获奖情况信息,涉及获奖名称、奖励级别、个人排名、颁奖时间、证书编号、图片等。教师获奖登记表(Award Teacher Info)见表7-62所列。

表7-62　教师获奖登记表(Award Teacher Info)

序号	字段名称	中文名称	数据类型	备注
1	Award ID	奖励编号	Int/Char(13)	
2	Employee ID	职工号	Char	
3	Employee Name	姓名	Char	
4	Is Team	团体奖励	Bool	
5	Team Award	团体名称	Text	＋全体获奖人员
6	Award Project	获奖项目	Char	
7	Brief Intro	项目简介	Char	
8	Award Name	奖励名称	Char	
9	Award Level	获奖级别	Char	
10	Award Category	获奖类别	Char	科技进步,发明,教学
11	Award Role	个人排名	Int	排名
12	Rewards Bureau	颁奖单位	Char	
13	Rewards Date	颁奖日期	Date	
14	Prize	奖金	Double	
15	Cettification	证书编号	Char	
16	Pic Cettification	证书图片	Char	Url
17	Auditor	审核人	Char	
18	Date Audit	审核时间	Datetime	

(62)研究生导师信息表(Tutors Info)

研究生导师信息表用于记录研究生导师的基本信息情况,涉及导师个人信息、导师类型、研究方向、所在单位、学生数量、当前经费等。研究生导师信息表(Tutors Info)见表7-63所列。

表7-63　研究生导师信息表(Tutors Info)

序号	字段名称	中文名称	数据类型	备注
1	Record ID	序号	Int	
2	Employee ID	职工号	Char	
3	Employee Name	姓名	Char	
4	Phone	电话	Char	
5	Email	Email	Char	
6	Personnel Web	个人主页	Char	
7	Technology Title	职称	Char	
8	Tutor Type	导师类别	Char	博导硕导

（续表）

序号	字段名称	中文名称	数据类型	备注
9	Majors Enroll	招生专业	Char	
10	Num Enroll	招生人数	Int	
11	Num Post Graduate	在读人数	Int	
12	Num Graduate	毕业人数	Int	
13	Direction	研究方向	Char	
14	Master Advisor Date	首次任硕导年月	Date	
15	PhD Supervisor Date	首次任博导年月	Date	
16	Organization	所在单位	Char	
17	Current Funds	当前经费	Double	单位：万元
18	Comments	备注	Char	

（63）科技成果鉴定信息表（Achievement Identify）

科技成果鉴定信息表用于对科技成果鉴定情况信息的记录，涉及成果名称、类型、领域、合作人数、提交材料、依托项目、鉴定单位等。科技成果鉴定信息表（Achievement Identify）见表 7 - 64 所列。

表 7 - 64 科技成果鉴定信息表（Achievement Identify）

序号	字段名称	中文名称	数据类型	备注
1	Outcome ID	成果编号	Int/Char(10)	主键，非空，自增 Int
2	Outcome Name	成果名称	Char	
3	Discipline	学科领域	Char	
4	Which Project	依托项目	Char	
5	Source Project	项目来源	Char	
6	Complete Style	成果形式	Char	
7	Outcome Type	成果类型	Char	
8	Docs Achievement	成果材料	Char	Url
9	Has Many Org	合作完成	Bool	控制 Cooperation Org
10	Org First	完成单位	Char	第一完成单位
11	Cooperation Org	合作单位	Text	无，可不写
12	Num People	完成人数	Int	
13	List Persons	完成人	Text	用"，"分隔，依次
14	Identify Institution	鉴定单位	Char	
15	Identify Date	鉴定日期	Date	
16	Experts	鉴定专家	Char	用"，"分隔，依次
17	Identify Result	鉴定结论	Char	
18	Identify Fee	鉴定费	Double	

（64）获奖成果登记表（Achievements Info）

获奖成果登记表用于登记获奖成果的相关信息，涉及成果信息、获奖信息、奖项等级、奖励人数、颁奖情况、奖金发放情况等。获奖成果登记表（Achievements Info）见表7－65所列。

表7－65　获奖成果登记表（Achievements Info）

序号	字段名称	中文名称	数据类型	备注
1	Award ID	获奖编号	Int/Char(12)	主键,自增 Int/Char(12)
2	Achievement ID	成果编号	Char(10)	登记号
3	Achievement Name	成果名称	Char(60)	
4	Introduction	成果简介	Text	
5	Awards Kind	获奖类别	Char(20)	教学,科研,发明
6	AwardsLevel	获奖级别	Char(6)	
7	Rank	奖励等级	Char(6)	
8	Num People	奖励人数	Int(2)	
9	Top One	第一获奖人	Char(30)	
10	Members Award	奖励人员	Text	多人按次序填入
11	E Certification	获奖证书	Char(100)	Url
12	Org Grant	颁奖单位	Char(60)	
13	Date Grant	颁奖日期	Date	
14	Award Money	奖金	Double(6,1)	
15	Department	所属部门	Char(100)	
16	Discipline	学科领域	Char(30)	
17	Is Awarded	奖金发放	Bool	
18	Date Award	发放日期	Date	

（65）成果转让登记表（Technology Transfer）

成果转让登记表用于登记成果转让的相关信息，涉及转让双方信息、合同信息、成果信息、成交金额、学科领域、受益人等。成果转让登记表（Technology Transfer）见表7－66所列。

表7－66　成果转让登记表（Technology Transfer）

序号	字段名称	中文名称	数据类型	备注
1	Contract ID	合同编号	Char	主键,非空
2	E Contract	合同文本	Char	Url
3	Date Contract	合同日期	Date	
4	Company	受让方	Char	
5	Company Phone	受让方电话	Char	
6	Leader Com	受让方负责人	Char	
7	Outcome ID	成果编号	Char(10)	

（续表）

序号	字段名称	中文名称	数据类型	备注
8	Outcome Name	成果名称	Char	
9	Introduction	成果简介	Char	
10	Discipline	学科领域	Char	
11	Leader	成果负责人	Char	
12	Phone	负责人电话	Char	
13	Num People	成果受益人	Int	人数
14	Money	成交金额	Double	
15	Extract University	学校提成	Double	
16	Prepay Money	预付金额	Double	
17	Is Finish	是否完成	Bool	
18	Date Execute	完成日期	Date	

（66）专利登记表（Patents Info）

专利登记表用于对专利基本情况信息进行记录，涉及专利申请号、名称、类型、发明人、所属单位、完成人、证号、批准日期等。专利登记表（Patents Info）见表 7 - 67 所列。

表 7 - 67　专利登记表（Patents Info）

序号	字段名称	中文名称	数据类型	备注
1	Patent ID	专利编号	Int/Char10	自增 Int 主键,非空
2	Num Application	申请号	Char	非空
3	Patent Name	专利名称	Char	非空
4	Patent State	专利简介	varchar	
5	Patent Type	专利类型	Char	发明
6	Patent Nation	专利国别	Char	
7	Organization	所属单位	Char	
8	Num People	署名人数	Int	
9	First Person	第一完成人	Char	
10	Phone First	电话	Char	
11	Members	其他完成人	Char	用";"分隔
12	Grant Date	批准日期	Date	
13	Certificate Number	专利证号	Char	
14	ECertification	电子版证书	Char	Url
15	Pay Date	年费交纳日期	Date	
16	Money	年费金额	Double	
17	Sub Sidy	申请补助金额	Double	
18	Is Payed	是否已发放	Bool	

（67）专利转让登记表（Patent Sale Info）

专利转让登记表用于登记成果转让的相关信息，涉及转让双方信息、合同信息、专利信息、出售金额、有效年限、审查结论等。专利转让登记表（Patent Sale Info）见表 7 - 68 所列。

表 7 - 68　专利转让登记表（Patent Sale Info）

序号	字段名称	中文名称	数据类型	备注
1	Patent ID	专利编号	Char	主键
2	Certificate Number	专利证号	Char	
3	Patent Name	专利名称	Char	
4	Complete Date	完成时间	Char(20)	年月日—年月日
5	Organization	所属单位	Char	
6	Contact Person	转让方联系人	Char	
7	Phone	联系电话	Char	
8	Sale Money	出售金额（人民币）	Double	
9	Dollar	出售金额（美元）	Double	自动换算
10	Years Valid	有效年限	Int	
11	Sale Date	登记日期	Date	
12	Organization	受售单位	Char	
13	Nation	受售单位国别	Char	
14	Delegate	法定代表人	Char	
15	Contact Man	受售方联系人	Char	
16	In Spect Org	审查机构	Char	
17	Conclusion	审查结论	Bool	允许,不允许
18	Inspector	审查人	Char	
19	Date Inspect	审查日期	Date	

（68）学术会议信息表（Academic Seminar Info）

学术会议信息表用于记录学术会议信息及开展情况，涉及会议名称、开展地点、日期、学科领域、主办单位、举办形式、参会人数等。学术会议信息表（Academic Seminar Info）见表 7 - 69 所列。

表 7 - 69　学术会议信息表（Academic Seminar Info）

序号	字段名称	中文名称	数据类型	备注
1	Conference ID	会议编号	Int/Char(10)	自增 Int/Char(10)
2	Cn Name	中文名称	Char	
3	En Name	英文名称	Char	
4	Vennue	会议地点	Char	
5	Begin Date	起始日期	Date	

（续表）

序号	字段名称	中文名称	数据类型	备注
6	End Date	终止日期	Date	
7	Discipline	学科领域	Char	
8	Level	会议等级	Char	国际、国内
9	Holding Form	举办形式	Char	
10	Org Holding	主办单位	Char	
11	Org Co Holding	协办单位	varChar	
12	Web Site	会议网址	Char	
13	Phone	办公电话	Char	
14	Email	Email	Char	
15	Is Domestic	是否境内	Bool	
16	Language	会议语言	Char	
17	Num Of People	参会人数	Int	参会人数限制
18	Registration Fee	注册费	Double	

（69）境外学术交流人员登记表（Out Of Staff）

境外学术会议交流人员登记表用于对交流信息的记录、查看，涉及个人信息、护照号、会议编号、开始日期、前往国别、往返信息等。境外学术交流人员登记表（Out Of Staff）见表7-70所列。

表7-70 境外学术交流人员登记表（Out Of Staff）

序号	字段名称	中文名称	数据类型	备注
1	Record ID	序号	Int/Char(12)	主键,非空,自增 Int
2	Staff ID	学工号	Char	职工号或学号
3	Staff Name	姓名	Char	
4	Staff Phone	电话	Char	
5	Self ID	身份证	Char	
6	Passport	护照号	Char	
7	Conference ID	会议编号	Int/Char(10)	自增 Int/Char(10)
8	En Name	英文名称	Char	
9	Begin Date	开始日期	Date	
10	End Date	结束日期	Date	
11	Destination	前往国别	Char	
12	Is Sponsor	角色	Bool	主办、参会
13	Days Trip	行程天数	Int	预计天数

（续表）

序号	字段名称	中文名称	数据类型	备注
14	Application Date	申请时间	Datetime	
15	Approver	批准人	Char	
16	Loan	借款金额	Double	
17	Date Return	返回日期	Date	
18	Summary	交流总结	Text	

（70）学术数据库论文信息一览表（Papers Info）

学术数据库论文信息一览表用于查阅者快速了解论文的有关信息，涉及论文名称、作者信息、发表时间、他引次数、期刊等级、拷贝价格等。学术数据库论文信息一览表（Papers Info）见表 7-71 所列。

表 7-71　学术数据库论文信息一览表（Papers Info）

序号	字段名称	中文名称	数据类型	备注
1	Record ID	序号	Int/Char(20)	主键,非空,自增 Int
2	Paper Title	名称	Char(60)	
3	First Author	第一作者	Char(30)	
4	Com Author	通信作者	Char(60)	多位,用";"分隔
5	Authors	全体作者	Char(100)	按次序所有作者
6	Keywords	关键词	Char(100)	
7	Publish Date	发表时间	Date	
8	Journal Name	期刊	Char(40)	
9	Volumn Issue	卷期	Char(10)	如 vol. 3,no. 2
10	Page Nums	起止页码	Char(20)	Pp. 101-109
11	Is Core	是否核心	Bool	核心,非核心
12	Indexing	检索情况	Char(100)	SCI、EI、CSCD、CSSCI
13	Other Cites	他引次数	Int(3)	
14	Num Download	下载次数	Int(4)	
15	Price Soft	软拷贝价格	Double(4,1)	
16	Price Hard	硬拷贝价格	Double(4,1)	
17	Sale Email	联系电邮	Char(30)	出售单位 Email
18	Sale Phone	联系电话	Char(20)	出售单位电话

（71）科技著作基本情况表（Bookmaking Info）

科技著作的基本情况表用来记录科技著作的基本情况信息，涉及著作的名称、版本、学科领域、简介、价格、作者、累计销量等。科技著作基本情况表（Bookmaking Info）见表 7-72 所列。

表 7 - 72　科技著作基本情况表 (Bookmaking Info)

序号	字段名称	中文名称	数据类型	备注
1	Book ID	著作编号	Int/Char(12)	自增 Int,年月日＋4 流水
2	Cn Name	中文名称	Char	
3	En Name	英文名称	Char	
4	Discipline	学科领域	Char	
5	Which Language	语种	Char	
6	Num Words	著作字数	Double	万字
7	Version	版本	Char	
8	BriefIntroduction	简介	Char	
9	Pic Cover	封面图片	Char	也可直接存图片,格式不同
10	Has Many Authors	是否合著	Bool	
11	Authors	著者	Char	依次填写;分隔
12	Org Authors	著者单位	Char	多单位依次填写;分隔
13	Publication Number	出版号	Char	ISSN、CN 号
14	Press Name	出版社	Char	
15	Publication Date	出版年月	Date	
16	Price	价格	Double	元
17	Total Sale	累计销量	Int	
18	Remark	备注	Text	

(72)科研项目基本情况信息表(Research Projects Info)

科研项目基本情况信息表详细记录了科研项目申报及开展信息,涉及项目的名称、部门、项目类型、实施时间、承担人、经费情况、结题信息等。科研项目基本情况信息表(Research Projects Info)见表 7 - 73 所列。

表 7 - 73　科研项目基本情况信息表 (Research Projects Info)

序号	字段名称	中文名称	数据类型	备注
1	Project ID	项目编号	Char	主键,非空,年月日＋4 流水
2	Project Name	项目名称	Char	
3	Department	部门	Char	
4	Begin Date	开始日期	Date	
5	End Date	结束日期	Date	
6	Project Leader	项目负责人	Char	
7	Main Members	主要承担人数	Int	
8	From Org	项目委托单位	Char	
9	Type Project	项目类型	Char	横向、纵向
10	Level Project	项目级别	Char	国家级、省部级、市级、校级

（续表）

序号	字段名称	中文名称	数据类型	备注
11	Discipline	学科领域	Char	
12	Contract Pic	项目合同	Char	Url
13	Total Money	经费总额	Double	单位：万元
14	Real End Date	实际结束日期	Date	
15	Completion Task	任务完成情况	Text	
16	Pass Audit	经费审计	Bool	通过、未通过
17	Conclusion Report	结题报告	Char	Url
18	Rank	结题评价	Char	优良中差
19	Rank Content	评价内容	Text	

（73）毕业生就业信息记录（表 Graduates Job Info）

毕业生就业信息记录表用来记录毕业学生的就业情况，涉及学生的个人信息，单位名称、就业岗位、工作地点、见习期、工作待遇等。毕业生就业信息记录表（Graduates Job Info）见表 7-74 所列。

表 7-74　毕业生就业信息记录表（Graduates Job Info）

序号	字段名称	中文名称	数据类型	备注
1	Record ID	编号	Int/Char(10)	自增 Int/Char(10)，学号＋1
2	Student ID	学号	Char	
3	Student Name	姓名	Char	
4	Receive Org	接收单位	Char	
5	Org Address	单位地址	Char	
6	Address Contact	通信地址	Char	
7	Zip Code	邮编	Char	
8	Org Type	单位性质	Char	外资公司，政府
9	Org Phone	单位电话	Char	
10	Working Place	工作地点	Char	
11	Department	工作部门	Char	
12	Job	岗位	Char	
13	Probation	见习期	Int	月
14	Salary Probate	见习待遇	Double	
15	Salary	正式待遇	Double	
16	Is Signed	签订协议	Bool	
17	Date Sign	签订时间	Date	
18	Is Violate	是否毁约	Bool	毁约、履约
19	Dispatch Date	派遣日期	Date	

(74)用人单位一览表(Employer Info)

用人单位一览表详细地记录了用人单位的基本信息情况,涉及用人单位的名称、描述、行业、地址、总市值、员工人数、成立时间、联系人等。用人单位一览表(Employer Info)见表7-75所列。

表 7-75　用人单位一览表(Employer Info)

序号	字段名称	中文名称	数据类型	备注
1	Org ID	单位编号	Int/Char(8)	自增 Int/Char
2	Org Name	单位名称	Char	
3	Introcuction	单位描述	Char	主营业务或服务
4	Industry	所属行业	Char	
5	Category Org	单位类型	Char	国企、外企、私企、政府
6	Org Address	通信地址	Char	
7	Org Mainpage	主页地址	Char	
8	Public Number	微信公共号	Char	
9	Contact Person	联系人姓名	Char	
10	Phone CP	联系人电话	Char	
11	Email CP	联系人电邮	Char	
12	Asset	固定资产	Double	单位:亿元,通用
13	Total Value	总市值	Double	企业
14	Staff Num	员工数	Int	
15	Date Build	成立时间	Date	
16	Is First	首次联系	Bool	新进用人单位
17	Entrance Num	已就业人数	Int	
18	Time Update	信息更新	Datetime	

(75)用人单位招聘信息表(Recruit Employer)

用人单位招聘信息表用于发布用人单位的招聘会开展信息,涉及公司的需求、招聘人数、专业要求、薪资待遇、宣传文档、招聘地点、招聘时间、联系人等。用人单位招聘信息表(Recruit Employer)见表7-76所列。

表 7-76　用人单位招聘信息表(Recruit Employer)

序号	字段名称	中文名称	数据类型	备注
1	Require ID	需求编号	Int/Char(14)	自增 Int/Char(14)
2	Org ID	单位编号	Int/Char(8)	Employer Info 表
3	Org Name	需求单位	Char	
4	Level	需求层次	Char	专科、本科、硕士、博士
5	Num Require	人数	Int	
6	Major Require	专业要求	Char	限定哪些专业
7	Other Require	其他要求	Char	

序号	字段名称	中文名称	数据类型	备注
8	Salary	待遇	Double	
9	Docs	宣传文档	Char	Url
10	Address Fairs	招聘会地点	Char	
11	Time Fairs	招聘会时间	Datetime	
12	Contact Person	联系人姓名	Char	
13	Phone CP	联系人电话	Char	
14	Email CP	联系人电邮	Char	
15	Status Recruit	信息状态	Char	暂存、待提交、待核实、发布
16	Is Verify	是否核实	Bool	
17	Person Verify	核实人	Char	
18	Time Release	发布时间	Datetime	

（76）毕业生就业登记表（Expectation Employment）

毕业生就业登记表用于记录学生的就业意向信息，涉及个人信息、学分绩点、特长及爱好、技能信息、意向工作、意向地区、期望待遇等。毕业生就业登记表（Expectation Employment）见表 7-77 所列。

表 7-77　毕业生就业登记表（Expectation Employment）

序号	字段名称	中文名称	数据类型	备注
1	Student ID	学号	Char	主键
2	Student Name	学生姓名	Char	
3	Major	专业	Char	
4	Phone	联系电话	Char	
5	Email	电子信箱	Char	
6	Point Grade	学分绩点	Double	
7	Foreign	外语水平	Char	
8	Computerlevel	计算机水平	Char	
9	Social Practice	社会实践	Char	
10	Specialty Hobby	特长及爱好	Char	
11	Reward Punishment	奖惩情况	Char	
12	Science Tech	课外科研	Char	
13	Is Excellent	是否优秀毕业生	Bool	
14	Intended Area	意向工作地区	Char	
15	Intended Industry	意向工作行业	Char	
16	Intended Job	意向岗位	Char	
17	Expected Salary	期望待遇	Int	单位:元
18	Fill Date	填表日期	Date	

(77)学生社会实践活动一览表(Social Practice)

学生社会实践活动一览表用于记录学生参加社会实践的基本情况信息,涉及姓名、指导老师、实践情况、实践天数、老师及单位的评价打分等。学生社会实践活动一览表(Social Practice)见表 7-78 所列。

表 7-78　学生社会实践活动一览表(Social Practice)

序号	字段名称	中文名称	数据类型	备注
1	Practice ID	实践编号	Int/Char(11)	自增,非空
2	Student ID	学号	Char	非空
3	Student Name	学生姓名	Char	
4	Practice Name	实践名称	Char	
5	Content	具体内容	Char	
6	Practice Org	实践单位	Char	
7	Practice Location	实践地点	Char	
8	Tutors	指导老师	Char	多位
9	Begin Date	起始日期	Date	
10	End Date	结束日期	Date	
11	Total Days	总天数	Int	
12	Is Require	计划要求	Bool	是否计划要求实践
13	Practice Report	实践报告	Char	电子版 Url,归档目录
14	Evaluate Teacher	老师评价	Char	
15	Evaluate Org	单位评价	Char	
16	Score Tutor	老师评分	Double	百分制
17	Score Org	单位评分	Double	百分制
18	Percengtage Org	单位占比	Double	
19	Final Score	最终成绩	Double	百分制,自动计算

(78)课程信息一览表(Course Info)

课程信息一览表介绍课程的基本情况并提交相应部门进行审核,涉及课程简介、授课老师、授课类型、学分、参考书目、考试方式等。课程信息一览表(Course Info)见表 7-79 所列。

表 7-79　课程信息一览表(Course Info)

序号	字段名称	中文名称	数据类型	备注
1	Record ID	版本号	Int/Char(13)	自增 Int/Char(13)
2	Course ID	课程号	c	自编,非空
3	Course Name	课程名称	C	
4	Brief Introuction	课程简介	Char	
5	Create Date	制定年月	Date	非空
6	Department	开课单位	C	
7	Major Limited	限选专业	Char	

（续表）

序号	字段名称	中文名称	数据类型	备注
8	Teachers	授课教师	C	
9	Teaching En	英文授课	C	英文，中文，双语
10	Total Hours	总学时	Int	
11	Credit	学分	Double	
12	Is Multi Media	多媒体授课	Bool	
13	Is Open Extam	考试方式	Bool	闭卷开卷
14	Text book	教材	C	
15	Reference Book	参考书目	Char	
16	Prerequisite Course	预修课程	Char	
17	Requirement	课程要求	Char	
18	Is Use	是否启用	Bool	

（79）专业所设课程情况表（Courses Major）

专业所设课程情况表用来记录专业开设课程的具体信息，涉及专业名称、所属院系、开设学期、是否必修、总学时、课程目标等。专业所设课程情况表（Courses Major）见表 7 - 80 所列。

表 7 - 80 专业所设课程情况表（Courses Major）

序号	字段名称	中文名称	数据类型	备注
1	Record ID	编号	Int	
2	Major ID	专业号	Char	
3	Major Name	专业名称	Char	
4	Belongto Dept	所属院系	C	
5	School Year	开课学年	Char	Yyyy—Yyyy
6	Which Term	开课学期	Char	大一上
7	Course ID	课程号	Char	
8	Course Name	课程名称	Char	
9	Course Category	课程类别	Char	通识，专业
10	Is Required	是否必修	Bool	必修、选修
11	Is LO Measure	LO 监测	Bool	
12	Course Credit	学分	Double	
13	Total Hours	总学时	Int	
14	Practice Hours	实践学时	Int	
15	Text Book	教材	Char	
16	Course Goal	课程目标	Char	
17	Requirement	课程要求	Char	
18	Pre Courses	先修课程	Char	

（80）课程成绩信息表（Score Course Info）

课程成绩信息表用来记录学生的课程成绩相关信息，涉及学生姓名、课程信息、考试日期、考试地点、考核形式、考试成绩、绩点等。课程成绩信息表（Score Course Info）见表 7-81 所列。

表 7-81　课程成绩信息表（Score Course Info）

序号	字段名称	中文名称	数据类型	备注
1	Record ID	序号 ID	Int	
2	Student ID	学号	Char	
3	Student Name	学生姓名	Char	
4	Course ID	课程号	Char	
5	Course Name	课程名称	Char	
6	Course Credit	课程学分	Int	
7	Is Exam	考试考查	Bool	
8	Exam Style	考试方式	Bool	开闭卷
9	Exam Date	考试日期	Date	
10	Place Exam	考试地点	Char	
11	Score Exam	期末成绩	Double	分
12	Ratio Exam	期末占比	Double	
13	Score Daily	平时成绩	Double	作业成绩、课堂表现
14	Ratio Daily	平时占比	Double	
15	Score Mid Exam	期中考试	Double	
16	Ratio Mid	期中占比	Double	
17	Final Score	综合成绩	Double	自动计算
18	GPA	绩点	Double	自动计算

（81）同等学历学员申请学位信息表（Equivalent Student Info）

同等学历学员申请学位信息表用来登记同等学力学员学位申请信息，涉及学员个人信息、申请学位信息、申请材料信息及审核信息等。同等学历学员申请学位信息表（Equivalent Student Info）见表 7-82 所列。

表 7-82　同等学历学员申请学位信息表（Equivalent Student Info）

序号	字段名称	中文名称	数据类型	备注
1	Record ID	申请编号	Int/Char(10)	非空,自增 Int/Char(10)
2	Student ID	学号	Char	非空
3	Student Name	姓名	Char	
4	Registration No.	准考证号	Char	
5	Organization	所在单位	Char	
6	Last Eduction	最后学历	Char	
7	Degree Application	申请学位	Char	

（续表）

序号	字段名称	中文名称	数据类型	备注
8	University	申请学校	Char	
9	Major	申请专业	Char	
10	Score Foreign	外语成绩	Double	分
11	Score Total	学科综合成绩	Double	分
12	Referee	推荐人	Char	
13	Date Application	申请日期	Date	
14	Documents	申请材料	Char	Url
15	Num Application	申请次数	Int	第几次申请
16	Is Pass	审核结论	Bool	
17	Auditor	审核人	Char	
18	Time Audit	审核时间	Datetime	

（82）学位论文信息表（Thesis Info）

学位论文信息表用来对学生学位论文信息进行记录、查看、管理，涉及学生的个人信息、论文信息、提交审核信息、审核结果等。学位论文信息表（Thesis Info）见表 7-83 所列。

表 7-83　学位论文信息表（Thesis Info）

序号	字段名称	中文名称	数据类型	备注
1	Thesis ID	论文编号	Int/Char(10)	自增 Int/Char(10)，主键，非空
2	Student ID	学号	Char	非空
3	Student Name	学生姓名	Char	
4	Thesis Title	论文题目	Char	非空
5	English Title	英文题目	Char	
6	Keywords	关键词	Char	用";"分隔
7	English Keywords	英文关键词	Char	用";"分隔
8	Abstract	中文摘要	Text	摘要
9	English Abstract	英文摘要	Text	
10	Pages Total	总页码	Int	
11	Words Total	总字数	Double	单位:万字
12	Secrecy Level	论文密级	Char	
13	Thesis Type	论文类型	Char	
14	Source	选题来源	Char	
15	Copy Rate	复制率	Double	
16	Is Duplicate Check	查重结论	Bool	
17	Duplicate Out Come	重复情况	Char	文档的 Url

（续表）

序号	字段名称	中文名称	数据类型	备注
18	Date Submit	提交日期	Datetime	
19	Is Pass	通过评审	Bool	根据 Review Thesis 表判断
20	Excellent Level	优秀论文	Char	校级、省级,答辩后填写

（83）学位论文评阅信息表（Review Thesis）

学位论文评阅信息表用来记录评阅人对学生论文的评阅情况,涉及答辩人个人信息、论文信息,以及论文在多个评审维度的得分情况,并计算出最终成绩。学位论文评阅信息表（Review Thesis）见表 7 - 84 所列。

表 7 - 84 学位论文评阅信息表（Review Thesis）

序号	字段名称	中文名称	数据类型	备注
1	Record ID	评阅记录	Int/Char(10)	自增 Int/ Char(10)
2	Thesis ID	论文编号	Int/Char(10)	Thesis Info 表,非空
3	Thesis Title	论文题目	Char	
4	Reviewer	评阅人	Char	
5	Tech Title	评阅人职称	Char	评阅人专业技术职务
6	Reviewer Org	评阅人单位	Char	
7	Phone	评阅人电话	Char	
8	Is Docyor Tutor	是否博导	Bool	博导、硕导
9	Score Topic	选题得分	Int	最大 10
10	Score Survey	文献综述	Int	最大 10
11	Score WandL	写作与学风	Int	最大 10
12	Achievement Innovation	成果与创新性	Int	最大 30
13	Theory Analysis	理论分析	Int	最大 20
14	Practice	实践	Int	最大 20
15	Total Score	总得分	Double	自动计算
16	Date Send	寄出时间	Datetime	自动
17	Return Date	返回日期	Datetime	自动
18	Comments	评语	Text	每位评委一条记录

（84）学位论文答辩委员会组成表（Committee Info）

学位论文答辩委员会组成表用来记录委员会人员的构成及基本信息,涉及答辩表委员会的名称、编号、时间、答辩地点、成员的个人信息、报酬情况等。学位论文答辩委员会组成表（Committee Info）见表 7 - 85 所列。

表 7 - 85　学位论文答辩委员会组成表（Committee Info）

序号	字段名称	中文名称	数据类型	备注
1	Member ID	成员编号	Int/Char(15)	主码,非空,自增 Int/Char(15)
2	Group No	答辩组编号	Char(13)	年月日 8＋学院 2＋流水 3,非空
3	Group Name	答辩组名称	Char(30)	如:管科 1 组,非空
4	Plea Date	答辩日期	Datetime	no
5	Plea Place	答辩地点	Char40	
6	Num Student	学生数	Int	2
7	Member	成员姓名	Char30	no
8	Technology Title	成员职称	Char20	no
9	From Org	成员单位	Char60	no
10	Member Major	从事专业	Char30	no
11	Is Academician	是否院士	Bool	
12	Is Doctor Tutor	是否博导	Bool	博导、硕导
13	Phone	成员电话	Char20	
14	Role	担任角色	Char4	主席、委员、秘书,No
15	Remuneration	酬金	Double5,1	
16	Bank	开户行	Char(60)	
17	Account	银行账户	Char(30)	
18	Employee ID	职工号	Char10	限校内职工

（85）论文答辩记录表（Debate Records）

论文答辩记录表用来记录从抽签到答辩,再到现场评审整个答辩过程,涉及论文题目、学生姓名、答辩序号、是否通过、答辩成绩等。论文答辩记录表（Debate Records）见表 7 - 86 所列。

表 7 - 86　论文答辩记录表（Debate Records）

序号	字段名称	中文名称	数据类型	备注
1	Debate ID	答辩记录	Char(10)	Student ID＋1 流水,主键,非空
2	Thesis ID	论文编号	Int/Char(10)	Thesis Info 表,非空,外键
3	Thesis Title	论文题目	Char60	
4	Student ID	学号	Char9	No
5	Student Name	学生姓名	Char30	No
6	Group No	答辩组编号	Char(13)	Committee Info 表
7	Sequence No	答辩序号	Int2	
8	Tutor	导师	Char30	No
9	Associate Tutor	副导师	Char30	
10	Agree	同意票数	Int2	
11	Disagree	不同意票数	Int2	

（续表）

序号	字段名称	中文名称	数据类型	备注
12	Abandon	弃权票数	Int2	
13	Is Pass	是否通过	Bool	
14	Score	答辩成绩	Double(5,1)	最高 100,百分制
15	Decision Plea	答辩决议	Text/Url	文件 Url 或文本
16	Pic Decision	决议图片	Char60	决议图片图片目录 Url
17	Record Field	现场记录	Char100	文本或文件 Url
18	Recorder	记录员	Char30	

（86）学生学位授予情况一览表（Degree Award Info）

学生学位授予情况一览表用来审查学生是否达到学位授予要求,涉及学位申请材料、获得学分、实践达标与否、论文情况、学校的表决情况等。学生学位授予情况一览表（Degree Award Info）见表 7-87 所列。

表 7-87　学生学位授予情况一览表（Degree Award Info）

序号	字段名称	中文名称	数据类型	备注
1	Grant ID	记录编号	Char	No,主键,Student ID+1 流水
2	Student ID	学号	Char	来自表 Debate Records
3	Student Name	学生姓名	Char	来自表 Debate Records
4	Application Docs	学位申请材料	Char	Url
5	Is Complete	材料是否齐全	Bool	
6	Credits Obtain	获得学分	Int	
7	Is Full	是否修满	Bool	
8	Is Practice	实践达标	Bool	
9	Is Papers	论文达标	Bool	
10	Dabate Result	答辩结果	Bool	
11	Is Short Charge	有无欠费	Bool	
12	Charge	欠费金额	Double	
13	Other Cases	其他情况说明	Char	说明特殊情况
14	Sub Council	分委会名称	Char	
15	SC Vote Date	表决日期	Date	分委会表决日期
16	SC Vote Result	表决结果	Char	
17	UC Vote Date	校表决日期	Date	校学位委员会表决日期
18	UC Vote Result	校表决结果	Char	校学位委员会表决结果
19	Conculsion	校结论	Char	校学位委员会结论
20	Reason No Grant	原因说明	Char	未授、缓授学位原因

（87）医生基本信息表（Doctor Info）

在医院职工信息系统中存储着所属医生的基本情况信息，涉及医生的姓名、性别、照片、所在科室、职务、擅长领域、经历成就、从业年限等，医生基本信息表（Doctor Info）见表 7-88 所列。

表 7-88　医生基本信息表（Doctor Info）

序号	字段名称	中文名称	数据类型	备注
1	Doctor ID	医生 ID	Char(30)	User ID
2	Doctor Name	医生姓名	Char(30)	真实姓名
3	Doctor Gender	医生性别	Bool	0—男,1—女
4	Doctor ID Card	身份证号	Char(18)	身份证号
5	Doctor ID Card Picture	身份证图片	Char(100)	存正反照片 Url
6	Doctor Face Photo	医生头像	Char(50)	存照片路径
7	Doctor Resident	医生住址	Char(100)	用户地址
8	Doctor Institution	所在机构	Char(60)	
9	Doctor Department	科室	Char(60)	
10	Doctor Technical Title	职称	Char(40)	Technical Title Info
11	Doctor Position	职务	Char(40)	
12	Certificate ID	从业资格证号	Char(40)	
13	Certificate Picture	从业资格证号	Char(100)	存 Url,含文件名
14	Research Interest	擅长领域	Char(200)	
15	Brief Achievements	经历成就	Text	从业经历,成就
16	Years Offline	从业年限	Int	线下从业年限
17	Personal Web Site	社区网址	Char(100)	存主页 Url,含文件名
18	Online Time	开通时间	Datetime	
19	Total Star Level	综合星级	Double(2,1)	诊后评价数据

（88）医生文章信息表（Doctor Articles）

医生文章信息表用来记录医生文章基本信息，以及发布后的反馈情况，涉及文章标题、收费情况、审核情况、已读人数、点赞数等。医生文章信息表（Doctor Articles）见表 7-89 所列。

表 7-89　医生文章信息表（Doctor Articles）

序号	字段名称	中文名称	数据类型	备注
1	Article ID	文章编号	Int	主键
2	Author ID	作者	Char(30)	User ID,医生
3	Brief Introduction	作者简介	Char(100)	
4	Article Title	文章标题	Char(60)	
5	Label Author	文章标签	Char(100)	作者添加
6	Article Content	文章正文	Text	Html 脚本
7	Article Category	文章类别	Char(8)	媒体报道、医学科普

序号	字段名称	中文名称	数据类型	备注
8	Show Part	显示内容	Char(100)	针对收费论文,部分显示
9	Read Fee	收费	Double(4,1)	医生自己决定是否收费
10	Submit Time	上传时间	Datetime	
11	Auditror	审核人	Char(30)	
12	Result Audit	审核结论	Bool	通过,不通过
13	Reason Interpretation	结论说明	Char(60)	主要针对不通过
14	Publish Time	发表时间	Datetime	
15	Article Readers	已读人数	Int	访问量,点击量
16	Article Collections	收藏数	Int	
17	Article ThumbUp	点赞数	Int	
18	Remark	备注	Text	

（89）文章购买记录表（Buy Records Article）

文章购买记录表可用来作为文章交易的凭证信息单据,涉及文章的编号、标题、费用、买方信息、接收人信息、交易账号、社区提留等。文章购买记录表（Buy Records Article）见表7-90所列。

表 7-90　文章购买记录表（Buy Records Article）

序号	字段名称	中文名称	数据类型	备注
1	A Buy ID	记录号	Int	自动
2	Article ID	文章编号	Int	关联 Doctor Articles
3	Title	标题	Char(60)	
4	Buyer ID	买家	Char(30)	User ID
5	Name Buyer	买家姓名	Char(30)	
6	Phone Buyer	买家电话	Char(20)	
7	Fee Standard	收费标准	Double(4,1)	
8	Payment	支付费用	Double(4,1)	
9	Account From	支付账号	Char(50)	支付宝
10	Pay Time	支付时间	Datetime	
11	Receiver ID	接收人	Char(30)	User ID
12	Receiver Name	接收人姓名	Char(30)	
13	Phone Receiver	接收人电话	Char(20)	
14	Account To	目标账号	Char(50)	支付宝
15	Receive Time	到账时间	Datetime	
16	Retention Radio	提留比例	Double(4,4)	
17	Retention Fee	社区提留	Double(3,1)	

（续表）

序号	字段名称	中文名称	数据类型	备注
18	Isinformed	交易通知	Bool	交易进展是否已通知双方
19	Comments	备注	Char(100)	

（90）医生门诊计划与预约情况表（Booking Outpatient）

医院门诊计划与预约情况表用来公布医生的门诊信息及预约情况，涉及医生简介、出诊日期、预约上限、预约人数、门诊费等。医生门诊计划与预约情况表（Booking Outpatient）见表 7－91 所列。

表 7－91 医生门诊计划与预约情况表（Booking Outpatient）

序号	字段名称	中文名称	数据类型	备注
1	Booking ID	记录号	Int	自动，随日期、班期变动
2	Doctor ID	医生 ID	Char(30)	User ID
3	Doctor Name	医生姓名	Char(30)	
4	Doctor Introduction	医生简介	Char(100)	科室，专业，擅长领域
5	Doctor Phone	医生电话	Char(20)	
6	Booking Date	出诊日期	Date	yy－mm－dd
7	Week Day	星期几	Char(4)	周一，周二，…，周日
8	Booking Shift	班期	Char(2)	上、下、晚
9	Begin time	开诊时间	Datetime	hh:mm,24 小时制
10	Outpatient Fee	门诊费	Double(4,1)	
11	Max Number	预约上限	Int(2)	查表 Schedules Out Patient
12	Is Added	是否加号	Bool	
13	Additional Number	临时加号	Int(2)	外加，初始为 0
14	Schedule BuildTime	创建时间	Datetime	记录医生更改时间
15	Cancel Booking	取消人数	Int(2)	退款后＋1，初始为 0
16	Current Num	当前人数	Int(2)	付款后，＋1，退款后－1
17	Available Num	剩余预约号	Int(2)	
18	Accumulative Fee	累计门诊费	Double(12,2)	CurrentNum ＊ OutpatientFee
19	Remark	备注	varChar(200)	

（91）医生门诊记录表（Order Out Patient）

医生门诊记录表用来记录医生门诊的流程细节及反馈信息，涉及患者名称、预约号、支付费用、就诊状态、服务态度、服务效果、服务评价等。医生门诊记录表（Order Out Patient）见表 7－92 所列。

表 7-92　医生门诊记录表(Order Out Patient)

序号	字段名称	中文名称	数据类型	备注
1	Order ID	订单 ID	Int/Char(10)	主键,自动 Int/Char(10)
2	Patient ID	患者 ID	Char(30)	User ID
3	Doctor ID	医生 ID	Char(30)	User ID,关联表 Booking Out Patient
4	Service Date	服务日期	Datetime	yy-mm-dd
5	Week Day	星期几	Char(4)	周一、周二、…、周日
6	Shift Type	预约班期	Char(2)	上、下、晚
7	Booking Num	预约号	Int(2)	根据表 Booking Out Patient,自动锁定
8	Service Fee	支付费用	Double(8,2)	用户缴费
9	Fee Account	支付账号	Char(50)	支付宝号
10	Pay Time	支付时间	Datetime	
11	Order Out Status	订单状态	Char(8)	0 待付款,1 已付款,2 完成
12	Wait Time	侯诊时间	Datetime	hh-mm,根据医生开诊时间和预约号
13	Check In Time	报到时间	Datetime	
14	Is On Duty	按时就诊	Bool	
15	Service Attitude	服务态度	Int	5 星制
16	Service Effect	服务效果	Int	5 星制
17	Evaluation Mess	评价留言	Char(200)	未评价在患者后台服务高亮显示
18	Evaluation Time	评价时间	Datetime	

(92)康复私服订单表(Order Private Doctor)

康复私服订单表用来记录交易订单的服务信息,涉及患者信息、医生信息、服务时间、服务天数、支付账号、支付费用等(订单流程信息附在表后)。康复私服订单表(Order Private Doctor)见表 7-93 所列。

表 7-93　康复私服订单表(Order Private Doctor)

序号	字段名称	中文名称	数据类型	备注
1	Order ID	订单 ID	Int	自动
2	Is Continue	订单性质	Bool	续费订单为 1,非续费订单为 0
3	Order Last ID	上次订单号	Int	非续费订单,填自身订单号
4	Patient ID	患者 ID	Char(30)	User ID
5	Patient Name	患者姓名	Char(30)	
6	Self Life	生活自理	Char(100)	吃饭、穿衣、行走、个人卫生
7	Doctor ID	医生 ID	Char(30)	User ID,关联表
8	Doctor Name	医生姓名	Char(30)	
9	Request Time	申请时间	Datetime	
10	Service Duration	服务天数	Int	$30*n,n=1,\cdots\cdots$

序号	字段名称	中文名称	数据类型	备注
11	Order Status	订单状态	Char(8)	见表后注
12	Booking Enter Time	约定开始时间	Datetime	医生批复的服务开始时间
13	Service Time Each Day	每日服务时间	Datetime	hh—mm,24 小时制
14	Fee Account	支付账号	Char(50)	支付宝号
15	Service Fee	支付费用	Double(8,2)	用户缴费
16	Pay Time	支付时间	Datetime	
17	Remark	备注	Char(200)	

注：0—申请，1—待协商，2—待支付，3—已支付，4—待入院，5—失效关闭

流程：患者申请提交前，临时保存后，订单状态为申请；提交订单后，订单状态变为待协商；通过嵌入的协商模块，与患者协商服务开始时间、每日服务时间、服务天数，并录入系统，订单状态变为待支付；患者付费后，订单状态变为已支付；到达预定入院时间，提示患者报到，状态为待开始；患者报道后，在表 Records In Patient 添加记录，将所有信息移入，订单状态变为执行中；到达协议出院时间，提示患者续费或结束，如选择结束，订单状态变为待评价；如选择续费，在该表中添加记录，订单状态变为待续费，缴费后，在表 Records In Patient 添加记录，移入所有信息，订单状态变为执行中；评价后，状态变为已评价（完成）。失效关闭即系统时间超出入院时间 Booking Enter Time 的未付费订单执行中不能退款续费，将相关信息自动填入，弹出让患者确定

（93）康复咨询订单主表（Main Consult Info）

康复咨询订单主表用来记录康复咨询服务的流程信息，涉及咨询人名称、咨询医生、咨询内容、订单支付的状态，以及患者对咨询服务的反馈打分情况等。康复咨询订单主表（Main Consult Info）见表 7 - 94 所列。

表 7 - 94　康复咨询订单主表（Main Consult Info）

序号	字段名称	中文名称	数据类型	备注
1	Consult ID	咨询 ID	Int	流水，自动，主键
2	Consult Doctor	咨询医生	Char(30)	User ID
3	Consult Person	咨询人	Char(30)	User ID
4	Consult Title	咨询标题	Char(60)	问题
5	Consult Content	咨询内容	Text	症状描述
6	Consult Expectation	咨询期望	Char(100)	获得何种帮助，目的
7	Consult Time	咨询时间	Datetime	
8	Consult Status	订单状态	Char(6)	0—待付款，1—已付款，2—完成
9	Consult Fee	支付费用	Double(8,2)	自动填写
10	Account Pay	付款账号	Char(50)	方便退款
11	Transfer Fee	转移金额	Double(8,2)	7 天咨询结束后自动转医生账户

（续表）

序号	字段名称	中文名称	数据类型	备注
12	Transfer Account	转移账号	Char(50)	医生账号，支付宝
13	Transfer Time	转移时间	Datetime	自动填写
14	Is Retain	社区提留	Bool	社区是否提留
15	Retain Fee	提留费用	Double(6,2)	
16	Service Attitude	服务态度	Int	5 星制
17	Service Effect	服务效果	Int	5 星制
18	Evaluation Message	评价留言	Char(200)	未评价高亮显示，评价后还原
19	Evaluation Time	评价时间	Datetime	

（94）医生评价统计信息表（Evaluation Statistics Info）

医生评价统计信息表用来记录能反应医生服务的评价信息指标，涉及医生姓名、感谢信数、礼物数、文章访问量，以及在咨询、门诊、住院几个维度的星级情况等。医生评价统计信息表（Evaluation Statistics Info）见表 7-95 所列。

表 7-95　医生评价统计信息表（Evaluation Statistics Info）

序号	字段名称	中文名称	数据类型	备注
1	Doctor ID	医生 ID	Char(30)	User ID
2	Name	医生姓名	Char(30)	
3	Doctor Web	医生网站	Char(100)	
4	Thank Letters	感谢信数	Int	收到的感谢信数
5	Gift Number	心意礼物数	Int	收到的心意礼物数
6	Num Patient	患者数	Int	门诊、住院患者数
7	Num Consult	咨询数	Int	
8	Num Article	文章数	Int	
9	Num Collection	收藏数	Int	
10	Total Num Visit	总访问量	Int	网站
11	Num Yesterday Visit	昨日访问量	Int	网站
12	Stars Consult	咨询星数	Int	
13	Stars Out Patient	门诊星数	Int	
14	Stars In Patient	住院星数	Int	
15	Star Num After	诊后星数	Int	根据诊后评价数据
16	Star Level After	诊后星级	Double(2,1)	获得总星数、次数
17	Total Star Level	综合星级	Double(2,1)	根据诊后评价数据
18	Is Continue	继续合作	Bool	互联网医院与医生
19	Remark	备注	Char(100)	

(95)专家访谈信息表(Expert Interviews)

专家访谈信息表用来记录访谈活动开展的具体信息,涉及访谈专家姓名、职称、访谈内容、开始时间、访谈视频、专家报酬等。专家访谈信息表(Expert Interviews)见表 7 - 96 所列。

表 7 - 96　专家访谈信息表(Expert Interviews)

序号	字段名称	中文名称	数据类型	备注
1	Interview ID	访谈 ID	Int	自动
2	Expert ID	专家 ID	Char(30)	系统内医生
3	Expert Name	专家姓名	Char(30)	
4	Technology Title	技术职称	Char(20)	
5	Brief Introduction	专家简介	Varchar(300)	
6	Phone	电话	Char(20)	
7	Interview Title	访谈主题	Char(60)	
8	Interview Docs	背景资料	Char(60)	Url
9	Interviewer	访谈人	Char(30)	管理员,Admin ID
10	Begin Time	开始时间	Datetime	
11	Duration Plan	计划时长	Int(3)	单位:分钟
12	Can Open	能否公开	Bool	
13	Remuneration	专家报酬	Doule(8,2)	
14	Edited Person	剪辑人	Char(30)	
15	Video Title	视频名	Char(60)	
16	Video URL	视频位置	Char(100)	
17	Video Time	视频时长	Doule(3,2)	单位:小时
18	Video Content	视频文字内容	Text	视频内容的文字描述
19	Upload Time	上传时间	Datetime	

(96)入院患者一览表(Records In Patient)

入院患者一览表用来记录患者入院的流程信息,以及服务反馈信息,涉及患者个人信息、医生信息、入院检查情况、费用支付情况、诊疗情况、服务评价等。入院患者一览表(Records In Patient)见表 7 - 97 所列。

表 7 - 97　入院患者一览表(Records In Patient)

序号	字段名称	中文名称	数据类型	备注
1	RecordIn ID	入院 ID	Int	自动主键
2	OrderIn ID	订单 ID	Int	关联表 Order In Patient
3	Patient ID	患者 ID	Char(30)	User ID
4	Patient Name	患者姓名	Char(30)	
5	Doctor ID	医生 ID	Char(30)	User ID,关联表
6	Doctor Name	医生姓名	Char(30)	

（续表）

序号	字段名称	中文名称	数据类型	备注
7	Service Duration	服务天数	Int	$30*n,n=1,\cdots\cdots$
8	Order Status	订单状态	Char(8)	出院、续费,待评价,已评价
9	Service Fee	支付费用	Double(8,2)	用户缴费
10	Pay Time	支付时间	Datetime	
11	Enter Time	入院时间	Datetime	
12	Is CheckIn	入员检查	Bool	
13	Programe In Patient	诊疗安排	Text	每日诊疗安排
14	Notices	注意事项	Char(200)	
15	Service Attitude	服务态度	Int	5 星制
16	Service Effect	服务效果	Int	5 星制
17	Evaluation Message	服务评价留言	Char(200)	未评价高亮显示,评价后还原
18	Evaluation Time	服务评价时间	Datetime	
19	Remark	备注	Char(200)	

（97）线下康复病史表（EMR Offline History）

线下康复病史表记录了患者的历史就诊康复情况,涉及患者姓名、病因、就诊医院、诊疗类型、诊断情况、治疗情况、康复运动次数、时长,以及恢复情况等。线下康复病史表（EMR Offline History）见表 7 - 98 所列。

表 7 - 98 线下康复病史表（EMR Offline History）

序号	字段名称	中文名称	数据类型	备注
1	History ID	病史 ID	Int	自动,主键
2	Patient ID	患者 ID	Char(30)	User ID
3	Name	姓名	Char(30)	
4	Pathogeny	病因	Char(100)	
5	First Time	首次发病时间	Datetime	
6	MService Begin	开始时间	Datetime	
7	MService End	结束时间	Datetime	门诊也有结束时间
8	MService Type	诊疗类型	Bool	0 门诊、1 住院
9	MService Hospital	就诊医院	Char(60)	
10	Department	就诊科室	Char(20)	
11	Doctor Name	医生姓名	Char(30)	
12	Symptom	诊前状况	Char(200)	
13	Diagnosis	医生诊断	Char(200)	医嘱
14	Treatment	治疗情况	Char(200)	用药、哪些训练
15	Training Times	康复训练次数	Int(3)	每天训练次数

（续表）

序号	字段名称	中文名称	数据类型	备注
16	Duration	平均时长	Double(3,1)	平均每次时长,分钟
17	Result	诊后状况	Char(100)	
18	Pic EMR	诊疗资料	Char(100)	Url
19	Remark	备注	Char(100)	

（98）康复机构基本信息表（Rehabilitation Agency Info）

康复机构基本信息表用来登记康复机构营业信息,涉及机构的名称、地址、性质、人数、负责人、机构资产、成立时间、联系人电话、执业许可证等。康复机构基本信息表（Rehabilitation Agency Info）见表 7 - 99 所列。

表 7 - 99　康复机构基本信息表（Rehabilitation Agency Info）

序号	中文名称	字段名称	数据类型	备注
1	Agency ID	机构 ID	Char(30)	User ID 主键
2	Agency Name	机构名称	Char(60)	
3	Agency Property	机构性质	Char(20)	医院、社区康复站、养老院
4	Agency Address	机构地址	Char(100)	
5	Is Public	是否公立	Bool	公立、私立
6	Agency Introduction	机构简介	Text	Html 脚本
7	Agency MainPage	主页	Char(100)	机构社区外网址
8	Time Build	成立时间	Date	
9	Practice License	执业许可证	Char(60)	
10	Picture P License	许可证图片	Char(100)	存 Url,含文件名
11	Asset Org	机构总资产	Double(8,2)	单位:万元
12	Staff Num	工作人员数	Int	
13	Leader Name	负责人	Char(30)	
14	Link Man Name	联系人	Char(30)	
15	Link Man Telephone	联系人电话	Char(20)	
16	Link Man Email	联系人 Email	Char(50)	
17	Link Man WeChat	联系人微信号	Char(50)	初始为 User Info 中的 WeChat
18	Agency Remark	备注	Char(200)	

（99）设备公司基本信息表（Equipment Frim Info）

设备公司基本信息表用来登记设备公司的详细情况信息，涉及公司的名称、简介、资格证、总资产、成立时间、员工数、联系人等。设备公司基本信息表（Equipment Frim Info）见表 7-100 所列。

表 7-100 设备公司基本信息表（Equipment Frim Info）

序号	字段名称	中文名称	数据类型	备注
1	Company ID	公司 ID	Char(30)	User ID 主键
2	Company Name	公司名称	Char(60)	
3	Company Address	公司地址	Char(100)	
4	Company Introduction	公司简介	Text	Html 脚本
5	Company Main Page	公司主页	Char(100)	机构社区外网址
6	Public Account WeChat	微信公众号	Char(50)	
7	Number Qualification	公司资格证	Char(60)	
8	Picture Qualification	资格证图片	Char(100)	存 Url，含文件名
9	Total Assets	公司总资产	Double(10,2)	单位：万元
10	Time Build	成立时间	Date	
11	Is Foreign	是否外资	Bool	
12	Staff Num	员工数	Int	
13	Leader Name	负责人	Char(30)	
14	Link Man Name	联系人	Char(30)	
15	Link Man MPhone	联系人手机	Char(20)	初始为 User Info 中的手机号
16	Link Man Email	联系人	Char(50)	
17	Link Man QQ	联系人 QQ	Char(20)	初始为 User Info 中的 QQ
18	Link Man WeChat	联系人微信	Char(50)	
19	Company Remark	备注	Char(200)	

（100）心意礼物信息表（EGift Info）

心意礼物信息表详细记录了心意礼物的产品相关信息，涉及心意礼物的名称、描述、类别、价格、贺词、积分、收藏点赞的数量等。心意礼物信息表（EGift Info）见表 7-101 所列。

表 7-101 心意礼物信息表（EGift Info）

序号	字段名称	中文名称	数据类型	备注
1	Gift ID	礼物编号	Int	自动，主键
2	Gift Name	礼物名称	Char(60)	
3	Gift Description	礼物描述	Char(100)	
4	Gift Price	礼物价格	Double(5,2)	
5	Gift Picture	礼物图片	Char(100)	存路径 Url，含文件名

（续表）

序号	字段名称	中文名称	数据类型	备注
6	Gift Flash	礼物动画	Char(100)	存路径 Url,含文件名
7	Gift Category	礼物类别	Char(8)	可考虑针对不同场合
8	Std Message	标准贺词	Char(100)	如妙手回春,德艺双馨
9	Personal Message	定制贺词	Char(100)	
10	Up Shelf	上架	Bool	默认为 1—上架,0—下架
11	Up Shelf Time	上架时间	Datetime	自动
12	Num Buy	累计销量	Int10	累计购买量
13	Num Collector	累计收藏	Int10	
14	Num Praise	累计点赞	Int10	
15	Gift Score	礼物积分	Int	送积分标准
16	Retention Rate	提留比例	Double(3,3)	心意礼物直接送医生
17	Service Commit	服务承诺	Char(100)	
18	Gift Commment	备注	Char(200)	电子礼物

（101）心意礼物销售记录表（Gifts Sold）

心意礼物销售记录表用来记录心意礼物的整个销售流程信息,涉及购买人名称、数量、赠送语、总金额、支付账户、礼物发送状态、接收人等。心意礼物销售记录表（Gifts Sold）见表 7－102 所列。

表 7－102　心意礼物销售记录表（Gifts Sold）

序号	字段名称	中文名称	数据类型	备注
1	Gift Sold ID	售出记录	Int	自动,主键
2	Gift ID	礼物编号	Int	关联表 Gift Info 带出
3	Gift Price	礼物价格	Double(5,2)	礼物价格
4	Gift Buyer	购买人	Char(30)	User ID,患者
5	Phone Buyer	电话	Char(20)	手机
6	Quantity Buy	数量	Int	
7	Total Money	总金额	Double(7,2)	
8	Sender Message	赠送语	Char(100)	顾客写,可直接使用标准贺词
9	Gift Buy Time	购买时间	Datetime	支付时间
10	Accout Sender	支付账号	Char(50)	支付宝
11	Gift Receiver	接受人	Char(30)	User ID,医生
12	Accout Receiver	接受账户	Char(50)	支付宝
13	Transfer Time	到账时间	Datetime	
14	Inform Sendout	通知送达	Char(60)	通知买家,礼物已送达,手机短信

（续表）

序号	字段名称	中文名称	数据类型	备注
15	ReceiveInform	通知收货	Char(60)	通知接收人,礼物达到,手机短信
16	Sale Status	销售状态	Char(8)	待支付、已送达、已收货、退回
17	Money Retain	提留费用	Double(7,2)	医生收货后,网站按比例提留
18	Money Return	返还	Double(7,2)	针对退回、无法送达
19	Date Return	返还时间	Datetime	
20	IsInform	返还通知	Bool	通知买家,礼物退回,手机短信

（102）问卷信息主表（Main Questionnaire Info）

问卷调查主表用来记录双方合作事宜的具体信息,涉及问卷的内容、要求、发起人、调查时间、积分奖励、代理协议、费用价格等。问卷信息主表（Main Questionnaire Info）见表 7 - 103 所列。

表 7 - 103　问卷信息主表(Main Questionnaire Info)

序号	字段名称	中文名称	数据类型	备注
1	Questionnaire ID	问卷 ID	Int	自动
2	Questionnaire Title	问卷标题	Char(40)	
3	Questionnaire Declaration	问卷说明	Char(200)	调查目的,用处
4	Questionnaire Initiator	发起人	Char(30)	User ID
5	Begin Time	调查开始时间	Datetime	
6	End Time	调查结束时间	Datetime	超出该时间,网站关闭
7	Total Score	总积分	Int	用户自身有的积分
8	Score Award	积分奖励	Int	
9	Score Award Statement	奖励说明	Char(100)	对问卷填写要求
10	Questionnaire Status	问卷状态	Char(8)	暂存、已发布、已发放
11	Requirements	委托要求	Char(100)	发放对象等方面要求
12	Delegate Web	代理网站	Char(100)	
13	Contract	代理协议	Char(100)	电子协议
14	Prepay Money	预付款	Double(4,1)	付给调查网站
15	Prepay Date	支付日期	Datetime	
16	Residual Money	尾款	Double(4,1)	拿到结果,付给调查网站
17	Date Residual	尾款支付时间	Datetime	
18	Is Finish	交易完成	Bool	

（103）校园外来车辆登记表（Foreign Viechles Info）

校园外来车辆登记表用来对校园外来车辆信息进行登记、查看，涉及车牌号、进校事由、目的地、许可凭条、离开时间、收费信息、违章情况等。校园外来车辆登记表（Foreign Viechles Info）见表 7 - 104 所列。

表 7 - 104　校园外来车辆登记表（Foreign Viechles Info）

序号	字段名称	中文名称	数据类型	备注
1	Entrance ID	进校记录	Int/Char(12)	或年月日 8＋4 流水
2	Viechle ID	车牌号	Char	
3	Viechle Type	车辆类型	Char	
4	Pic In	进校图片	Char	
5	Time In	进校时间	Datetime	
6	Reason In	进校事由	Char	
7	Destination	目的地	Char	
8	Phone Visit	目的地电话	Char	
9	Is Confirm	是否证实	Bool	
10	Bill Allow	许可凭条	Char	编号，便于校内管理
11	Time Out	离开时间	Datetime	
12	Pic Out	出校图片	Char	
13	Violation	在校违章情况	Char	
14	Is Charge	是否收费	Bool	
15	Fee	停车费	Double	
16	Registrar	登记员	Char	
17	Fee Collector	收费员	Char	
18	Remrk	备注	Char(100)	

（104）停车场停车记录表（Parking Records）

停车场停车记录表详细记录了驶入车辆的停车及缴费信息，涉及车辆的车牌、类型、驶入的时间、驶出的时间、停车的时长、收费标准、停车费支付情况等。停车场停车记录表（Parking Records）见表 7 - 105 所列。

表 7 - 105　停车场停车记录表（Parking Records）

序号	字段名称	中文名称	数据类型	备注
1	Parking ID	编号 ID	Int	主键，自增长
2	Car ID	车牌 ID	Char(7)	非空，字母加数字
3	Typ e Car	车辆类型	Char(20)	如商务车、SUV
4	Phone Car Owner	手机号	Char(20)	紧急时联系车主
5	CheckIn	进入时间	Datetime	默认为当前时间
6	Pic In	驶入图片	varchar(100)	非空

（续表）

序号	字段名称	中文名称	数据类型	备注
7	Check Out	驶出时间	Datetime	默认为当前时间
8	Pic Out	驶出图片	varchar(100)	非空
9	Parking Place	分配车位	Char(10)	
10	Charge PerHour	收费标准	Double(3,1)	每小时
11	Duration	停放时间	Int3	
12	Total Charge	收费	Double(5,1)	
13	Fee From	支付方式	Char(20)	现金、微信、Payral 等
14	Account Pay	支付账户	Char(30)	
15	Time Pay	支付时间	Datetime	
16	Invoice ID	发票流水号	Char(20)	
17	Collector Fee	收费人	Char(30)	
18	Remrk	备注	Char(100)	

（105）校车乘员信息登记表（Passengers Records）

校车乘员信息登记表用来对乘坐校车人员信息进行登记、查看、管理。其主要包括乘员姓名、职工号、部门、事由、体温、乘车日期等。校车乘员信息登记表（Passengers Records）见表 7 - 106 所列。

表 7 - 106　校车乘员信息登记表（Passengers Records）

序号	字段名称	中文名称	数据类型	备注
1	Passenger ID	编号 ID	Int	乘车记录,主键,自增长
2	Name Employee	人员姓名	Char(30)	
3	ID Employee	职工号	Char(10)	
4	Mobile Phone	乘车人员手机	Char(20)	
5	Department	乘员所在部门	Char(20)	
6	Reason	事由	Char(30)	
7	Temperature Test	体温	Double(4,1)	
8	Pic Health	安康码图片 URL	Varchar(100)	非空
9	Health Code	安康码状态	Char(4)	红码、黄码、绿码
10	Pic Trip	行程码图片 URL	Varchar(100)	非空
11	Trip Star	行程码	Bool	
12	Time NAT Last	最近核酸检测	Datetime	
13	Result NAT Last	核酸结果	Char(4)	阴性、阳性

（续表）

序号	字段名称	中文名称	数据类型	备注
14	Date Take	乘车日期时间	Datetime	
15	Type Car	车辆类型	Char(20)	如商务车、SUV、大巴、中巴
16	Car ID	车牌 ID	Char(7)	记录车辆的，非空
17	Num Passengers	额定乘员数	Int	
18	Driver	驾驶员	Char(30)	

（106）监考任务分配表（Task Invigilate）

监考任务分配表用来使每位监考老师明确自身的监考任务，确保考试活动的顺利进行，涉及监考老师的姓名、联系方式、学生数、监考日期、地点等。监考任务分配表（Task Invigilate）见表 7 - 107 所列。

表 7 - 107　监考任务分配表（Task Invigilate）

序号	字段名称	中文名称	数据类型	备注
1	Task ID	序号	Int	主键,自增长
2	Course ID	课程编码	Char(9)	年(4)＋学院(2)＋流水(3)
3	Course Name	课程	Char(20)	
4	Date Test	考试日期	Date	如 2022－01－04
5	Time Test	时间	Datetime	如 8:00－10:00
6	Address	地点	Char(30)	地点,如西二 204,西二 206
7	Class ID	教学班代码	Char(13)	1150020X—001
8	Class Name	教学班名称	Char(40)	如会计学 19－1 班
9	Students No.	学生数	Int	
10	Teacher	授课老师	Char(60)	可能有多位老师
11	Teacher Phone	授课老师手机号	Char(15)	
12	Invigilator Required	监考老师	Char(60)	
13	Invigilator Validate	已确认监考老师	Char(30)	如孙玉娇
14	Remuneration	监考酬劳	Double(5,1)	
15	Is Online	是否线上	Bool	
16	Attentions	注意事项	Char(100)	考试规定,纪律之类
17	Staff Release	发布人员	Char(30)	监考任务的发布者
18	Signature Release	发布者签名图片	Char(100)	

7.3　实践报告要求

这里按实验报告组成来分别说明，包括：报告封面、报告前言（实践工作说明）、报告正文。

7.3.1　报告封面

信息系统开发实训

实践报告

实 验 题 目＿＿＿＿＿＿＿＿＿＿＿＿＿＿＿＿＿＿＿

姓名(学号)＿＿＿＿＿＿＿＿＿＿＿＿＿＿＿＿＿＿＿

专 业 班 级＿＿＿＿＿＿＿＿＿＿＿＿＿＿＿＿＿＿＿

所 属 学 院＿＿＿＿＿＿＿＿＿＿＿＿＿＿＿＿＿＿＿

指 导 老 师＿＿＿＿＿＿＿＿＿＿＿＿＿＿＿＿＿＿＿

时 间 跨 度＿＿＿＿＿＿＿＿＿＿＿＿＿＿＿＿＿＿＿

实 践 地 点＿＿＿＿＿＿＿＿＿＿＿＿＿＿＿＿＿＿＿

7.3.2　实践工作说明

(1)序言

序言包括实训报告摘要、成绩期望、理由 3 部分,独立一页。

实训摘要:300～500 字,总结自己的实训工作。

成绩期望:5 级制。

理由:列出支持期望成绩的理由,要求简洁。

(2)实践体会

梳理和总结自己的收获,积累经验。

(3)实训改进建议

对本次实践指出问题,提出改进建议。

(4)实训日志

按时间顺序,写不少于 10 天的工作历程,每天内容包含:时间、今日进展与问题、随想(含来日计划)。相当于日记,大家每日总结下当天工作。每条 3～4 行即可。

7.3.3　正文要求

1. 实践目的与要求

结合实践指导书写。

2. 实践任务

写自己承担的实践任务,将自己承担的数据库表放在这里。

3. 解决方案

业务分析:分析自己的实践任务,做业务分析,给出功能划分,并给出简要文字描述。

技术方案：开发环境、运行环境、技术架构、解决步骤。

注意：具体过程在实践过程中写。开发环境、运行环境给出即可，不需详述环境配置。

4. 实践过程

写详细的实践过程，可从环境搭建、工程创建、编码实现、调试、测试、运行等方面来写。环境搭建和工程创建要求篇幅不超过 2 页，其中编码实现为重点内容，应按实现的功能来写，给出文字说明，画出程序流程图，仅能放少量核心代码。即调试、测试、运行等用文字＋图片描述。

5. 实训总结

按以下要求，结合自身体会，总结实训工作：

（1）web 应用的建立过程。

（2）web 应用的调试步骤与技巧。

（3）项目部署与项目拷贝的异同。

（4）MySQL 软件、SQLyog 软件、Jdbc 连接 jar 包、数据库、表之间的关系。

（5）JDK、Tomcat、MyEclipse 之间的关系。

（6）Severlet、服务类、JSP、JS 之间的配合关系。

（7）JSP 页面间的信息传递方式。

正文用小四号宋体，单倍行距，要求总页码：A4 纸 25 面以上。

参 考 文 献

[1] 李兴国．管理信息系统[M]．大连:东北财经大学出版社,2011.

[2] 黄梯云,李一军．管理信息系统(第七版)[M]．北京:高等教育出版社,2019.

[3] (美)Kenneth C Laudon,Jane P. 管理信息系统(第15版)[M]．黄丽华,俞东慧译．北京:机械工业出版社,2018.

[4] 梁昌勇,陆文星．信息系统分析与开发技术(第二版)[M]．北京:电子工业出版社,2015.

[5] (美)Joseph S Valacich,Joey F George. 系统分析与设计(第9版)[M]．周靖,译．北京:清华大学出版社,2022.

[6] 王昊,刘友华．信息系统分析与设计[M]．南京:南京大学出版社,2021.

[7] 汤宗健,梁革英,韦琳娜．信息系统分析与设计实践教程(第2版)[M]．北京:清华大学出版社,2018.

[8] 亚伯拉罕．数据库系统概念(第7版)[M]．北京:机械工业出版社,2023.

[9] 李月军．数据库原理及应用(MySQL版)[M]．北京:清华大学出版社,2023.

[10] 王珊,萨师煊．数据库系统概论(第5版)[M]．北京:高等教育出版社,2014.

[11] 李雁翎．数据库原理及应用——基于GaussDB的实现方法[M]．北京:清华大学出版社,2021.

[12] 余本功．商务数据库技术与应用[M]．北京:科学出版社,2021.

[13] 关东升．SQL从小白到大牛[M]．北京:清华大学出版社,2023.

[14] Ben Forta. SQL必知必会(第5版)[M]．北京:人民邮电出版社,2020.

[15] 刘兵．Web前端开发[M]．北京:水利水电出版社,2020.

[16] 前端科技．Web前端开发全程实战[M]．北京:清华大学出版社,2022.

[17] 储久良．Web前端开发技术[M]．北京:清华大学出版社,2018.

[18] 凌杰．JavaScript全栈开发[M]．北京:人民邮电出版社,2021.

[19] 曹静．JSP与Servlet开发技术与典型应用教程[M]．大连:大连理工大学出版社,2022.

[20] 林龙,刘华贞．JSP+Servlet+Tomcat应用开发从零开始学(第2版)[M]．北京:清华大学出版社,2019.

[21] 孙鑫．Servlet/JSP深入详解(基于Tomcat的Web开发)[M]．北京:电子工业出版社,2019.

[22] 杨晓燕,李选平．Java面向对象程序设计[M]．北京:人民邮电出版社,2015.

[23] 耿祥义,张跃平．Java面向对象程序设计(第3版)[M]．北京:清华大学出版

社,2020.

[24] 肖海鹏.Java Web 应用开发技术[M].北京:清华大学出版社,2020.

[25] 李永飞,李芙玲,吴晓丹,等.Java Web 应用开发(第 2 版)[M].北京:清华大学出版社,2022.

[26] 罗杰.软件工程:实践者的研究方法(本科教学版·原书第 9 版)[M].北京:机械工业出版社,2022.

[27](英)伊恩·萨默维尔.软件工程(第 10 版)[M].彭鑫,赵文耘,等译.北京:机械工业出版社,2018.

[28] 李兴国.信息资源管理[M].北京:清华大学出版社,2015.

[29] 凯西.IT 项目管理(第 9 版)[M].姜卉译.北京:机械工业出版社,2023.

[30] 刘玲.IT 项目管理[M].杭州:浙江大学出版社,2022.

[31] 张金城.《管理信息系统》实验指导书(第三版)[M].北京:北京大学出版社,2022.